Das Recht der Schiedsgerichtsbarkeit in Irland

Schriftenreihe der August Maria Berges Stiftung für Arbitrales Recht

Herausgegeben von Dr. Hubertus W. Labes

Band 13

PETER LANG
Frankfurt am Main · Berlin · Bern · Bruxelles · New York · Oxford · Wien

Daniel Paul Simms

Das Recht der Schiedsgerichtsbarkeit in Irland

PETER LANG
Europäischer Verlag der Wissenschaften

Die Deutsche Bibliothek - CIP-Einheitsaufnahme

Simms, Daniel Paul:

Das Recht der Schiedsgerichtsbarkeit in Irland / Daniel Paul Simms. - Frankfurt am Main ; Berlin ; Bern ; Bruxelles ; New York ; Oxford ; Wien : Lang, 2002
(Schriftenreihe der August Maria Berges Stiftung für Arbitrales Recht ; Bd. 13)
Zugl.: Köln, Univ., Diss., 2001
ISBN 3-631-39829-8

D 38
ISSN 1435-4748
ISBN 3-631-39829-8

www.peterlang.de

Vorwort

Diese Arbeit wurde als Inaugural-Dissertation zur Erlangung der Doktorwürde der Rechtswissenschaftlichen Fakultät der Universität zu Köln im Wintersemester 2000/2001 vorgelegt.

Mein besonderer Dank gilt meinen Doktorvater, Herrn Prof. Dr. Karl-Heinz Böckstiegel, der mir die Anregung zur Bearbeitung des Themas gab. Herrn Prof. Dr. Norbert Horn danke ich für die Erstellung des Zweitgutachtens.

Dublin, im April 2002 Daniel Paul Simms

Inhaltsverzeichnis

Dritter Teil: Internationale Schiedsverfahren in Irland

Fünfter Teil: Unterschiede zum deutschen Recht

Abkürzungsverzeichnis

A.C.	Appeal Cases
A.D.R.L.J.	Arbitration and Dispute Resolution Law Journal
All E.R.	All England Reports
C.L.Pract.	Commercial Law Practitioner
Ch.	Chancery Reports
DAC	Departmental Advisory Committee
EinführungsG	*Arbitration (International Commercial) Act*, 1998 (Einführungsgesetz)
Ex.	Exchequer Reports
G.L.S.I.	Gazette of the Law Society of Ireland
Gesetz, 1954	*Arbitration Act*, 1954
Gesetz, 1980	*Arbitration Act*, 1980
GMarke	Gemeinschaftsmarke
GMarkenV	Gemeinschaftsmarkenverordnung
H.C.	High Court
H.L.C.	House of Lords Cases
I.C.C.L.R.	International Commercial and Company Law Review
I.C.L.	International Commercial Litigation
I.L.R.M.	Irish Law Reports Monthly
I.R.	Irish Reports

I.R.C.L.	Irish Reports, Common Law (1866-1877)
Int.A.L.R.	International Arbitration Law Review
J.B.L.	Journal of Business Law
J.Int.Arb.	Journal of International Arbitration
K.B.	King's Bench Reports
L.M.C.L.Q.	Lloyd's Maritime and Commercial Law Quarterly
Lloyd's Rep., Ll.L.Rep.	Lloyd's Reports
MarkenG	Markengesetz
MIP	Managing Intellectual Property
ModellG	UNCITRAL-Modellgesetz über die internationale Handelsschiedsgerichtsbarkeit
N.I.	Northern Ireland Reports
NYÜ	Das New Yorker Übereinkommen über die Anerkennung und Vollstreckung ausländischer Schiedssprüche vom 10.6.1958
NJW	Neue Juristische Wochenschrift
N.Z.L.R.	New Zealand Law Reports
O.G.L.T.R.	Oil and Gas Law and Taxation Review
Q.B.	Queen's Bench Reports
r	rule
RSC	Rules of the Superior Courts
s.(S.)	section
S.C.	Supreme Court

S.I.	Statutory Instrument
T.L.R.	The Times Law Reports (1884-1950)
U.S.C.	United States Code
USA	United States of America
W.L.R.	Weekly Law Reports

Einleitung

Die Schiedsgerichtsbarkeit wird häufig als privatisiertes Gerichtssystem bezeichnet. Die Unterwerfung der Parteien unter die Schiedsgerichtsbarkeit geschieht freiwillig. Gerade weil die Unterwerfung freiwillig ist, sollen die Parteien für die Zukunft gebunden sein. Tatsächlich richtet sich die Entscheidung des Rechtsstreites zwischen den Parteien aber nicht nur nach der Parteienvereinbarung, sondern auch nach der nationalen Rechtsordnung.

Zielsetzung dieser Arbeit ist es, einer ausländischen Partei, die aus dem kontinental-europäischen Rechtskreis stammt, die Schiedsgerichtsbarkeit in Irland zugänglich zu machen, indem die hiesige Praxis und Regelung dargelegt werden. Hierbei sind die Regelungen der sogenannten internationalen Schiedsgerichtsbarkeit von besonderem Interesse. Diese folgen den Bestimmungen des UNCITRAL-Modellgesetzes über die internationale Handelsschiedsgerichtsbarkeit und sollten daher den in diesem Rechtsgebiet Sachkundigen weitgehend bekannt sein. Folglich wird in diese Arbeit besonders auf die nicht vom Modellgesetz geregelten Angelegenheiten, die eine Besonderheit der irischen Schiedsgerichtsbarkeit darstellen, eingegangen.

Erster Teil: Rechtsgrundlagen

I. Allgemeines

Im irischen Rechtssystem gibt es vier Rechtsquellen mit Rechtskraft:[1]

- die Verfassung
- das Gemeine Recht[2]
- die parlamentarische Gesetzgebung[3]
- das europäische Recht.

Die Verfassung, *Bunriocht na hErin*,[4] bildet den Ausgangspunkt. Die übrigen Rechtsquellen berufen sich hinsichtlich ihrer Wirksamkeit auf die Verfassung.

II. Die Verfassung

Die Verfassung von 1937 trat in Folge eines Volksentscheids in Kraft.[5] Folgende Bestimmungen, die im Zusammenhang mit dem Recht der Schiedsgerichtsbarkeit in Irland von Interesse sind, betreffen:

- die bedingte Übernahme des verfassungskonformen Rechts des Vorgängerstaats (Art. 50.)
- die alleinige Gesetzgebungskompetenz des Nationalen Parlaments (Art. 15.2.1°)
- die Nichtigkeit gesetzlicher Bestimmungen bei Verfassungswidrigkeit (Art. 15.4.)
- die ausschließliche Ausübung der Rechtspflege, außer beschränkter Art, in vom Gesetz vorgesehenen Gerichten durch nach der Verfassung ernannte Richter (Art. 34.1. und 37.1.).[6]

---

1 Vergl. Byrne & McCutcheon Seite 5ff.

2 Das sog. *common law* i.V.m. *equity*.

3 Sog. *statutes*.

4 *Bunriocht* bedeutet wörtlich übersetzt "Grundgesetz" in Gälisch (Irisch).

5 Vergl. Kelly Seite 6f.

6 Art. 34.1. der Verfassung:
[*The Administration of Justice in Courts*]
"*Justice shall be administered in courts established by law by judges appointed in the manner provided by this Constitution, and save in such special cases prescribed by law, shall be administered in public.*" Siehe Kelly Seite 210ff.;
und Art. 37.1. der Verfassung:
[*Exercise of Limited Judicial Functions*]

III. Übernahme des alten Rechts

Von 1800 bis 1922 gehörte das Hoheitsgebiet des heutigen Staates "Ireland" zum "Vereinigten Königreich von Großbritannien und Irland". Von 1922 bis 1937 wurde die Hoheit über dieses Gebiet vom "Irish Free State" ausgeübt. Seit 1937 übt der Staat namens "Éire", oder "Ireland" in Englisch,[7] über dieses Gebiet die Hoheit aus.[8]

In der Verfassung von 1922 (für den Freistaat Irland) bestimmte Artikel 73, daß (vorbehaltlich seiner Bestimmungen) sämtliche Gesetze, die auf dem Territorium Irland unmittelbar vor Inkrafttreten der Verfassung Geltung besaßen, weiter gelten sollten, bis sie, oder einzelne von ihnen, aufgehoben oder geändert werden. Artikel 50.1. der Verfassung, die Übergangsbestimmung vom Freistaat Irland zu Éire, hat einen fast identischen Wortlaut und die entsprechend gleiche Wirkung.[9]

IV. Gemeines Recht

Obwohl dies aus dem Wortlaut nicht ausdrücklich hervorgeht, ergibt sich aus dem Art. 73 der Verfassung von 1922 i.V.m. Art. 50 der Verfassung von 1937, daß nicht nur parlamentarische Gesetzgebung, sondern auch das Gemeine Recht (*common law* und *equity*) des Vereinigten Königreichs weiterhin gilt, sofern es mit den Verfassungen vereinbar ist.[10]

Somit gilt in Éire das (englische) Gemeine Recht, sofern es verfassungskonform ist und nicht von der positiven Gesetzgebung beeinflußt worden ist. Da das Vertragsrecht vom Gemeinen Recht weitgehend geregelt wird, ist diese Gesetzesquelle für die Schiedsgerichtsbarkeit von besonderer Bedeutung.[11]

"*Nothing in this Constitution shall operate to invalidate the exercise of limited functions and powers of a judicial nature ... by any person or body of persons duly authorised by law to exercise such functions and powers, notwithstanding that such person ... is not a judge or a court appointed or established as such under this Constitution.*";
Siehe Kelly Seite 363ff.

7 Art. 4. der Verfassung.

8 Art. 3. der Verfassung.

9 Vergl. Kelly Seite 50.

10 Vergl. den Fall *Fogarty v. O'Donaghue* [1926] I.R. 531; *Educational Co. v. Fitzpatrick (No. 2)* [1961] I.R. 354.

11 Siehe Casey Seite 3ff.

Mit dem Begriff des Gemeinen Rechts wird sämtliches überliefertes und angepaßtes Richterrecht umfaßt, sei es mit Ursprung in den historischen *Courts of common law* oder *Courts of equity*. Seit 1870 werden diese beide Rechtsquellen gemeinsam angewendet.[12] Die Bezeichnung *common law* wird heute oft in einem erweiterten Sinn gebraucht, die sowohl das historische *common law* als auch die Regeln bzw. Zuständigkeit des *equity* umfaßt.[13] Wird der Begriff *common law* im Zuge dieser Arbeit verwendet, so bezeichnet er nur das *common law* als solches – zum Unterschied von *equity*; während der Begriff des Gemeinen Rechts sowohl *common law* als auch *equity* beinhaltet.

V. Gesetzesrecht

Dem Nationalen Parlament wird von Art 15.2.1° der Verfassung von 1937 die alleinige und ausschließliche Gesetzgebungskompetenz für den Staat Éire eingeräumt. Jedoch bleibt das vor 1937 geltende verfassungskonforme Gesetzesrecht in Kraft, sofern es vom Nationalen Parlament nicht aufgehoben oder geändert wurde.[14]

Positiv rechtliche Bestimmungen, d.h. parlamentarische Gesetze[15] und Verordnungen[16] mit unmittelbarem Bezug zum Recht der Schiedsgerichtsbarkeit sind folgende:

Arbitration Act, 1954[17]	*No.* 26 *of* 1954
Statute of Limitations, 1957	*No.* 6 *of* 1957
Arbitration Act, 1980[18]	*No.* 7 *of* 1980
Rules of the Superior Courts, 1986[19]	*S.I. No.* 15 *of* 1986
Arbitration (*International Commercial*) *Act*, 1998[20]	*No.* 14 *of* 1998

Im irischen Rechtssystem haben aufgrund von Art. 29.6. der Verfassung internationale Verträge, die von Irland abgeschlossen wurden, keine Wirkung, sofern das Nationale Parlament sie nicht umgesetzt hat.[21]

---

12 *Supreme Court of Judicature* (*Ireland*) *Act*, 1877.
13 Siehe Byrne & McCutcheon Seite 4f.
14 Art. 50. der Verfassung.
15 Sog. *statutes* oder *acts*
16 Sog. *statutory instruments* oder abgekürzt *S.I.*.
17 Im weiteren auch Gesetz, 1954.
18 Im weiteren auch Gesetz, 1980.
19 Im weiteren auch *RSC*.
20 Im weiteren auch EinführungsG.

VI. Europäisches Recht

Die einzige Ausnahme zur ausschließlichen Gesetzgebungskompetenz des Nationalen Parlaments und zur ausschließlichen Ausübung der Rechtspflege (außer in beschränkter Art) der ordentlichen Gerichte ist in Art 29.4 3° zu finden. Er schließt Angelegenheiten, die im Zusammenhang mit der EU-Mitgliedschaft Irlands stehen, vom Erfordernis der Verfassungskonformität aus.

21 Siehe Kelly Seite 78f. und Seite 190ff.

Zweiter Teil: Nationale Schiedsgerichtsbarkeit

I. Allgemeines

Eine Schiedsvereinbarung ist ein Vertrag. Das Vertragsrecht ist im irischen Gemeinen Recht geregelt, es sei denn, es wird von höherrangigem Recht verdrängt, wie z.B. von Gesetzesrecht oder europäischem Recht.[22] Die parlamentarischen Gesetze, die sich mit der nationalen Schiedsgerichtsbarkeit befassen, sind die *Arbitration Acts* von 1954 und 1980. Die Bestimmungen des Gemeinen Rechts behalten im Anwendungsbereich dieser Statuten weiterhin Gültigkeit, sofern diese als *leges speciales* keine abweichende Regelung vorsehen. Diese Arbeit befaßt sich mit solchen Schiedsverfahren, die die Anforderungen der Gesetze erfüllen. In der Praxis sind schiedsrichterliche Verfahren, die nicht von den Gesetzen geregelt sind, die Ausnahme.[23]

Wie im Vertragsrecht allgemein besteht im Recht der Schiedsgerichtsbarkeit ein Spannungsverhältnis zwischen dem Prinzip der Parteiautonomie und den Anforderungen der öffentlichen Ordnung.[24] Das Prinzip der Parteiautonomie erlaubt es den Parteien, den Inhalt ihrer Vereinbarung frei zu gestalten. Inhalt einer Schiedsvereinbarung ist es, einen Streit schiedsrichterlich entscheiden zu lassen und die Parteien in gleicher Weise an das Ergebnis zu binden wie bei jeder anderen Vereinbarung.[25] Es ist eine Regel des Gemeinen Rechts, daß Verträge, die gegen die öffentliche Ordnung verstoßen, von den ordentlichen Gerichten nicht durchgesetzt werden.[26] Ein Aspekt der öffentlichen Ordnung i.S.d. Gemeinen Rechts ist, daß die Zuständigkeit der ordentlichen Gerichte nicht völlig ausgeschlossen werden darf.[27]

22 Vergl. Treitel Seite 467.
23 Vergl. Wolff Seite 24.
24 Vergl. Wolff Seite 27.
25 Mustill & Boyd Seite 40 "*Arbitration is a process which is carried out pursuant to an agreement to arbitrate.*"
26 Siehe Clark Seite 211ff.
27 *Mansfield v. Doolin* (1868) 4 I.R.C.L. (Q.B.).

II. Die Vereinbarung

1. Definitionen

Vom gesetzlichen Anwendungsbereich werden nach s. 2 Gesetz, 1954 nur solche Schiedsvereinbarungen[28] erfaßt, in denen

- schriftlich vereinbart wird,
- bereits bestehende oder zukünftige Streitigkeiten[29]
- der Schiedsgerichtsbarkeit zu unterbreiten.[30]

Streitigkeiten i.S.d. s. 2 Gesetz, 1954 sind nicht auf vertragliche Ansprüche beschränkt. Es stellt sich aber im konkreten Fall die Frage, ob die Schiedsvereinbarung weit genug gefaßt ist, um auch Ansprüche aus beispielsweise unerlaubter Handlung,[31] zu umfassen, sofern diese grundsätzlich schiedsfähig sind.[32]

2. Formalitäten

Abgesehen von dem allgemeinen vertragsrechtlichen Erfordernis, wonach die Beteiligten *ad idem* sein müssen,[33] muß die Vereinbarung schriftlich sein.[34] Fraglich ist, wie diesem Schriftformerfordernis nachzukommen ist. Die vertraglichen Bestimmungen müssen nicht in einem Schriftstück enthalten sein. Die Vereinbarung kann in Korrespondenz enthalten sein, die sich aus mehreren Schriftstücken zusammensetzt.[35] Darüber hinaus kann die Vereinbarung durch Bezugnahme in den Hauptvertrag einbezogen werden.[36]

Die Frage, ob die Unterschriften der Parteien für die Wirksamkeit der Schiedsvereinbarung erforderlich sind, muß differenziert beantwortet werden. Nur

---

28 Engl. "*arbitration agreement*[*s*]".

29 Engl. "*differences*".

30 Engl. "*refer ... to arbitration*".

31 *Lonrho v. Shell Petroleum Co.*, The Times, Feb. 1, 1978; bestätigt vom *Court of Appeal* zit. [1980] 2 W.L.R. 367 und *House of Lords* zit. [1980] 1 W.L.R. 627: "*Claims in tort may be so closely connected with the contract that they must be decided by arbitration, and there a stay is manditory.*"; vergl. Russel 20. Auflage Seite 180; vergl. auch Macqueen Seite 285.

32 Vergl. *Aggeliki Charis Co. Maritima S.A. v. Pagnon Spa* [1994] 1 Ll.L.Rep. 169.

33 Vergl. z.B. *Anglo-Newfoundland Developments Co. v. R* [1920] 2 K.B. 214.

34 Siehe oben, s. 2 Gesetz, 1954.

35 Vergl. *Frank Fehr & Co. v. Kassan Jivraij & Co. Ltd.* (1949) 82 Ll.L.Rep. 673.

36 *Sweeney v. Mulcahy* [1993] I.L.R.M. 289.

wenn der Hauptvertrag zu seiner Wirksamkeit Unterschriften bedarf, muß auch die Schiedsvereinbarung diesem Formerfordernis nachkommen.[37]

3. Schiedsfähigkeit

a) Im allgemeinen

Der Vorrang von Verfassungsnormen gegenüber dem Gesetzesrecht und der Vorrang des Gesetzesrechts gegenüber dem Gemeinen Recht charakterisieren die irische Rechtslage. Die Bestimmungen des höheren Rechts können die Anwendung des ihm untergeordneten Rechts beeinflussen.[38] Das irische Recht enthält keine allgemeine Bestimmung, die die Schiedsfähigkeit regelt.[39]

aa) Gemeines Recht

Der Ansatz im Gemeinen Recht zur Rechtsstellung der Schiedsgerichtsbarkeit allgemein kann wie folgt zusammengefaßt werden:

- Bei der Schiedsvereinbarung handelt es sich um einen Vertrag.
- Im Gemeinen Recht werden Verträge, die gegen die öffentliche Ordnung verstoßen, nicht von den Gerichten durchgesetzt.[40]
- Es verstößt gegen die öffentliche Ordnung, sollte ein Vertrag den Gerichten ihre Zuständigkeit entziehen (sogenannte Zuständigkeitsverdrängung).[41]
- Eine Schiedsvereinbarung, die so formuliert ist, daß sie den Zugang zu den Gerichten verhindert, versucht die vom Gesetz vorgesehene gerichtliche

37 Russel 19. Auflage Seite 55;
Ein Beispiel einer schriftlichen Formerfordernis im irischen Recht ist die Übertragung von Rechten an Immobilien: s. 2 *Statute of Frauds*, 1695; vergl. Clark Seite 47ff.

38 Besonders relevant ist die Frage, was die öffentliche Ordnung fordert; vergl. Treitel Seite 435ff.

39 Nach s. 5 Gesetz, 1954 fallen jedoch Streitigkeiten bezüglich Arbeitsbedingungen nicht in den Anwendungsbereich der *Arbitration Acts*, 1954 und 1989. Der *High Court* ist auch nach s. 39(2)(b) Gesetz, 1954 ermächtigt, nach seinem Ermessen eine Schiedsvereinbarung als nicht durchsetzbar zu erklären bzw. einem bereits bestellten Schiedsgericht seine Zuständigkeit zu entziehen, sollte eine Betrugfeststellung eine der Streitfragen sein.

40 *Fender v. St. John Mildmay* [1938] A.C. 1, 13; siehe allgemein Treitel Seite 398ff.

41 Sog. "*ouster of jurisdiction*"; vergl. *Scott v. Avery* (1855) 5 H.L.C. 811; siehe allgemein Treitel Seite 406ff.

Zuständigkeit zu verdrängen. Damit verstößt sie gegen die öffentliche Ordnung.[42]

- Eine solche zuständigkeitsverdrängende Schiedsvereinbarung wird von den Gerichten nicht durchgesetzt.[43]

Anders verhält es sich, wenn die Parteien vereinbaren, daß rechtliche Ansprüche aus einem bestimmten vertraglichen Verhältnis erst mit Erlaß eines Schiedsspruchs entstehen sollen.[44] Vor Erlaß des Schiedsspruchs besteht kein Anspruch, der die Zuständigkeit eines Gerichts begründet. Rechtlich erfolgt eine Zuständigkeitsbegründung erst nach Entstehen des Anspruchs.[45] Etwas anderes gilt, wenn eine Schiedsvereinbarung bereits in einem vollzogenen schiedsrichterlichen Verfahren zu einem Schiedsspruch geführt hat. In einer sogenannten *action on the award* (Judikatsklage) kann nicht vorgebracht werden, daß die Zuständigkeit der Gerichte verdrängt worden sei.[46]

bb) Gesetzesrecht

Parlamentarische Gesetze können auf zweierlei Arten diese *public policy*-Doktrin des Gemeinen Rechts beeinträchtigen: Sie können das *common law* verdrängen oder die Zuständigkeit der Gerichte einschränken. Somit ist es innerhalb der *common law*-Doktrin möglich die Grenzen der Schiedsgerichtsbarkeit auszudehnen. Die zweite Methode ist vorzuziehen, da so die Allgemeinheit des Rechts bewahrt wird.

Die vom Parlament gewählte Methode ist, per Gesetz ausdrücklich eine beschränkte Verdrängung der Zuständigkeit der Streiterledigungskompetenz der ordentlichen Gerichte vorzunehmen. Nach s. 5 Gesetz, 1980 muß ein ordentliches

---

42 *Doleman & Sons v. Osset Corporation* [1912] 3 K.B. 257

43 Beispielsweise *Doleman & Sons v. Osset Corporation* [1912] 3 K.B. 257.

44 Sog. *Scott v. Avery*-Bestimmungen: (1856) 5 H.L.C. 811; siehe Mustill & Boyd Seite 443 Fußnote 19 "*The inconvenience could to some extent be mitigated by the device upheld in Scott v. Avery, whereby the obtaining of an award was by contract made a condition precedent to a right of suit.*"; vergl. Behandlung von Roebuck Seite 404.
Siehe auch als Vergleich Schwab/Walter/Baumbach Seite 3 Rn. 6: "Sieht eine Vereinbarung oder Vereinssatzung vor, daß vor Inanspruchnahme des ordentlichen Rechtswegs ein Schlichtungsausschuß anzurufen ist, so handelt es sich hierbei nicht um ein Schiedsgericht. Durch eine derartige Schlichtungsklausel wird die sofortige Klagbarkeit des Anspruchs ausgeschlossen."

45 Vergl. Byrne & McCutcheon Seite 147ff.

46 *Scott v. Avery* (1856) 5 H.L.C. 811.

Gericht auf Antrag ein Verfahren aussetzen, wenn Ansprüche gerichtlich geltend gemacht werden, auf die sich eine gültige Schiedsvereinbarung bezieht, wenn der Kläger eine Partei zu dieser Schiedsvereinbarung ist.[47]

Gleichzeitig wird jedoch von Gesetzes wegen den ordentlichen Gerichten eine verfahrensbegleitende Rolle und Revisionszuständigkeit eingeräumt,[48] was in der Literatur als Restzuständigkeit bezeichnet wird.[49] Einzelne Versuche, diese Restzuständigkeit vertraglich einzuschränken, würden aufgrund der oben dargelegten *common law*-Doktrin scheitern.[50] Darüber hinaus verstoßen vertragliche Vereinbarungen, wonach die Kontrollaufgaben der Gerichte verdrängt werden sollen, gegen die öffentliche Ordnung und sind daher unwirksam.[51]

cc) Die Verfassung

Das Parlament muß beim Erlaß neuer Gesetze sämtliche Bestimmungen der Verfassung beachten.[52] Die irische Verfassung erlaubt nur in "begrenzten Fällen" die Ausübung der Rechtspflege[53] von Personen, die nicht gemäß der Verfassung ernannte Richter sind.[54] Dennoch ist die Verfassungsmäßigkeit der *Arbitration Acts*, 1954 und 1980 bisher weder vor den Gerichten noch in der Literatur ernsthaft bestritten worden.[55] Das Ermessen, welches die Statuten den ordentlichen Gerichten im Umgang mit der nationalen Schiedsgerichtsbarkeit einräumen, könnte hierbei eine entscheidende Rolle spielen. Da das ModellG den ordentlichen Gerichten weitgehend jedes Ermessen und den Entscheidungsspielraum innerhalb seines Regelungsbereichs entzieht, erscheint es passend, diese Problematik im Dritten Teil dieser Arbeit zur internationalen Schiedsgerichtsbarkeit ausführlicher zu behandeln.

---

47 Vergl. Rawlings Seite 421.

48 S. 35ff. Gesetz, 1954.

49 Sog. "*residual jurisdiction*".

50 *Czarnikow v. Roth, Schmidt & Company* [1922] 2 K.B. 479. (vergl. Mustill & Boyd Seite 448 Fußnote 15 " ... *a clause purporting to prohibit the parties from applying to the arbitrator or the court for a special case was contrary to public policy as purporting to oust the juristiction of the Court.*"

51 *Rotheray (E) & Sons, Ltd. v. Carlo Bedarida & Co.* [1961] 1 Lloyd's Rep. 220 Seite 224.

52 Art. 15.4. der Verfassung.

53 Sog. "*administration of justice*"

54 Art. 34.1, Art. 37.1. der Verfassung.

55 Vergl. Forde Seite 14.

b) Im besonderen

Nachdem jetzt zumindest eine teilweise Verdrängung der Zuständigkeit der ordentlichen Gerichte gesetzlich vorgesehen ist, ist es von Bedeutung, welche Bereiche von dieser Verdrängung umfaßt werden. Außer in Fragen hinsichtlich arbeitsrechtlicher Verhältnisse und bei Betrug[56] gibt es im Einklang mit anderen Staaten des *common law*-Rechtskreises keine ausdrückliche irische Gesetzgebung.[57] Deshalb muß unter Berücksichtigung der Verfassung wieder auf das Gemeine Recht zurückgegriffen werden.[58]

aa) Allgemeines

Die Frage der Schiedsfähigkeit ist weder von der irischen noch von der englischen Rechtsprechung unmittelbar behandelt worden.[59] Auch die Literatur hat sich nicht systematisch oder konsequent mit der Frage befaßt. In diesem Teil werden nur die herrschenden Ansichten dargestellt. Im Dritten Teil dieser Arbeit wird eine strukturierte Behandlung erfolgen, da insbesondere für die internationale Schiedsgerichtsbarkeit die mangelnde Rechtssicherheit unbefriedigend ist.

bb) Überblick über Rechtsprechung und Literatur

Hinsichtlich der Regeln des Gemeinen Rechts vertritt ein englischer Kommentar die Auffassung, daß die Schiedsgerichtsbarkeit Strafsachen, Ehescheidungen und dingliche Ansprüche in Zusammenhang mit Schiffen nicht umfaßt.[60] In der englischen Literatur werden jedoch auch andere Meinungen vertreten.[61] Danach gibt es keine Vorschrift, die verhindert, daß ein Schiedsgericht über eine

---

56 S. 5 und 39(2)(b) Gesetz, 1954.

57 Der Ausschluß von schiedsrichterlichen Verfahren mit Bezug auf Arbeitsbedingungen vom Anwendungsbereich der Statuten ist nicht mit mangelnder Schiedsfähigkeit gleich zu stellen.

58 Vergl. Rogers-Arbitrability Seite 276 kritisch: "*Still open to parliament to lay down the law*".

59 Siehe Russel 21. Auflage § 1-026: "*The subject of arbitrability has not come up directly for decision by the English courts ...*".

60 Vergl. Halsbury's Laws of England, 4. Auflage, Vol. 2, § 603; und Fennell Seite 281: definiert ein *judgement in rem* als "*a judgement of a court of competent juristiction determining the status of a person or thing or the disposition of a thing as distinct from a particular interest in it of a party to the litigation.*"

61 Mustill & Boyd Seite 149f.

Streitsache entscheidet. Das Gemeine Recht setzt lediglich Grenzen, welche Rechtsbehelfe, eines Schiedsspruches auch ein ordentliches Gericht anerkennen bzw. als vollstreckbar erklären wird. Ob diese Auffassung zutreffend ist, kann jedoch dahingestellt bleiben, da die Ansichten zum gleichen Ergebnis führen, es sei denn, daß ein (nach Auffassung des Gemeinen Rechts) nicht vollstreckbarer Schiedsspruch im Ausland vollstreckt wird.

Der führende Kommentar zum Recht der Schiedsgerichtsbarkeit in England führt folgendes zur Frage der Schiedsfähigkeit aus:[62]

"*The general principle is, we submit, that any dispute or claim, concerning legal rights which can be the subject of an enforceable award, is capable of being settled by arbitration ... [but] the types of remedies which the arbitrator can award are* ***limited by considerations of public policy*** *and by the fact that he is appointed by the parties and not by the state. For example, he* ***cannot ... make an award which is binding on third parties or affects the public at large****, such as judgement in rem against a ship, ...[or] a winding-up order [for an incorporated company] ... [but] ... [i]t would be wrong ... to draw from this any general rule that ... family or company matters cannot be referred to arbitration ... .*"

Eine englische parlamentarische Kommission hat pauschal ohne weitere Begründung die Meinung geäußert, daß sämtliche Fragen, die die Beziehung zwischen dem Staat und den Einzelnen regulieren, nicht schiedsfähig sind.[63]

Eine systematischer Ansatz zu dieser Problematik ist nicht zu erkennen. Wie bereits festgehalten, ist es ein Prinzip des Gemeinen Rechts, daß ein Vertrag nicht durchsetzbar ist, wenn er zu einem Verstoß gegen die öffentliche Ordnung führt.[64] Es besteht jedoch keine unmittelbare Rechtsprechung in bezug auf die Anwendung dieses Prinzips auf Schiedssprüche als solche.[65] Die einschlägigen Gerichtsentscheidungen wurden anhand des Grundsatzes gefällt, daß dem Schiedsgericht die Zuständigkeit fehlt, wenn der zugrunde liegende Vertrag nicht

---

62 Mustill & Boyd Seite 149f (Fettgedrucktes vom Verfasser dieser Arbeit).

63 Siehe DAC-1989 Seite 49 (Vorsitzender Lord Mustill): "[*constitutional matters*] *are not arbitrable in England.*"; diese Behandung wurde als "*short shrift*" in Russel 21. Auflage § 1-026 beschieben.

64 Für eine weitere Behandlung siehe beispielsweise Chitty on Contracts, 27. Auflage, Kapitel 16.

65 Lord/Salzedo Seite 64.

durchsetzbar ist.[66] Hierbei handelt es sich um Verfahren auf Anerkennung und Vollstreckung ausländischer Schiedssprüche.[67]

Der Unwille, mit dem die Gerichte des *common law*-Rechtskreises einen Verstoß gegen die öffentliche Ordnung feststellen, kann dem folgenden Zitat von Sir John Donaldson MR[68] aus einem Gerichtsurteil entnommen werden:

"*It has to be shown that there is some element of illegality or that the enforcement of the award would be clearly injurious to the public good or, possibly, that enforcement would be wholly offensive to the ordinary reasonable and fully informed member of the public on whose behalf the powers of State are exercised.*"[69]

Im Gemeinen Recht hat ein Schiedsspruch grundsätzlich nur zwischen den Parteien Wirkung, da er *in personam* wirkt. Im Gemeinen Recht ist es jedoch unbestritten, daß Fragen über das Eigentum an Immobilien schiedsfähig sind. Weitere Parteien, die ihre Rechte von einer Partei im Schiedsverfahren ableiten oder erhalten, sind an das Ergebnis des Schiedsspruches gebunden.[70] An diesem Prinzip des Gemeinen Rechts wird im jetzigen irischen Gesetzesrecht ausdrücklich festgehalten.[71] Der Schiedsspruch kann aber nicht als Eigentumsübertragungsakt selbst dienen. Er kann höchstens durch ein Anerkennungs- und Vollstreckungsurteil eines ordentlichen Gerichts zum Übergang des Eigentums führen.[72]

Beim gewerblichen Rechtsschutz handelt es sich auch vielfältig um immaterielle Güterrechte, die Rechte gegenüber allen begründen können. Im *common law* ist die Schiedsvereinbarung die Quelle der Autorität des Schiedsgerichts. In der Literatur wird die folgende Meinung vertreten: Wenn die Parteien vereinbart haben, das Schiedsgericht solle eine Entscheidung darüber treffen, ob Patentverletzungen begangen worden sind oder ob ein Patent nichtig ist, so seien die Parteien gehindert (*estopped*) zu behaupten, daß der Schiedsspruch nicht gültig sei.[73] Die gleichen Überlegungen müssen bei allen anderen Schutzrechten, die auf Eintragung beruhen, entsprechende Anwendung finden. Sie sind allerdings

---

66 Vergl. *David Taylor & Sons v. Barnett* [1953] 1 Lloyd's Rep 181, *Prodexport State Co for Foreign Trade v. ED&F Man* [1972] 2 Lloyd's Rep 375, *Dalmia Dairy Industries v. National Bank of Pakistan* [1978] 2 Lloyd's Rep 223.

67 S. 37(1) engl.-*Arbitration Act*, 1950, s. 9(3) *Arbitration Act*, 1980.

68 *Master of the Rolls*.

69 *DST v. Rakoil* [1987] 2 Lloyd's Rep 246 (251).

70 Niblett Seite 200.

71 S. 26 Gesetz, 1980.

72 Vergl. Mustill & Boyd Seite 414.

73 Niblett Seite 200.

überzeugender, wenn in einem gewöhnlichen kontradiktorischen Verfahren vor den ordentlichen Gerichten die Parteien an das Ergebnis ihrer Vereinbarung gebunden sind, in gleicher Weise wie ein Vergleich.[74] Bei einem summarischen Anerkennungsverfahren hat diese Argumentation jedoch seine Grenzen, da dem staatlichen Gericht keine Möglichkeit gegeben wird, Bestimmungen des Patentgesetzes, zum Schutz der Rechte Dritter, anzuwenden.

cc) Ergebnis

Im Ergebnis scheinen alle Streitgegenstände schiedsfähig zu sein, wobei die Schiedsgerichte in ihren Rechtsschutzmitteln beschränkt sind, da die Stellung unbeteiligter Dritter nicht beeinflußt werden darf.

Die unsystematische Behandlung der Frage der Schiedsfähigkeit in der Literatur ist unbefriedigend, spiegelt aber die Praxis wieder. Im Dritten Teil dieser Arbeit, der sich mit der internationalen Schiedsgerichtsbarkeit in Irland befaßt, wird eine systematische Behandlung erfolgen.

4. Anwendbares Recht

Soll über die Wirksamkeit einer Schiedsvereinbarung entschieden werden, stellt sich zunächst die Frage, welches Recht anzuwenden ist.[75] Da diese Frage jedoch im Zusammenhang mit der nationalen Schiedsgerichtsbarkeit wenig praktische Bedeutung hat, wird sie im Dritten Teil dieser Arbeit im Kapitel "Internationale Schiedsverfahren" behandelt.

5. Umfang

Die Zuständigkeit eines Schiedsgerichts leitet sich aus dem Vertrag zwischen den Parteien ab. So bestimmt der Umfang der Schiedsvereinbarung unmittelbar die Zuständigkeit des Schiedsgerichts. Folgende Fragen sind in diesem Zusammenhang denkbar:[76]

---

74 Vergl. Urteil des deutschen Bundesgerichtshofs "Hafenkrahn" BGH, GRUR 1962, 294; und Mustill & Boyd Seite 411.

75 Henn Seite 38.

76 Vergl. Russel 21. Auflage Seite 57.

- Kann eine bestimmte Streitigkeit aufgrund einer bestimmten Schiedsvereinbarung einem schiedsrichterlichen Verfahren unterworfen werden?
- Wird ein bereits gebildetes Schiedsgericht eine bestimmte zusätzliche Streitigkeit behandeln können, im Hinblick auf die die Zuständigkeit begründende Schiedsvereinbarung, auf weitere Parteienvereinbarungen und weiteres Parteienverhalten?
- Führt ein Schiedsspruch Konsequenzen herbei, die nicht von der Parteienvereinbarung vorgesehen sind?

Sollte die anfängliche Ermächtigung entweder ganz fehlen oder unzureichend sein, besteht immer noch die Möglichkeit, daß ein neues *ad hoc*-Schiedsverfahren eingeleitet wird, oder daß die Doktrin des *estoppel by convention* eine Anfechtung verhindert, welches dem deutschen Verbot des Rechtsmißbrauchs ähnelt.[77] Jedoch besteht dann die Gefahr, daß diese erweiterte Zuständigkeit wegen mangelnder Schriftform nicht die Vorteile der *Arbitration Acts*, 1954 und 1980 genießt.[78]

Der Umfang von Schiedsvereinbarungen wird von der inzwischen unumstrittenen *doctrine of separability* sehr erweitert.[79] Dieses Prinzip legt im Gemeinen Recht fest, daß eine Schiedsvereinbarung nicht am Untergang des Hauptvertrags scheitern soll.[80] Obwohl der Hauptvertragszweck womöglich nicht mehr erreichbar ist, "überlebt" die Schiedsvereinbarung entweder als selbständiger Vertrag oder als zusätzliches Element, welches nicht Vertragszweck war. Sie "überlebt" lediglich, um die Abwicklung und Schlichtung zu regeln.[81] Eine ausdrückliche gesetzliche Bestimmung für die irische nationale Schiedsgerichtsbarkeit ist nicht vorhanden.[82] Die *doctrine of separability* ist erneut vom irischen *High Court* bestätigt worden.[83]

---

77 Siehe Russel 21. Auflage Seite 57.

78 Vergl. Forde Seite 29ff.

79 Steyne Seite 6.

80 *Heyman and others v. Darwin Ltd.* [1942] A.C. 356; vergl. Mak Seite 137.

81 Siehe Borris Seite 92.; vergl. Chitty on Contracts § 1701

82 Wegen der Bedeutung und aus Sorge, daß weitere höchstrichterliche Rechtsprechung das Prinzip untergraben könnte, ist dieses Konzept inzwischen im englischem Gesetzesrecht verankert (s. 7 *engl.-Arbitration Act,* 1996 in Anlehnung an Art. 17 I ModellG; siehe Steyne Seite 6).

83 *Doyle v. Irish National Insurance Company plc*, Jan/Feb 1998 Law Society Gazette Seite 36; vergl. auch *Pararrn Ltd. v. M.& P. Construction Ltd.* (1997) 6 A.D.R.L.J. 45 (irischer Fall) und Steyn Seite 5f.

6. Verfahrensweise

Fraglich ist, inwieweit man im schiedsrichterlichen Verfahren von den Regeln für Verfahren vor den ordentlichen Gerichten abweichen darf. Besonders bei fehlender Parteienvereinbarung ist es problematisch, in welchem Ausmaß die Schiedsrichter von den Verfahrensmethoden, an die die irischen ordentlichen Gerichte gebunden sind, abweichen können.

Verfahren vor den ordentlichen irischen Gerichten sind an feste Regeln gebunden, deren Quellen im Gemeinen Recht sowie in parlamentarischen Gesetzen zu finden sind.[84] Es wird in der Literatur des *common law*-Rechtskreises die Meinung vertreten, daß innerhalb der Grenzen des *natural justice* und der Parteienvereinbarung bei einem Schiedsverfahren jede Verfahrensweise zulässig sein kann.[85] Als Mindestanforderung ist in Irland von der höchstrichterlichen Rechtsprechung folgendes festgestellt worden:

"*There is to be implied into every agreement establishing a forum for the resolution of disputes that there will be fair procedures*".[86]

Sollte keine Parteienvereinbarung in dieser Hinsicht vorliegen, kann nach der höchstrichterlichen Rechtsprechung das Schiedsgericht folgendes beschließen:

- die Parteien aufzufordern, ihre Anträge darzulegen
- einen Verhandlungstermin festzusetzen
- die Verhandlung auch in der Abwesenheit einer Partei durchzuführen.[87]

Jedoch muß sich das Schiedsgericht immer von der Schlüssigkeit der Anträge innerhalb der Schiedsvereinbarung überzeugen, denn der Schiedsspruch muß sich auf jene Angelegenheiten beschränken, welche innerhalb seiner Zuständigkeit liegen und für die Beweise vorgebracht wurden.[88]

---

84 Siehe Practice and Procedure in the Superior Courts, Ó Floinn; und The Law of Evidence in Ireland, Fennel.

85 Siehe Mustill & Boyd Seite 15: "*The arbitrator is entiled to adopt what ever procedure he thinks fit, provided that it does not conflict with express or implied terms of the arbitration agreement.*"; vergl. Steyn Seite 7.

86 Mr. Justice McCarthy in *Grangeford Structures Ltd. (In liquidation) v. S.H. Ltd.* [1990] I.L.R.M. 277 Seite 284.

87 Mr. Justice McCarthy im Fall *Grangeford* [1990] I.L.R.M. 277 Seite 285: "*...an arbitrator has an inherent power to issue directions requiring the parties to submit details of their claims, to fix a date for the hearing of the reference, and to proceed thereon, despite the absence of a party where that party has been refused a further adjournment*";
siehe auch Williamson 279f.

88 Mr. Justice Griffin im Fall *Grangeford* [1990] I.L.R.M. 277 Seite 283:

III. Parteien

1. Rechtsposition

Die Schiedsgerichtsbarkeit ist eine Institution des Vertragsrechts. Ihre Behandlung bestimmt sich zunächst nach den Regeln des allgemeinen Vertragsrechts. So sind in diesem Abschnitt die gewöhnlichen vertraglichen Regeln über Geschäftsfähigkeit und Beteiligung an der Erfüllung eines Vertrags zu finden. Es ist die Rede von subjektiver Schiedsfähigkeit. Bei der Handelsschiedsgerichtsbarkeit wird man in der Regel davon ausgehen können, daß die natürlichen Personen[89] volljährig sind und juristische Personen[90] uneingeschränkt kontrahieren können.

Die Rechtsstellung von Staaten in Schiedsvereinbarungen wird zunächst von deren Verfassung bestimmt.[91] Im Gemeinen Recht ist der Staat immun gegenüber zivilrechtlichen Ansprüchen.[92] Auf Grundlage der Verfassung sind der irische Staat und seine öffentlichen Körperschaften seinen Bürgern durch Verträge verpflichtet.[93] Die Stellung von Nichtbürgern, die versuchen, gegen den irischen Staat Ansprüche geltend zu machen, bleibt von dieser verfassungsrechtlichen Entwicklung unberührt. Somit bleibt die Regel der staatlichen Immunität des Gemeinen Rechts für zivilrechtlichen Klagen, die nicht von seinen Bürgern erhoben werden, bestehen. Jedoch hat der irische Staat mit s. 4 Gesetz, 1954 seine Immunität zum Teil aufgehoben. Er bestimmt, daß Gesetzgebung zur nationalen

---

"[*An arbitrator's award*] *must be confined to the matters properly before him on evidence which he has heard and determined*".

89 Natürliche Personen sind in der Regel unbeschränkt geschäftsfähig. Ausnahmen sind z.B. Minderjährige (*minors*) und Geisteskranke; siehe Clark Seite 232f.

90 Juristische Personen können Schiedsverträge eingehen; siehe Russel 21. Auflage Seite 97. Nach der *ultra vires*-Doktrin des Gemeinen Rechts sind Verträge, die nicht von der Satzung vorgesehen sind, nichtig. Jedoch ist die praktische Bedeutung dieser Regel stark zurückgegangen angesichts der gesetzesrechtlichen Bestimmung, daß nur Vertragspartner ohne tatsächliche Kenntnis der mangelnden Rechtsfähigkeit betroffen werden sollen (s. 8(1) *Companies Act*, 1963); vergl. Clark Seite 246 ff.

91 Russel 21. Auflage § 3-023.

92 *Byrne v. Ireland* [1972] I.R. 241.

93 *Byrne v. Ireland* [1972] I.R. 241; siehe Kelly Seite 704ff.
Die Begründung für diese Rechtslage ist in Art. 6.1. der Verfassung zu finden, welcher bestimmt: "*All powers of government, legislative, executive and judicial, derive, under God, from the people ...*".

Schiedsgerichtsbarkeit auch bei einer Schiedsvereinbarung anzuwenden ist, bei der eine staatliche Behörde Partei ist.[94]

2. Streitigkeiten zwischen mehreren Parteien

Da die Zuständigkeit eines Schiedsgerichts von der zugrunde liegenden Parteienvereinbarung abhängt, ist die Einbeziehung von Drittparteien in ein bereits anhängiges Verfahren oder die Bestellung eines Schiedsgerichts bei mehr als zwei Streitparteien problematisch.

Die Probleme erschöpfen sich nicht in der Frage, wie das grundsätzliche Recht jeder einzelnen Streitpartei, in gleicher Weise an der Wahl der Schiedsrichter beteiligt zu sein, berücksichtigt werden kann. Traditionell wird von der Rechtspflege eine Abneigung gegen die Prozeßbindung gehegt. Man ist der Auffassung, daß die Lage nur kompliziert wird und sich damit die Entscheidung verzögert.[95] Weiter verbergen sich zwei völlig verschiedene Prozeßstrukturen hinter dem Begriff *Mehrparteien-Schiedsgerichtsbarkeit*.[96] Zum einen die Streitgenossenschaft des Zivilprozeßrechts, wobei hier die Zweiparteien-Struktur des Prozesses nicht aufgehoben wird, zum anderen in der Form einer Anspruchskette. Die streitgenossenschaftliche Konstellation ist weniger problematisch.

Das Recht der irischen nationalen Schiedsgerichtsbarkeit enthält, im Gegensatz zum irischen Einführungsgesetz des ModellG, keine positivrechtlichen Bestimmungen, die sich mit dieser Problematik befassen. Es weist keine Besonderheiten zu anderen Rechtsordnungen auf.

IV. Schiedsorganisationen

1. Allgemeines

In den meisten Staaten existieren Schiedsorganisationen, die allgemein das schiedsrichterliche Verfahren als Methode der Streiterledigung fördern, indem sie z.B. Schiedsregeln zur Verfügung stellen.[97] Die Förderung schiedsrichterlicher Verfahren kann Hauptziel dieser Organisationen sein oder neben ihnen anderen Aufgaben als Wirtschafts- oder Berufsorganisation verfolgt werden. Weiterhin

---

94 "*State authority*", vergl. Mustill & Boyd Seite 151.

95 Hoffmann Seite 115.

96 Lionnet Seite 205, Markfort Seite 46

97 Siehe McClendon Seite 251.

können Schiedsorganisationen, wenn sie von den Parteien hierzu ermächtigt werden, in einzelnen schiedsrichterlichen Verfahren aktiv mitwirken.

2. Beispiele

Eine in Irland in dieser Weise unmittelbar tätige Organisation ist beispielsweise *The Chartered Institute of Arbitrators-Irish Branch*. Aber auch andere Institutionen erfüllen als Nebenaufgabe diese Rolle.[98]

Es steht den Parteien allerdings frei, die Beteiligung von Organisationen außerhalb Irlands zu wählen. Denkbar sind beispielsweise die *American Arbitration Association* (AAA), *London Court of International Arbitration* (LCIA) und *International Court of Arbitration* (ICC), *World Intellectual Property Organisation* (WIPO).[99]

3. Aufgabe

Die Rolle dieser Organisationen in schiedsrichterlichen Verfahren wird von der Parteienvereinbarung bestimmt. Sie können z.B. die folgenden Aufgaben ausüben:[100]

- Schiedsregeln zur Verfügung stellen[101]
- das Schiedsgericht bestellen
- das Schiedsverfahren verwalten bzw. kontrollieren.

4. Haftung

Es stellt sich die Frage, ob Schiedsorganisationen für pflichtwidriges Handeln oder Unterlassen haften sollen, sei es aus Vertrag oder unerlaubter Handlung. Die grundlegende Regel im Gemeinen Recht ist die der Verantwortung, Immunität ist somit Ausnahme.[102] Diese Ausnahme gilt für jene Personen, die die Rechtspflege

---

98 Z.B. *The Law Society, The Confederation of Construction Industry*.

99 McClendon Seite 252; auch ausführliche Auflistung in Russell 21. Auflage Seite 679; siehe auch Behandlung von Habscheid Seite 421; Schäfer Seite 10ff.

100 Russel 21. Auflage § 3-032.

101 Vergl. Thomas Seite 405.

102 *Arenson v. Arenson* [1977] A.C. 405 Seite 428 nach Lord Wheatley.

ausüben.[103] Sofern eine Schiedsorganisation eine rein administrative Rolle ausübt, was die Regel sein sollte, ist sie nicht von der Haftung befreit. Sie haftet nach den allgemeinen Regeln des Vertragsrechts und nach unerlaubter Handlung im Gemeinen Recht.[104]

V. Das Schiedsgericht

1. Allgemeines

Abgesehen davon, daß das Vertragsrecht die Quelle für die Zuständigkeit eines Schiedsgerichts bestimmt, regelt es auch die Zusammensetzung des Schiedsgerichts. Es stellt sich die Frage, wie lange nach der Bestellung die Zuständigkeit des Schiedsgerichts fortbesteht. Es wird sich zeigen, daß ein Schiedsgericht solange besteht, bis entweder:

- seine Aufgabe dadurch erfüllt ist, daß alle Streitangelegenheiten[105] endgültig entschieden worden sind,
- die Parteien einen Vergleich schließen, oder
- der *High Court* einen oder mehrere der Schiedsrichter abberuft.

In der Zwischenzeit ist es die Aufgabe der einzelnen Schiedsrichter und des gesamten Schiedsgerichts, die Unterschiede innerhalb ihrer Zuständigkeit[106] zu entscheiden.

2. Schiedsgerichtsarten

Der Begriff "Schiedsrichter" deckt eine Vielzahl von Aufgaben der das Schiedsgericht bildenden Personen.[107] Mit dem einzelnen Schiedsrichter, *sole arbitrator*, deckt sich die Person des Schiedsrichters mit dem Rechtsinstitut "Schiedsgericht". Falls die Parteien nichts anderes bestimmen, ist dies die vom Gesetz vorgesehene Besetzung des Schiedsgerichts.[108]

---

103 Sog. *judicial function;* vergl. *Arenson v. Arenson* [1977] A.C. 405 und *Sutcliffe v. Thackrah* [1974] 1 A.C. 727.

104 Für die internationale Schiedsgerichtsbarkeit ist diese Lage durch parlamentarische Gesetzgebung geändert worden (s. 12 EinführungsG).

105 Engl. "*issues*".

106 Engl. "*differences ... referred*".

107 Siehe auch Nicklisch Seite 169ff. zu weiteren Möglichkeiten.

108 S. 14 Gesetz, 1954.

Sofern in einer Schiedsvereinbarung der Plural "Schiedsrichter", ohne konkrete Angaben zu ihrer Anzahl verwendet wird, geht die Rechtssprechung davon aus, daß die Parteien eine Besetzung mit zwei Schiedsrichtern vorsahen. Dies wird damit begründet, sprachlich sei zwei das Minimum des Plurals.[109] Es gibt jedoch eine dispositive Bestimmung, wonach im Falle zweier Schiedsrichter von den beiden sofort nach ihrer Ernennung ein Obmann[110] ernannt werden muß.[111]

Des weiteren wird bestimmt, daß der Obmann nach Erhalt einer schriftlichen Anzeige der Schiedsrichter, daß sie sich nicht einigen können, ab sofort deren Stellung im Verfahren einnimmt.[112] Eine Ablösung kann auch jederzeit nach Ernennung des Obmanns durch Antrag einer Partei an den *High Court*, auch entgegen den Bestimmungen der Schiedsvereinbarung, herbeigeführt werden.[113] In der Praxis werden die zwei abgelösten Schiedsrichter als Fürsprecher für die Parteien, die sie jeweils ernannt haben, vor dem Obmann erscheinen und plädieren.[114]

3. Bestellung

Die Ernennung des Schiedsgerichts richtet sich grundsätzlich nach der Schiedsvereinbarung. Grundsätzlich gibt es für die Bestellung des Schiedsgerichts keine Formvorschriften. Von den Parteien vorgesehene Vorschriften werden pragmatisch behandelt.[115] Lord Denning MR[116] hat die folgenden Voraussetzungen für eine wirksame Bestellung identifiziert:[117]

- Benachrichtigung der anderen Parteien
- Benachrichtigung des zu Bestellenden
- Zustimmung des zu Bestellenden.

Sollte die Vereinbarung keine Bestellungsmethode vorsehen oder die vorgesehene Methode nicht ausführbar sein, so ist auf die gesetzlichen Bestimmungen zurückzugreifen, sofern sich die Parteien nicht einigen können.

---

109 *Fletamentos Maritimos SA v. Effjohn International BV* [1995] 1 Lloyd's Rep. 311.
110 Engl. "*umpire*".
111 S. 16(1) Gesetz, 1954.
112 S. 16(2) Gesetz, 1954.
113 S. 16(3) Gesetz, 1954.
114 Beispielsweise *Rahcassi Shipping Co. SA v. Blue Star Line Ltd.* [1969] 1 Q.B. 173; vergl. Russel 19. Auflage Seite 220; und DAC-1996 § 94.
115 *Finzel Berry & Co. v. Eastcheap Dried Fruit Co.* [1962] 1 Lloyd's Rep. 370.
116 *Master of the Rolls.*
117 *Tradax Export SA v. Volkswagenwerke AG* [1970] 1 Lloyd's Rep. 62, 64.

4. Vergütung

Eine ausdrückliche Entgelt- und Unkostenvereinbarung zwischen den Schiedsrichtern und den Parteien liegt im Interesse aller Beteiligten. Sofern eine ausdrückliche Vereinbarung getroffen wurde, richtet sich die Vergütung nach diesen Verträgen.[118] Im Gemeinen Recht wird ein Anspruch des Schiedsrichters auf Vergütung aus einem konkludenten Versprechen bei der Bestellung hergeleitet.[119] Der Anspruch ist erst durchsetzbar, wenn der Schiedsspruch gefällt ist.[120]

Das Gemeine Recht gewährt dem Schiedsgericht ein Zurückhalterecht (*lien*)[121] über den Schiedsspruch, bis alle fälligen Gebühren entrichtet worden sind.[122] Sollte jene Partei, die nicht die Gebühren zu tragen hat, diese dennoch entrichten, kann sie sie von der anderen Partei zurückverlangen.[123]

Sollte das Schiedsgericht von seinem Zurückhalterecht Gebrauch machen, um die Bezahlung der verlangten Gebühren zu sichern, steht es jeder Partei offen, einen Antrag an den *High Court* zu stellen.[124] Das Gericht kann anordnen, daß gegen Zahlung der umstrittenen Summe an das Gericht der Schiedsspruch freizugeben ist. Danach überprüft der *Taxing Master*[125] die Höhe der Gebühren. Die Summe, die er für "angemessen" hält, wird an das Schiedsgericht ausgezahlt, der Restbetrag an den Antragsteller.[126] Dieser Rechtsweg ist ausgeschlossen, wenn

---

118 Bernstein/Tackaberry/Marriott Siehe Seite 69f.

119 *Brown v. Llandovery Terra Cotta and Company Ltd.* (1909) 25 T.L.R. 625; und *John Anthony Tackaberry v. Phaidon Navegacion SA* [1992] A.D.R.L.J. 112.

120 *Brown v. Llandovery Terra Cotta and Company Ltd.* (1909) 25 T.L.R. 625.

121 Engl. "*lien*".

122 Vergl. Mustill & Boyd Seite 234ff.

123 *Hicks v. Richardson* (1797) 1 Bos & Pul 93, und *Smith and Another v. Troup* (1849) 7 CB 757.

124 S. 33(1) Gesetz, 1954;
Im Gegensatz zu der Regelung der §§ 812ff. BGB enthält das Gemeine Recht keine allgemeine Regelung zur Rückerstattung überbezahlter Gelder. Zwar bestehen Präzedenzfälle für eine *action in restitution*, um Gelder zurückzuerstatten, die für die Erlangung eines Schiedsspruches gezahlt wurden. Es ist jedoch anzumerken, daß solche Verfahren sehr kostenintensiv sind und deren Ergebnis schwer vorherzusagen ist; vergl. *In the matter of an arbitration between JM Cooms and JW Freshfield* (1850) 4 Ex. 839 und *Barnes v. Braithwaith and Nixon* (1857) 2 H&N 569.

125 Ein Unterrichter der irischen ordentlichen Gerichtsbarkeit.

126 S. 33(1) a.E. Gesetz, 1954.

die Gebühren durch schriftliche Vereinbarung zwischen der antragsstellenden Partei und dem Schiedsgericht festgesetzt worden sind.[127]

5. Befugnisse und Pflichten

a) Allgemeines

Das Schiedsgericht leitet seine Autorität von der Schiedsvereinbarung ab. Seine Befugnisse und Pflichten sind damit solche, die ihm die Parteien auferlegt haben. Die Grenze dieser Befugnissen setzt das Gemeine Recht dort an, wo die getroffenen Regelungen gegen die öffentliche Ordnung verstoßen würden.[128] Das Schiedsgericht ist dazu verpflichtet, nicht über mehr oder weniger zu entscheiden, als ihm vorgelegt wird. Gleichfalls ist das Schiedsgericht verpflichtet, die Anweisungen zu befolgen, welche die Parteien in ihrer Vereinbarung vorgesehen haben.[129]

Als von den Parteien gewählte Richter müssen sich die Schiedsrichter richterlich verhalten, indem sie die gewöhnlichen Vorschriften der Rechtspflege beachten.[130] Für Schiedsrichter gilt aber insofern ein anderer Maßstab, als diese Regelungen nicht allzu streng anzuwenden sind.[131]

Ein Ausdruck dieser grundlegenden Rechtsprinzipien ist das Gebot, wonach keine Partei in Abwesenheit der anderen Partei anzuhören ist.[132] Dieses Verbot ist aber nicht absolut. So hat beispielsweise die Rechtsprechung einen Fall, in dem eine

---

127 S. 33(2) Gesetz, 1954.

128 *Nauman v. Edward Nathan & Co. Ltd.* (1930) 36 Ll. L. Rep. 249 und 37 Ll.L. Rep. 249.

129 Beispielsweise *Spence v. Eastern Counties Railway* (1839) 7 Dowl. 697; vergl. Russel 19. Auflage Seite 220.

130 Vergl. *Haigh v. Haigh* (1861) 5 L.T. 507 Seite 508; *Re Camillo Eitzen and Jewson & Son* (1896) 40 S.J. 438.

131 *Andrews v. Mitchell* [1905] A.C. 78; aber vergl. *Road Rejuvenating and Repair Services v. Michell Water Board and Another, Supreme Court of Victoria* [1992] A.D.R.L.J. 46; *Supreme Court of Victoria*, Urteil des Mr. Justice Nathan Seite 46: "*Although an arbitration is not to be conducted with the precision and formality of a court process, there are nevertheless constraints upon arbitrators in dealing with irrelevant material*".

132 *Harvey v. Schelton* (1855) 7 Beav. 455; Drew v. Drew (1855) 2 Macq. 1.

Stellungnahme hinsichtlich der Anerkennung von Ansprüchen erfragt wurde, als unbedenklich beurteilt.[133]

Die Wirkung eines Verstoßes gegen die Prinzipien der Rechtsverwaltung ist zumindest ein Verstoß gegen die schiedsrichterlichen Pflichten. Ob einer Partei Rechtsmittel offenstehen, hängt von den Umständen des Einzelfalls ab.

Das Schiedsgericht hat sich bei seiner Entscheidung an Rechtsprinzipien, und nicht an Billigkeitskriterien zu halten. Im *common law*-Rechtskreis muß das Schiedsgericht grundsätzlich ein erkennbares und festes Rechtssystem anwenden. Die Parteien sind nicht in der Lage, das Schiedsgericht von dieser Pflicht zu entbinden.[134] Diese Pflicht wird von der Tatsache abgeleitet, daß die Statuten den *High Court* ermächtigen,

- eine Sachdarstellung[135] bezüglich Rechtsfragen anzufordern und
- den Schiedsspruch auf Rechtsfehler zu überprüfen.

Es ist den Parteien verwehrt, vertraglich eine Sachdarstellung auszuschließen.[136]

Pflichten der Parteien, und damit mittelbare Befugnisse des Schiedsgerichts, sind:

- Teilnahme an der Anhörung des Schiedsgerichts
- Offenbarung und Vorlage relevanter Dokumente innerhalb ihrer Gewalt vorbehaltlich rechtlicher Einwendungen[137]
- Befolgung der vom Schiedsgericht im Verfahren weiter angeordneten Schritte.[138]

Zusätzlich wird in ähnlicher Weise dem Schiedsgericht die Befugnis eingeräumt, Zeugen des Verfahrens unter Eid anzuhören.[139] Zu diesem Zweck sind die

---

133 *Anderson v. Wallace* (1835) 3 Cl. & F. 26.

134 *Orion Compania Espanola de Seguros v. Belford Maatschappij Voor Algemene Verzekgringeen [1962] 2 Lloyd's Rep.* 257; vergl. zu Art. 28 III ModellG.

135 Engl. "*case stated*".

136 *Czarnikow v. Roth, Schmidt & Co.* [1922] 2 K.B. 478 (C.A.); vergl. Russel 19. Auflage Seite 89.

137 Insbesondere Auskunftverweigerungsrechte: *Re Societée des Affreteurs and the Shipping Controller* [1921] 3 K.B. 1.; Die Möglichkeiten des Schiedsgerichts, sollte eine Partei einer Anordnung nicht nachkommen, ist nicht von den Statuten umschrieben. Da aber dem ordentlichen Gericht ausdrücklich die gleichen Befugnisse bezüglich eines schiedsrichterlichen Verfahrens eingeräumt werden, wie in einem bei ihm anhängigen Verfahren, ist ein Antrag an den *High Court* möglich; s. 22(1)(b) Gesetz, 1954; siehe Cahill Seite 35ff.

138 S. 19(1) a.E. Gesetz, 1954; s. 19(2) Gesetz, 1954; siehe Mr. Justice McCarthy im Fall *Grangeford* [1990] I.L.R.M. 277 Seite 285: " *... an arbitrator has an inherent power to issue directions requiring the parties to submit details of their claims, to fix a date for the hearing of the reference, and to proceed thereon, despite the absence of a party where that party has been refused a further ajournment*".

einzelnen Schiedsrichter vom Gesetz ermächtigt, die Parteien und Zeugen im Verfahren zu vereidigen. Dies darf aber nicht gegen den in der Schiedsvereinbarung zum Ausdruck kommenden Parteiwillen verstoßen.[140]

Auch das Gemeine Recht räumt dem Schiedsgericht Befugnisse ein, wie z.B. Klageschriften anzufordern, die die Ansprüche, Argumente und Gegenargumente darlegen.[141] Die Befugnis des Schiedsgerichts, Gegenstände untersuchen zu lassen, die sich auf den Streit beziehen, ist unumstritten. Diese Gegenstände müssen aber im alleinigen Herrschaftsbereich der Partei sein.[142] Das Schiedsgericht kann selbst eine Inspektion durchführen.[143]

Fraglich ist, welche Maßnahmen ein Schiedsgericht ergreifen kann, wenn eine Partei seinen Anweisungen nicht nachkommt. Die Schlüssigkeit der Ausführungen der kooperativen Partei muß geprüft werden, ehe das Schiedsgericht eine Entscheidung trifft. Das Schiedsgericht kann einen geltend gemachten Anspruch nicht allein aus dem Grunde verwerfen, weil der Anspruchssteller das Verfahren nicht genügend vorantreibt.[144] Im Verfahren vor den ordentlichen Gerichten liegt es nach der Prozeßordnung primär in der Verantwortung des Klägers, das Verfahren voranzutreiben. Im Schiedsverfahren ist dies nicht unbedingt der Fall.[145] Jedoch könnte eine solche Verantwortung in der Schiedsvereinbarung (auch durch Einbeziehung von entsprechenden Regeln einer Schiedsorganisation) vereinbart werden, so daß das Schiedsgericht dazu ermächtigt ist, einen Anspruch wegen *lack of prosecution* (mangelnder Prozeßförderung) abzuweisen.

Die Problematik hinsichtlich der Befugnisse eines Schiedsgericht erschöpft sich nicht in der Frage, wie und mit welchen Mitteln das Verfahren zu führen ist. Von grundlegender Bedeutung ist auch, durch welche Befugnisse das Schiedsgericht den Parteien zu ihrem Recht verhelfen kann.

b) Beweisregeln

Im *common law*-Rechtskreis wird oft angenommen, daß im schiedsrichterlichen Verfahren nur dann von den Beweisregeln für ordentliche Gerichte abgewichen

139 S. 19(2) Gesetz, 1954.
140 S. 19(3) Gesetz, 1954.
141 Vergl. *Sloyan and Sons v. Brothers* [1975] 1 Lloyd's Rep. 183.
142 *Coomes & Son v. Hayward* [1913] 1 K.B. 150.
143 *Munday v. Black* (1861) 30 L.J.C.P. 193.
144 *Crawford v. Prowting Ltd.* [1973] Q.B. 1. Seite 234; vergl. Russel 19. Auflage.
145 *Crawford v. Prowting Ltd.* [1973] Q.B. 1.

werden darf, wenn eine entsprechende ausdrückliche oder konkludente Vereinbarung vorliegt.[146] Diese Auffassung ist in der Literatur als überholt abgelehnt worden, da dafür weder in den parlamentarischen Gesetzen noch in der Rechtsprechung Anhaltspunkte zu finden sind.[147] In Anlehnung an Art. 19 I ModellG hat der englische Gesetzgeber in s. 32(2)(f) seines *Arbitration Act,* 1996, die Frage für England endgültig geregelt. Ein Schiedsgericht kann jetzt dort, vorbehaltlich einer entgegenstehenden Parteienvereinbarung, entscheiden, welche Regeln für die Zulässigkeit und Würdigung von Beweisen anzuwenden sind. In Irland fehlt es an einer solchen ausdrücklichen Bestimmung für die nationale Schiedsgerichtsbarkeit. In Abwesenheit einer klärenden gesetzlichen Regelung herrscht dort Rechtsunsicherheit. In der Praxis ist es für das Schiedsgericht deshalb ratsam, sich die Zustimmung der Parteien vor der Verhandlung für die zu verwendenden Beweisregeln zu sichern.

Anders ist es bei der Frage, ob das Schiedsgericht Sicherheitsleistungen für Kosten anordnen kann. Ohne ausdrückliche Ermächtigung durch Parteienvereinbarung hat das Schiedsgericht keine Befugnis im Gemeinen Recht, Sicherheitsleistungen für Kosten anzuordnen,[148] noch wird diese Ermächtigung von den Statuten eingeräumt. So müssen sich die Parteien bei Anträgen auf Sicherheitsleistungen direkt auf Anträge bei der ordentlichen Gerichtsbarkeit beschränkten.[149]

6. Haftung

Eine Haftungsbefreiung für Schiedsrichter hinsichtlich der Ausübung ihrer schiedsrichterlichen Aufgaben scheint von der Literatur und Rechtsprechung axiomatisch angenommen zu werden.[150] Es fehlt eine bindende Autorität zu dieser Frage.[151] Daher ist die Frage, ob Schiedsrichter im Gemeinen Recht aus pflichtwidrigem Verhalten (aus Vertrag sowie unerlaubter Handlung) haften, noch offen.[152] In der englischen Literatur wird die Meinung vertreten, daß das

146 Vergl. Russell 20. Auflage Seite 273; und Mustill & Boyd Seite 352.

147 Vergl. Buxton Seite 229.

148 *Re Unione Stearinerie Lanza and Wiener* [1917] 2 K.B. 558.

149 Vergl. Russel 19. Auflage Seite 237f.

150 Vergl. Mustill & Boyd Seite 225; Oyre Seite 45ff.; Yat-Sen Seite 51ff.

151 Vergl. Russel 21. Auflage § 4-203; und DAC-1996 § 131.

152 *Arensen v. Arensen* [1977] A.C. 405.

Schiedsgericht bei Aufgaben richterlicher Art im Gemeinen Recht Immunität genießt.[153] Die Rechtslage in Irland ist nicht anders.[154]

7. Ende der Autorität

a) Allgemeines

Nach Bestellung behält ein Schiedsrichter bzw. das Schiedsgericht volle Autorität bis diese erlischt.[155] Dies kann auf folgende vier Arten geschehen:

- nach dem Recht[156]
- Akt eines Schiedsrichters
- Akt der Parteien bzw. einer Schiedsorganisation
- gerichtliche Anordnung.

b) Nach dem Recht

Die Zuständigkeit des Schiedsgerichts bzw. des Schiedsgerichts wird durch Vertrag begründet. So bestimmen in erster Linie allgemeine Vertragsregeln das Erlöschen dieser Zuständigkeit.[157] Die folgenden zwei Gründe sind hier hervorzuheben:[158]

- Tod des Schiedsrichters
- Aufgabenerfüllung.

---

153 Vergl. Steyn Seite 11.

154 Vergl. Forde Seite 51f.; für eine a.A. siehe *Road Rejuvenating and Repair Services v. Michell Water Board and Another*, [1992] A.D.R.L.J. 46 (Supreme Court of Victoria).

155 Vergl. Russel 21. Auflage § 4-211.

156 Sog. "*operation of the law*".

157 *Paal Wilson & Co. S/A v. Partenreederei Hannah Blumenthal* [1983] A.C. 856: " *... first ... there must be some outside event or extraneous change of situation, not forseen or provided for by the parties at the time of contracting, which makes it impossible for the contract to be performed at all, or at least renders its performance something radically different from what the parties contemplated when they entered into it. The second ... is that the outside event or extraneous change of situation concerned, and the consequences of either in relation to the performance of the contract, must have occured without either fault or the default of either party to the contract.*"; vergl. Forde Seite 104.

158 Vergl. Russel 21. Auflage §§ 5-235, 6-193.

Die Autorität des Schiedsrichters ist eine persönliche Eigenschaft und erlischt mit seinem Tod.[159] Diese Rechtslage im Gemeinen Recht wird von den Normen der Statuten bestätigt, die die Mitwirkung der ordentliche Gerichte bei der Bestellung von Ersatzschiedsrichtern regeln.[160] Nach Erlaß des endgültigen Schiedsspruchs haben das Schiedsgericht bzw. die einzelnen Schiedsrichter keine weitere Aufgabe mehr. Als *functus officio* ist die Autorität über die Parteien erloschen.

Wie vertragliche Beziehungen allgemein kann die schiedsrichterliche Autorität auch aufgrund anderer Rechtsinstitutionen ein Ende finden, die aber hinsichtlich dem Recht der Schiedsgerichtsbarkeit keine Besonderheiten aufweisen.[161]

c) Akt eines Schiedsrichters

Im Gemeinen Recht kann sich ein Schiedsrichter nicht einseitig von seinen vertraglichen Pflichten entbinden. Freilich ist es in der Praxis weder wünschenswert noch möglich, ihn zu zwingen, seine Aufgaben als Schiedsrichter wahrzunehmen.[162] Den Parteien bleibt lediglich seine Haftung für Schadensersatz wegen Nichterfüllung.[163] Die Statuten zur nationalen Schiedsgerichtsbarkeit schweigen in dieser Hinsicht.

d) Gemeinsames Handeln der Parteien

Die Wirkung eines Vergleichs ist der der Aufgabenerfüllung vergleichbar.[164] Sie hat das Ende der schiedsrichterlichen Autorität zur Folge. Ohne weitere Aufgaben oder Funktionen ist das Schiedsgericht *functus officio*. Etwas anderes gälte nur dann, wenn im Vergleich vereinbart wurde, daß das Schiedsgericht sich das Ergebnis des Vergleichs in einem Schiedsspruch zu eigen machen soll.[165]

---

159 Vergl. Treitel Seite 784; und DAC-1996 § 41.

160 S. 18(b)(i) Gesetz, 1954.

161 See Mustill & Boyd Seite 34: "*One of the foundations relied upon to support this new power is the notion that the arbitration clause is a severable contract, capable (like any other contract) of being brought to an end by repudiation, frustration or mutual agreement.*", vergl. Treitel Seite 778ff.; und Clark Seite 279ff.

162 Siehe *Bremer Vulcan*-Fall [1982] A.C. 909; und Forde Seite 103.

163 Vergl. DAC-1996 § 111.

164 Vergl. Russel 19. Auflage Seite 152.

165 Vergl. Russel 19. Auflage Seite 152.

e) Anordnung des Gerichts

Die Schiedsrichter können vom Gericht auf die im Gesetz, 1954 bestimmte Weise entfernt werden.[166]

f) Wiederaufleben

Die Zuständigkeit des Schiedsgerichts kann wieder aufleben, nachdem es durch Aufgabenerfüllung *functus officio* geworden ist. Dies geschieht durch Zurückweisung des gefällten Schiedsspruchs von den ordentlichen Gerichten, die vom Gesetz dazu ermächtigt worden sind.[167]

VI. Verfahrensverlauf

1. Allgemeines

Weder im Gemeinen Recht noch von den Statuten wird eine besondere Verfahrensweise vorgesehen. Die Parteienvereinbarung und die Grenzen der öffentlichen Ordnung müssen beachtet werden. Hier wird der gewöhnliche Verlauf geschildert, um die Regelungen der nationalen Schiedsgerichtsbarkeit in ihrem gewöhnlichen Kontext in der Praxis darzulegen.

2. Einleitung

Es stellt sich die Frage, wann ein schiedsrichterliches Verfahren eingeleitet werden kann. Dies wird von der Parteienvereinbarung bestimmt. Beispielsweise könnte die Schiedsvereinbarung ein schiedsrichterliches Verfahren im Falle eines "Anspruchs"[168] vorsehen. Diese Formulierung birgt allerdings das Problem, daß nach den allgemeinen Regeln des Vertragsrechts kein Schiedsgericht Zuständigkeit erlangen könnte, bevor ein Anspruch tatsächlich entsteht. Das Bestehen des Anspruchs wird jedoch zwischen den Parteien streitig sein. Diese Schwierigkeiten lassen sich durch die Verwendung des Worts "Streitigkeit"

---

166 Siehe unten für eine weitere Behandlung.

167 S. 36 Gesetz, 1954.

168 Engl. "*claim*".

vermeiden.[169] Hierbei dürfte die Zuständigkeit beim Vorliegen der gleichen Tatsachen nicht zu bestreiten sein.[170]

Auch die ersten Schritte, mit denen das schiedsrichterliche Verfahren einzuleiten ist, werden sich zunächst nach der Parteienvereinbarung richten.[171] Wichtig kann sein, zu welchem Zeitpunkt das Schiedsverfahren als eingeleitet zu betrachten ist. Insbesondere kommen vertragliche sowie gesetzliche Fristen in Betracht.[172] Da Statuten zur nationalen Schiedsgerichtsbarkeit in dieser Hinsicht schweigen, muß bei Fehlen einer Parteienvereinbarung auf das Gemeine Recht zurückgegriffen werden. Im Gemeinen Recht wird ein schiedsrichterliches Verfahren zu dem Zeitpunkt als eingeleitet betrachtet, in dem die eine Partei der anderen eine Anzeige zustellt.[173] Diese Anzeige muß von der anderen Partei folgendes verlangen:

- entweder die Bestellung eines Schiedsrichters, oder
- die Einwilligung in eine Bestellung.

Dieses Verlangen muß aber nicht ausdrücklich sein. Es kann auch konkludent in einer Anzeige enthalten sein, die lediglich um die Einleitung eines Schiedsverfahrens bittet.[174]

Die Parteien können vereinbaren, daß Ansprüche gesperrt werden, wenn ein Schiedsverfahren nicht innerhalb einer gewissen Frist eingeleitet wird. Jedoch ist solch eine Vereinbarung innerhalb des Anwendungsbereichs der Statuten nicht absolut in ihrer Wirkung. Auf Antrag ist der *High Court* nach Billigkeitserwägungen ermächtigt, solche vertraglich bestimmten Fristen zu erweitern.[175]

3. Bestellung

Die Bestellung erfolgt in der Art wie bereits dargestellt wurde.

---

169 Engl. "*dispute*".

170 Vergl. Russel 21. Auflage § 5-001; und Mustill & Boyd Seite 129.

171 *Emson Contracters Ltd. v. Protea Estates Ltd.* (1987) 39 Buil. L.R. 126.

172 *Part* IV, *Statute of Limitations,* 1957; vergl. Forde Seite 66.

173 *The Agios Lazaros* [1976] 2 Lloyd's Rep. 47 (51).

174 *The Agios Lazaros* [1976] 2 Lloyd's Rep. 47 (51).

175 S. 45 Gesetz, 1954; vergl. Russell 19. Auflage Seite 80; und Harris/Plantrose/Tecks Seite 197ff.

4. Anfängliche Aspekte

Nach der Bestellung muß sich das Schiedsgericht ausdrücklich oder konkludent mit den folgenden Fragen befassen:

- Welches materielle Recht ist in der Hauptsache anwendbar?[176]
- Woraus ergibt sich die eigene Zuständigkeit und wo liegen deren Grenzen?
- Kann und soll einstweiliger Rechtsschutz gewährt werden?
- Welche Verfahrensweise soll im weiteren Verlauf des Schiedsverfahrens angewandt werden?[177]

5. Anhörung

Wenn die Parteien nichts anderes vereinbart haben, muß eine mündliche Verhandlung stattfinden.[178] Die Verhandlung ist nicht öffentlich durchzuführen, es sei denn, beide Parteien wollen dies.[179] Die Anhörung hat der Parteienvereinbarung gerecht zu werden und muß die Anforderungen der öffentlichen Ordnung beachten.

6. Beendigung

Nachdem die mündliche Verhandlung durchgeführt worden ist und das Schiedsgericht eventuelle nachträgliche schriftliche Ausführungen erhalten hat, fällt das Schiedsgericht seinen Schiedsspruch. Nach Erlaß des endgültigen Schiedsspruchs ist das Schiedsgericht *functus officio*.

---

176 Diese Problematik ist von der Frage des auf das schiedsrichterliche Verfahren anzuwendenden Rechts zu unterscheiden.; vergl. Russel 21. Auflage § 2-092;
Bei der nationalen Schiedsgerichtsbarkeit wird es in der Praxis fast ausschießlich irisches Recht sein. Sollten die Parteien keine ausdrückliche Vereinbarung in dieser Hinsicht getroffen haben, werden in der irischen nationalen Schiedsgerichtsbarkeit die gleichen Regeln Anwendung finden, wie für alle Verträge. Für Verträge, die in das Rom-Abkommen fallen, bestimmen dessen Normen das anzuwendende Recht. Sonst kommt nach der Regel des Gemeinen Rechts jenes Recht zur Anwendung, welches mit der Transaktion die engste Verbindung hat.

177 Vergl. Carrigan Seite 16.

178 *Henry Sotheran Ltd. v. Norwich Union Life Insurance Society* [1992] 31 E.G. 70; vergl. aber Harris Seite 253.

179 *Hassneh Insurance Co. of Israel and Others v. Stuart J. Mew* [1993] 2 Lloyd's Rep. 373 (243).

VII. Der Schiedsspruch

1. Allgemeines

Die Statuten enthalten keine Definition eines Schiedsspruchs. Der Schiedsspruch ist die endgültige Entscheidung über die Angelegenheiten, auf die sich das schiedsrichterliche Verfahren bezieht. Er ist von den Entscheidungen, die lediglich das Verfahren an sich regeln, zu unterscheiden.

Entscheidungen über die Kompetenz des Schiedsgerichts sind materiellrechtlicher Art und können deshalb Teil des Schiedsspruchs sein.[180] Dieser Unterschied ist von praktischer Bedeutung, weil ein Schiedsspruch, im Gegensatz zu verfahrensbezogenen Entscheidungen und Anweisungen,[181] vor den ordentlichen Gerichten anfechtbar ist.[182] In der Praxis ergeben sich Schwierigkeiten bei der Unterscheidung von formellen und materiellen Entscheidungen, da formelle und materielle Fragen oft eng miteinander verknüpft sind.[183]

2. Formvorschriften

Die Ausgangsschiedsvereinbarung und die zwischen den Parteien abgestimmten Veränderungen bestimmen die Form des Schiedsspruches. Sollte der Schiedsspruch den dort bestimmten Anforderungen nicht gerecht werden, ist er nicht gültig, es sei denn, die Abweichung ist unwesentlich.[184]

Im Gemeinen Recht kann ein Schiedsspruch mündlich gefällt werden. Es muß eine nach außen erkennbare Kundgebung des Willens vorhanden sein.[185] Sollte die Parteienvereinbarung die Schriftform für den Schiedsspruch verlangen, bedeutet es nicht, daß es der Unterschriften der Schiedsrichter bedarf, obwohl es den Schiedsrichtern anzuraten ist, den Schiedsspruch zu unterschreiben.[186] Einer

180 Siehe a.A. Entwurf-Begründung zum Art. 16 ModellG.

181 Engl. "*orders and directions*".

182 Vergl. Russel 21. Auflage Seite 250.

183 *Exmar BV v. National Iranian Tanker Co.* (*The "Trade Fortitude"*) [1992] 1 Lloyd's Rep. 169; vergl. Russel 21. Auflage Seite 250.

184 *Gatliffe v. Dunn* (1738) Barnes 55.

185 *Thompson v. Miller* (1867) 15 W.R. 353.

186 *Re Hammond and Grantham's Arbitration* [1964] N.Z.L.R. 976.

Begründung bedarf der Schiedsspruch weder nach dem Gemeinen Recht noch nach den Statuten.[187]

3. Materielle Voraussetzungen

Um gültig zu sein, muß der Schiedsspruch endgültig,[188] bestimmbar und ausführbar[189] sein. Außerdem muß er die zu entscheidenden Angelegenheiten entscheiden und sich auf diese beschränken.[190]

Nach dem Gemeinen Recht kann das Schiedsgericht ohne anderweitige Ermächtigung nur einen endgültigen[191] Schiedsspruch fällen.[192] Die Statuten bestimmen jedoch, daß grundsätzlich Zwischenschiedssprüche gefällt werden können, es sei denn, die Parteien vereinbaren etwas anderes.[193]

4. Gegenstand des Rechtsschutzes

a) Allgemeines

Sollte ein Schiedsspruch ohne Anwendung von Staatsgewalt von der unterlegenen Partei erfüllt werden, erübrigt sich *de facto* die Frage, welche Grenzen der Staat den möglichen Rechtsschutzzielen setzt. Sollte die unterlegene Partei aber nicht bereit oder nicht in der Lage sein,[194] den Schiedsspruch zu erfüllen, stellt sich die Frage, welche Rechtsschutzziele ein Schiedsspruch umfassen kann, um vom Staat anerkannt bzw. vollstreckt zu werden. Nach s. 41 Gesetz, 1954 kann

> "ein Schiedsspruch mit Genehmigung des Gerichts in der gleichen Weise wie ein Urteil oder eine Anordnung [eines ordentlichen Gerichts] mit gleicher Wirkung

---

187 In England hat sich die Lage nach dem Gesetzesrecht geändert; siehe Russel 21. Auflage §§ 6-051, 6-027.

188 S. 27 Gesetz, 1954.

189 *Cremer v. Samanta and Samanta* [1968] 1 Lloyd's Rep. 156.

190 Mr. Justice Griffin im Fall *Grangeford* [1990] I.L.R.M. 277 Seite 283: "[*An arbitrator's award*] *must be confined to the matters properly before him on evidence which he has heard and determined*".

191 Engl. "*final*".

192 *Minerals and Metals Trading Corpn of India Ltd. v. Encounter Bay Shipping Co. Ltd., The Samos Glory (No. 2)* [1988] 1 Lloyd's Rep. 51.

193 S. 25 Gesetz, 1954.

194 Denkbar wäre es, wenn eine staatliche Registeränderung erfordert ist.

vollstreckt werden, und wenn solche Genehmigung gewährt wird, kann ein Urteil mit dem Inhalt des Schiedsspruchs aufgezeichnet werden."[195]

Im Umkehrschluß bedeutet dies, daß der Schiedsspruch nur vollstreckbar ist, sofern ein Urteil "mit gleicher Wirkung" für die ordentliche irische Gerichtsbarkeit möglich ist.

b) Rechtsschutzmittel der ordentlichen Gerichtsbarkeit

aa) Allgemeines

Um zu verstehen, wie ein ordentliches Gericht mit dem Rechtsschutzinhalt eines Schiedsspruchs umgehen würde, bedarf es einer Darstellung der Rechtsschutzmittel, die den ordentlichen Gerichten zur Verfügung stehen, und der Regeln, nach denen diese Rechtsmittel angewandt werden. Im irischen Zivilrecht können die ordentlichen Gerichte folgende Arten des Rechtsschutzes gewähren:[196]

- *common law*-Rechtsschutz
- *equity*-Rechtsschutz
- *statutory*-Rechtsschutz.

bb) Rechtsschutz im *common law*

Im historischen *common law* gibt es grundsätzlich nur eine Verurteilung auf Schadensersatz, sogenannte *damages*. Auf dieses Rechtsschutzmittel hat der Kläger bei gelungener Klage ein absolutes Recht.[197]

cc) Rechtsschutz im *equity*

Sollte der erfolgreiche Kläger der Meinung sein, Schadensersatz würde seine Rechte nicht genügend schützen, kann er beim Gericht Rechtsschutz unter dem Gesichtspunkt des *equity* beantragen. Der Antragsteller hat keinen Anspruch auf diese *equity*-Rechtsschutzmittel.[198] Ob und wie diese Art von Rechtsschutz ge-

---

195 *"An award on an arbitration agreement may, by leave of the Court, be enforced in the same manner as a judgement or order to the same effect and, where leave is so given, judgement may be entered in terms of the award."*

196 Im Englishen wird von einer *common law, equitable* und *statutury juristiction* gesprochen; siehe Treitel Seite 918ff.

197 Es deckt sich mit dem Ziel einer Leistungsklage auf Geldzahlung im deutschen Zivilrecht; vergl. Thomas/Putzo vor § 253 Rn. 3.; vergl. Chitty Seite 1197ff.

198 Siehe Treitel Seite 918ff.

währt wird, steht im Ermessen des Gerichts, unter Berücksichtigung der überlieferten Regeln des *equity.*[199] Die wichtigsten im *equity* in Betracht kommenden Rechtsschutzmittel sind:

- *specific performance* (ein nicht auf Geldzahlung gerichtetes Leistungsurteil)[200]
- *declaritory relief* (Feststellungsurteil)[201]
- *rescission, cancellation* und *rectification* (wörtlich "Rücktritt, Aufhebung und Korrektur")[202]
- *injunction* (Unterlassungsurteil).[203]

dd) Rechtsschutz nach Gesetzesrecht

Zusätzlich zu den Rechten des Gemeinen Rechts können parlamentarische Gesetze Rechte begründen. Darüber hinaus können Gesetze für diese zusätzlichen Rechte, ebenso wie für Ausführungsrechte des Gemeinen Rechts, weitere Möglichkeiten der Rechtsverwirklichung vorsehen. Als Beispiele seien die Gesetze zum gewerblichen Rechtsschutz und Gesellschaftsrecht genannt.[204] Ob ein absoluter Anspruch auf ein Rechtsschutzmittel besteht oder der Anspruch im Ermessen des Gerichts steht, ergibt sich aus dem Wortlaut der fraglichen gesetzlichen Bestimmungen. In der Regel aber werden die vom Gesetzesrecht vorgesehenen Rechtsschutzmittel, die nicht auf Geldzahlung ausgerichtet sind und denen des *equity* ähneln, im Ermessen des Gerichts liegen.[205]

ee) Überblick über Rechtsprechung und Literatur

Ein führender englischer Kommentar schreibt folgendes:[206]

"*The forms of relief and remedies available to the arbitrator when making his award are largely the same as those available to the High Court* [*except the powers of executing*]."

Jedoch wird dann vom Kommentar nur der Rechtsschutz des Gemeinen Rechts behandelt. Die Rechte, die aufgrund des Gesetzesrechts existieren, und entsprechende Rechtsschutzmittel werden nicht angesprochen. So werden Rechts-

199 Vergl. Chitty 1281ff.
200 Vergl. Treitel Seite 918ff.; und Wolff p. 51.
201 Vergl. Byrne & McCutcheon Seite 306, Rn. 10.16.
202 Siehe Treitel Seiten 293ff., 297ff.
203 Treitel Seite 936.
204 Beispielsweise das *Patents Act*, 1992.
205 Vergl. Kean § 28.11.
206 Mustill & Boyd Seite 388.

schutzmittel im Zusammenhang mit Gesellschaftsrecht und Patentrecht beispielsweise nicht behandelt.

Im Gegensatz zu Irland und England ist in anderen Ländern des *common law*-Rechtskreises diese Frage bereits Gegenstand höchstrichterlicher Rechtsprechung gewesen. Es ist in Australien folgendes im Fall *Atkinson-Leighton* festgestellt worden:

"Subject to certain exceptions, principally related to forms of equitable relief which are of no present relevance, and which reflect the private, and necessarily evanescent status of arbitrators, a claimant should be able to obtain from arbitrators just such rights and remedies as would have been available were he to sue in a court of law of appropiate juristiction."[207]

Im gleichen Fall urteilte ein beisitzender Richter wie folgt:

"The parties to an arbitration are free to clothe the arbitrator with such powers as they may deem it proper to confer, provided that they do not violate any rule of law."[208]

Diese Rechtsprechung wurde weiter im Fall *IBM*[209] bestätigt. Hier wurde vom *Court of Appeal* festgestellt:

"I can see no basis for excluding claims arising under statutes which grant remedies enforceable in or confer powers on courts of general jurisdiction. ... An arbitrator who is authorised by the submission to determine controversies or claims under the Act must also be able to exercise the powers which are conferred by that Act on courts of general jurisdiction, provided those powers are appropriate."[210]

Der Präsident des Gerichts führte weiter aus:

"Atkinson-Leighton contemplates that the very purpose of a reference to arbitration will frequently be to confer on the arbitrator the powers which would be enjoyed, even by statute only, by the court of law of competent jurisdiction that would otherwise hear the case."[211]

Obwohl diese Rechtsprechung des *common law*-Rechtskreises auf den ersten Blick den Parteien erlaubt, das Schiedsgericht mit allen Rechtsschutzmitteln der ordentlichen Gerichte auszustatten, läßt sich auf den zweiten Blick erkennen, daß die Erlaubnis lediglich "vorbehaltlich einiger Ausnahmen ... aufgrund des

---

207 Mr. Justice Stephen im australischen Fall *Atkinson-Leighton* zit. in (1994) 10 Arbitration International 263, Seite 272.

208 Mr. Justice Mason in *Atkinson-Leighton ob cit.*

209 *IBM Australia Ltd. v. National Distribution Services Pty Ltd.* (1991) 1000 ACR 361.

210 *Judge of the Appeal,* Mr. Justice Handley im *IBM*-Fall *ob cit.*

211 Der President des Gerichts, Mr. Justice Kirby im *IBM*-Fall *ob cit.*

privaten und vorübergehenden Status eines Schiedsrichters" besteht.[212] Die Äußerung, daß das Gesetz nicht verletzt werden darf, wie vom beisitzenden Richter [213] im Fall *Atkinson-Leighton* hervorgehoben wurde, kann als überflüssig betrachtet werden. Die Aussage des Gerichts,[214] der Rechtsschutz müsse "angemessen" sein, ohne weitere Begründung anzugeben, erhöht lediglich die Rechtsunsicherheit. Die australischen Gerichte haben bewußt eine klare Regelung vermieden und vertrauen auf das Ermessen, welches dort (wie in England und Irland) den Gerichten bei der Anerkennung eines Schiedsspruchs eingeräumt wird:

"It might be expected that the court, in considering whether or not to grant such leave, would have regard to the nature of the relief given in the arbitrator's award."[215]

Diese Überlegungen finden beim englischen Reformkomitee von Januar 1997 Widerklang:

"[*W*]*e concluded that it would be preferable ... to have no list ... instead relying on the fact ... that the opening words of the provision do not require the Court to order enforcement, but only give it a discretion to do so.*"[216]

Sollten diese australischen Fälle in Irland als Präzedenzfälle betrachtet werden, stellt sich dann die Frage, welche von den Statuten vorgesehenen Rechtsschutzmittel für die Schiedsgerichtsbarkeit "angemessen" sind, ohne daß deren Anwendung gegen das Gesetz verstößt. Hier muß zumindest auf die Grenzen der öffentlichen Ordnung im Sinne des Gemeinen Rechts und der irischen Verfassung zurückgegriffen werden. Ein Grundprinzip bleibt, daß die Zuständigkeit des Schiedsgerichts auf der Vereinbarung der beteiligten Parteien beruht und die Rechte Dritter nicht beeinflußt werden dürfen. So müßten Entscheidungen, die auf Löschung von Patenten oder Auflösung von *incorporated* Gesellschaften gerichtet sind, im summarischen Verfahren nicht anerkennungsfähig sein. Jedoch könnte der Inhalt eines solchen Schiedsspruchs in einem gewöhnlichen Verfahren einen Fall auf Grund seiner bindenden Wirkung vorentscheiden.[217] Da in der nationalen

---

212 Mr. Justice Stephen im *Atkinson-Leighton*-Fall *ob cit.*:
"Subject to certain exceptions, principally related to forms of equitable relief which are of no present relevance, and which reflect the private, and necessarily evanescent status of arbitrators".

213 Mr. Justice Mason *ob cit.*

214 Mr. Justice Handley im *IBM*-Fall *ob cit.*

215 Der President des Gerichts, Mr. Justice Kirby im *IBM*-Fall *ob cit.* Seite 371.

216 DAC-Jan. 1997 § 32.

217 Nach dem Prinzip des *issue estoppel*; siehe Mustill & Boyd Seite 411:
"*The plaintiff in the action in rem can proceed to judgement on the basis of the award, without having to prove his claim all over again, the award giving rise to an issue estoppel*"; *The Tuyuti* [1984] Q.B. 838; und Mustill & Boyd Seite 413 "... *the*

Schiedsgerichtsbarkeit dem Gericht bei summarischer Anerkennung ein Ermessen eingeräumt wird, sehen die Gerichte des *common law*-Rechtskreises keine Notwendigkeit, klare Regeln zu bilden und Grenzen zu setzen.

5. Kosten

Im Gemeinen Recht steht es den Parteien frei zu vereinbaren, welche Partei in welcher Weise die Kosten zu tragen hat.[218] Das Gesetzesrecht verbietet Vereinbarungen, denen zufolge jede Partei unabhängig von den Umständen ihre eigenen Kosten zu tragen hat.[219] Die restliche Schiedsvereinbarung wird aber nicht beeinträchtigt.[220] Anders ist es, wenn die Streitigkeit bereits zum Zeitpunkt der Schiedsvereinbarung bestand. Dann ist die Kostenvereinbarung wirksam.[221]

Für den Fall, daß die Parteienvereinbarung keine Regelung hinsichtlich der Kosten enthält, wird gesetzlich bestimmt, daß die Kosten des Verfahrens und des Schiedsspruchs dem Ermessen des Schiedsgerichts unterliegen.[222] Die Kosten des Verfahrens sind solche, die die Parteien notwendigerweise verursachen.[223] Das Schiedsgericht kann bestimmen, wer wem in welcher Weise diese Kosten oder Teile davon zu zahlen hat.[224] Mit Zustimmung der Parteien kann das Schiedsgericht auch die Höhe der Kosten festsetzen, sowie die zu zahlenden Kosten zwischen Anwalt und Mandant bestimmen.[225]

Die Kosten des Schiedsspruchs sind solche, die dem Schiedsgericht als Gebühren sowie Auslagen zustehen. Das Gesetz bestimmt, daß das Schiedsgericht auch befugt ist, die Kosten zu taxieren.[226] Sollte dies geschehen, ist diese Entscheidung nur unter den beschränkten Umständen anfechtbar, die für den Schiedsspruch selber einschlägig sind.[227] So kann die Ermessensentscheidung des Schiedsgerichts hinsichtlich der Kosten nicht von dem ordentlichen Gericht nur aus dem

---

award precludes the parties from reopening in a later dispute individual issues of law or fact which are necessarily decided by the award".

218 *Mansfield v. Robinson* [1928] 2 K.B. 353; *Fitzsimmons v. Mostyn (Lord)* [1904] A.C. 46.

219 S. 30(1) 1.HS Gesetz, 1954.

220 S. 30(1) a.E. Gesetz, 1954.

221 S. 30(2) Gesetz, 1954.

222 S. 29(1) 1.HS Gesetz, 1954.

223 Siehe Russel 19. Auflage Seite 364f.

224 S. 29(1) 1.HS Gesetz, 1954.

225 S. 29(1) a.E. Gesetz, 1954.

226 S. 29(1) Gesetz, 1954.

227 *Re Gilbert and Wright* (1904) 20 T.L.R. 164.

Grund geändert werden, daß das Gericht dieses Ermessen anders ausgeübt hätte. Vielmehr müßte dargelegt werden, daß das Schiedsgericht sein Ermessen nicht richterlich ausgeübt hat.[228]

Das Schiedsgericht kann auch die Höhe seiner eigenen Gebühren taxieren, da die "Kosten des Verfahrens" diese umfassen. Auch diese Entscheidungsbefugnis ist nur in der im Gesetz vorgesehenen beschränkten Weise antastbar.[229] Die Befugnis, die Höhe der eigenen Kosten festzusetzen, ist richterlicher Art. Deshalb sind nicht nur die Interessen derjenigen, an die die Kosten gezahlt werden, zu wahren, sondern auch derjenigen, die sie zahlen müssen.[230] Sollte das Schiedsgericht befugt sein, sich mit der Kostenfrage zu befassen, ist es auch seine Pflicht, dies zu tun, da sonst der Schiedsspruch wegen Unvollständigkeit mangelhaft sein wird.[231] Sollte das Schiedsgericht seine Zuständigkeit überschritten haben und der Schiedsspruch deswegen aufgehoben werden, so können die Kosten nicht erstattet werden.[232]

6. Wirkung und Bedeutung

a) Endgültigkeit

Ein Schiedsspruch dient als eine endgültige Entscheidung aller Angelegenheiten, die Gegenstand des schiedsrichterlichen Verfahrens waren.[233] Endgültig in diesem Kontext bedeutet ohne Revision oder Berufung (*without appeal*) im eigentlichen Sinne.[234] Jedoch besteht die Möglichkeit, den Schiedsspruch wegen offenbarer Rechtsmängel außer Kraft zu setzen (*set aside*), analog dem *certiorai*-Rechtsbehelf. Letzteres ist der Vorgang zur Anfechtung endgültiger Entscheidungen

---

228 *Perry v. Stopher* [1959] 1. W.L.R. 415 Seite 419; vergl. Russel 19. Auflage Seite 366.

229 S. 33 Gesetz, 1954 und *misconduct* (Fehlverhalten); vergl. Russel 19. Auflage Seite 465.

230 *Government of Celon v. Chandris* [1963] 1 Lloyd's Rep. 214.

231 *Re Becker, Shillan & Co. and Barry Brothers* [1921] 1 K.B. 391.

232 *Davis v. Witney U.D.C.* (1899) 15 T.L.R. 275;

Die Kompetenz der ordentlichen Gerichte zur Kostenfestsetzung, sollte das Schiedsgericht es nicht tun, ergibt sich aus s. 29(2) Gesetz, 1954.

233 *Middlemiss v. Hartlepool Corpn.* [1972] 1 W.L.R. 1643.

234 Sollte die Vereinbarung bestimmen, daß der Schiedsspuch "entgültig" ist, ist dies lediglich eine ausdrückliche Bestätigung dessen, was schon vom Gestez vorgesehen wird: *Ford v. Clarksons Holiday* [1971] 1 W.L.R. 1412 (C.A.).

eines niedrigeren Gerichts vor dem *High Court* anzufechten, obwohl Berufung oder Revision wegen Entgültigkeit ausgeschlossen sind.[235]

Aus dieser Finalität des Schiedsspruchs folgt auch die Regel des Gemeinen Rechts, daß das Urteil nach Erlaß nicht mehr vom Schiedsgericht abgeändert werden kann. Das Schiedsgericht ist *functus officio.*[236] Es bestehen jedoch hierzu Ausnahmen, die in den Statuten zu finden sind.

Eine Ausnahme ist die Befugnis des (ehemaligen) Schiedsgerichts, versehentliche Schreibfehler zu berichtigen, es sei denn, daß die Schiedsvereinbarung dies unterbindet.[237] Sollte das Schiedsgericht im Schiedsspruch tatsächlich das einbezogen haben, was es vorhatte, besteht kein versehentlicher Fehler im Sinne der Ausnahme.[238] Die ordentlichen Gerichte sind weder vom Gemeinen Recht[239] noch von den Statuten dazu ermächtigt, den Schiedsspruch abzuändern.

Da die Zuständigkeit des Schiedsgerichts auf der Parteienvereinbarung beruht, erstreckt sich die Endgültigkeit des Schiedsspruchs nur auf jene Fragen, mit der sich das Schiedsgericht nach der Parteienvereinbarung zu befassen hatte.[240]

b) Dingliche Rechte

Durch einen Schiedsspruch kann kein Eigentum übertragen werden; weder an Immobilien[241] noch an sonstigen Gütern (sogenannte *personalty*).[242] Sofern das Schiedsgericht entsprechend ermächtigt ist, kann es die Parteien allenfalls anweisen, die erforderlichen Auflassungen (*conveyances*) bzw. sonstige Übertragungsschritte durchzuführen.[243]

---

235 *Re Gilmore's Application* [1957] 1 All E.R. 796.
236 *Re Stringer and Riley Bros.* [1901] 1 Q.B. 105.
237 S. 28 Gesetz, 1954.
238 *Sutherland v. Hannevig* [1921] 1. K.B. 336.
239 *Moore v. Butlin* (1837) 7 L.J.Q.B. 20.
240 *Crane v. Hegemann-Harris Co.* [1939] 4 All E.R. 68; *H. E. Daniels Ltd. v. Carmel Expoters & Importers Ltd.* [1953] 2 Q.B. 242.
241 *Henry v. Kirwin* (1859) 9 Ir.C.L.Rep. 459.
242 *Hunter v. Rice* (1812) 15 East 100.
243 *Johnston v. Wilson* (1741) Willes 248.

c) Beweiskraft des Schiedsspruchs

Ein bestehender Schiedsspruch ist in späteren Zivilverfahren unwiderlegbarer Beweis der darin festgestellten Tatsachen.[244] Nur wenn es gelingt, den Schiedsspruch selbst zu stürzen, ist es möglich, Gegenbeweise zu bringen. Diese Regel erstreckt sich jedoch nicht auf Strafverfahren.[245] Im Einklang mit den Regeln des Vertragsrechts im allgemeinen und der Schiedsgerichtsbarkeit im besonderen, erstreckt sich diese Regel nur auf die Parteien der Schiedsvereinbarung und solche, die durch sie ihre Rechte geltend machen.[246]

IIX. Ordentliche Gerichte: Vor und während des Verfahrens

1. Allgemeines

Im Gemeinen Recht besitzen die ordentlichen Gerichte keine Kompetenz, den Verlauf eines schiedsrichterlichen Verfahrens zu überwachen.[247] Sie können aber trotz einer einschlägigen Schiedsvereinbarung anhängige Verfahren weiterführen.[248] Sie besitzen aber eine inhärente Kompetenz, das Verfahren nach ihrem Ermessen auszusetzen, sofern dies im Interesse der Justiz liegt.[249]

Für Schiedsvereinbarungen, die innerhalb des Anwendungsbereichs der Statuten fallen, räumt das Gesetz im Gegenzug für das Aussetzen des Verfahrens, eine Kontrollbefugnis über das laufende Schiedsverfahren ein.

---

244 *Whitehead v. Tattersall* (1875) 44 L.J.M.C. 92.

245 *R. v. Fontain Moreau* (1848) 11 Q.B. 1028.

246 *Wenman (Lady) v. Mackenzie* (1855) 25 L.J.B.Q. 44.

247 Mr. Justice Donaldson in *Exormisis v. Oonsoo* [1975] 1 Lloyd's Rep. 432 at 434 und *Bremer Vulkan* [1982] A.C. 909; vergl. Russel 19. Auflage Seite 233.

248 Schadensersatz kommt nicht in Frage unter der Begründung, es könne kein Schaden daraus entstehen, seine Rechte in den ordentlichen Gerichten verwirklichen zu müssen; siehe Roebuck Seite 402: "*The obligee of an arbitration bond could recover only nominal damages for the obligee's refusal to co-operate in the arbitration, on the unconvicing ground that one could not loose by having to go to law*".

249 *Channel Group v. Balfour Beaty Ltd.* [1993] A.C. 334 Seite 352.

2. Verweis auf das schiedsrichterliche Verfahren

Ein ordentliches Gericht muß auf Antrag ein Verfahren aussetzen, wenn es Ansprüche betrifft, die Gegenstand einer gültigen Schiedsvereinbarung sind.[250] Dem Gericht wird kein Ermessen eingeräumt. Das Aussetzen geschieht jedoch nicht von Amts wegen sondern nur auf rechtzeitigen Antrag des Beklagten.[251] Ein entsprechender Antrag kann nach dem *appearence* erfolgen, muß jedoch vor weiteren Prozeßschritten unternommen werden.

3. Verfahrensbegleitung

Bei schiedsrichterlichen Verfahren haben die ordentliche Gerichte keine Überwachungsrolle außer jener, die die Statuten vorsehen.[252] Die Entscheidungen des Schiedsgerichts während des Verfahrens sind vom Gericht unantastbar,[253] es sei denn, das Schiedsgericht überschreitet seine Kompetenzen, oder verstößt offensichtlich gegen die öffentliche Ordnung.[254] Das entsprechende Rechtsmittel ist auf die Entfernung des Schiedsgerichts gerichtet.[255]

4. Fristverlängerung

Wenn die Schiedsvereinbarung nichts anderes vorsieht, kann das Schiedsgericht den Zeitpunkt des Erlasses des Schiedsspruchs selbst bestimmen.[256] Das Rechtsmittel bei Verzögerung ist auf die Entfernung des Schiedsgerichts beschränkt.[257]

---

250 S. 5 Gesetz, 1980.

251 S. 5 Gesetz, 1980.

252 *Bremer Vulkan Schiffbau und Maschinenfabrik v. South India Shipping Corporation* [1981] A.C. 909; zur Rolle allgemein siehe Harrison Seite 266ff.; vergl. Nicola Seite 149; Chukwumerije Seite 171.

253 *Ulysses Compania Naviera S.A. v. Huntington Petroleum Services Ltd. and others (The "Ermoupolis")* [1990] 1 Lloyd's Rep. 160.

254 *French Government v. "Tsurushima Maru"* (1921) 7 Lloyd's Rep. 244.

255 *Kirkawa Corporation v. Gatoil Overseas Inc. (The "Peter Kirk") (No. 2)* [1990] 1 Lloyd's Rep. 158.

256 S. 23(1) Gesetz, 1954.

257 Vergl. Russel 19. Auflage Seite 168.

Das Gericht ist ermächtigt vom Gesetz "oder sonst" vorgesehene Fristen nach eigenem Ermessen zu verlängern.[258] Sie kann auch nach Erlaß des Schiedsspruchs in Anspruch genommen werden und hat die Wirkung, daß die Schiedsvereinbarung so behandelt wird, als ob sie die Verlängerung vorgesehen hätte.[259] Eine Verzögerung einen solchen Antrag zu stellen mindert die Bereitwilligkeit des Gerichts dem Antrag stattzugeben.[260] Diese Befugnis des Gerichts ist nicht abwählbar.[261]

5. Schiedsrichter

a) Bestellung

Die Schiedsvereinbarung sollte die Anzahl der Schiedsrichter und ihre Bestellungsweise bestimmen. Sofern die Vereinbarung in dieser Hinsicht schweigt oder undurchführbar ist und keine diesbezügliche Parteieneinigkeit gefunden werden kann, muß das Gericht miteinbezogen werden. Dies wird von den Statuten vorgesehen.[262] Unter den folgenden Umständen kann das Gericht auf Antrag einer Partei einen Schiedsrichter ernennen:[263]

- Die Schiedsvereinbarung sieht einen Einzelschiedsrichter vor, und die Parteien können sich nach der Entstehung von Streitigkeiten nicht über die Ernennung des Schiedsrichters einigen.[264]
- Der bestellte Schiedsrichter weigert sich oder ist nicht in der Lage tätig zu werden, die Schiedsvereinbarung sieht keinen Ersatz vor, und die Parteien ernennen keinen Ersatz.[265]
- Obwohl es den Parteien oder zwei Schiedsrichtern offensteht, einen Obmann oder einen dritten Schiedsrichter zu ernennen, tun sie dies nicht.[266]
- Zwei Schiedsrichter sind verpflichtet, einen Obmann zu ernennen und tun dies nicht.[267]

---

258 S. 23(2) Gesetz, 1954, kritisch zu dieser Zuständigkeit das DAC-1996 § 67.
259 *Oakland Metal Co. Benaim (D.) & Co.* [1953] 2 Q.B. 261.
260 *Oakland metal Co. Benaim (D.) & Co.* [1953] 2 Q.B. 261.
261 *Knowles & Sons Ltd. v. Bolton Corporation* [1900] 2 Q.B. 253.
262 S. 18 Gesetz, 1954.
263 S. 18(2) a.A. Gesetz, 1954.
264 S. 18(a) Gesetz, 1954.
265 S. 18(b) Gesetz, 1954.
266 S. 18(c) Gesetz, 1954.
267 S. 18(d) Gesetz, 1954.

- Der bestellte Obmann weigert sich, tätig zu werden oder ist nicht in der Lage, tätig zu werden, und die Parteien ernennen keinen Ersatz, und die Schiedsvereinbarung sieht keinen Ersatz vor.

Der nach dem Gesetz[268] vom Gericht ernannte Schiedsrichter bzw. Obmann besitzt im Schiedsverfahren die gleichen Befugnisse, wie wenn er von den Parteien ernannt ist.[269]

b) Entfernung

Das Gesetz ermächtigt das Gericht, nach seinem Ermessen einen Schiedsrichter bzw. einen Obmann auf Grund pflichtwidrigen Verhaltens[270] zu entfernen.[271] Der Begriff des "pflichtwidrigen Verhaltens" wird im Gesetzestext nicht näher definiert. Pflichtwidriges Verhalten im Sinne der Vorschrift umfaßt nicht nur moralisches Fehlverhalten, wie z.B. grobe Fahrlässigkeit oder die offensichtliche Verletzung der Grundregeln der Gerechtigkeit,[272] sondern bezieht sich auf grobe Verfahrensmängel. Denkbar wäre, sich nicht an eine vereinbarte Verfahrensweise zu halten, oder nicht beiden Seiten rechtliches Gehör zu gewähren.[273] Jedoch stellt z.B., ein Fehler in der Festlegung von Recht oder Tatsachen im Schiedsspruch kein pflichtwidriges Verhalten dar.[274] Zusätzlich hat das Gericht ausdrücklich die Befugnis nach s. 24 (1) Gesetz, 1954, einen Schiedsrichter zu entfernen, der nicht im angemessenen Zeitraum das Schiedsverfahren durchführt und seinen Schiedsspruch fällt.

6. Zuständigkeitsentscheidungen

Die Problematik hinsichtlich des Umfangs oder gar der Existenz der Zuständigkeit des Schiedsgerichts wurde bereits behandelt. Vor Erlaß eines Schiedsspruchs kann sich das Gericht auf folgende Arten mit der Zuständigkeitsfrage zu befassen haben:
- Eine vermeintliche Partei einer Schiedsvereinbarung erhebt Klage bei einem ordentlichen Gericht und lehnt einen Antrag nach s. 5 Gesetz, 1980 auf Aus-

---

268 S. 18 Gesetz, 1954

269 S. 18(2) a.E. Gesetz, 1954.

270 Engl. "*misconduct*", vergl. Wolff Seite 44.

271 S. 37 Gesetz, 1954.

272 Siehe Forde Seite 54.

273 Vergl. Forde Seite 54.

274 *Moran v. Lloyds* [1983] Q.B. 542.

setzung des ordentlichen Verfahrens und Verweis auf das schiedsrichterliche Verfahren ab.

- Im Rahmen eines Antrags nach s. 37 Gesetz, 1954 wird die Über- oder Unterschreitung der Zuständigkeit als Form des pflichtwidrigen Verhaltens behauptet.
- Das Schiedsgericht macht eine Sachvorlage beim ordentlichen Gericht nach s. 35(1) (a) Gesetz, 1954.[275]
- Eine Partei stellt einen Antrag auf ein Feststellungsurteil zur Gültigkeit der Schiedsvereinbarung. Die Grundlage dieser Kompetenz ist ungewiß.[276] Ein Kommentar bemerkt, daß es nicht zur Restzuständigkeit des Gerichts gehört, da dieses auf die Hauptsache beschränkt ist, und gemäß dem Fall *Bremer Vulkan*[277] keine allgemeine Überwachungszuständigkeit besitzt.[278] Jedoch ist diese *equity*-Zuständigkeit nie bestritten worden.

7. Sachdarstellung

Die Möglichkeit einer Sachdarstellung an das Gericht ist in der Literatur als die Hauptmethode der richterlichen Überwachung des Schiedsverfahrens beschrieben worden.[279] Es verstößt gegen die öffentliche Ordnung i.S.d. Gemeinen Rechts zu versuchen, diese Zuständigkeit durch Parteienvereinbarung auszuschließen.[280] Die Zuständigkeit ergibt sich aus s. 35 Gesetz, 1954. Die Vorlage kann nur vom Schiedsgericht gestellt werden.[281] Jedoch kann das ordentliche Gericht dem Schiedsgericht anordnen, eine Sachvorlage zu machen.[282] Die Gerichte zögern allerdings diese Maßnahmen anzuwenden.[283]

Damit das Schiedsgericht nach seinem Ermessen eine Sachvorlage unternehmen kann, müssen die folgenden Umstände vorliegen:[284]

---

275 Siehe unten.

276 Vergl. Mustill & Boyd Seite 525.

277 [1981] 1 Lloyd's Rep. 253.

278 Mustill & Boyd Seite 525.

279 Forde Seite 8.

280 *Czarnikow v. Ross, Schmit & Co.* [1922] 2 K.B. 478.

281 Vergl. Wortlaut des s. 36(1) Gesetz, 1954.

282 S. 35(2) Gesetz, 1954.

283 *Dublin C.C. v. Healy & Shakleton*, Mr. Justice Barrington, 2. März 1984; siehe Russel 19. Auflage Seite 299ff.; die Parteien können beim *High Court* entsprechend Antrag stellen: *Mc Stay v. Assicurazioni Generali SPA* [1991] I.L.R.M. 237 Seite 241.

284 Vergl. Russel 19. Auflage Seite 294.

- Die Rechtsfrage muß echt und wesentlich sein sowie passend für eine Entscheidung des ordentlichen Gerichts.[285]
- Die Rechtsfrage muß klar und geeignet sein, als Rechtsfrage gestellt zu werden.
- Die Rechtsfrage muß von solcher Bedeutung sein, daß ihre Klärung erforderlich ist, um den Fall zu lösen.[286]

8. Weitere Rechte

Wie bereits dargelegt, hat ein Gericht bei Mitwirkung in einem schiedsrichterlichen Verfahren nur solche Befugnisse, die auch in den Statuten zu finden sind. In den folgenden Angelegenheiten räumt das Gesetz dem *High Court* weitere Rechte und Befugnisse ein:

- Auf Antrag einer Partei kann der *High Court* Drittparteien anordnen, im schiedsrichterlichen Verfahren als Zeugen teilzunehmen, gegebenenfalls unter Beibringen relevanter Dokumente.[287] Diese Kompetenz erstreckt sich ausdrücklich auch auf solche Zeugen, die sich in staatlicher Haft befinden.[288]
- Das Gericht hat für den Zweck eines schiedsrichterlichen Verfahrens die gleichen Befugnisse wie für eine bei ihm anhängige Angelegenheit. Diese betreffen: Sicherheit für Kosten und die Streitsumme,[289] Offenbarung von Dokumenten und Einsichtnahme darin (*discovery*), Beweisaufnahme, Erhaltung jeglichen Vermögens, welches dem schiedsrichterlichen Verfahren unterliegt,[290] einstweiliger Rechtsschutz allgemein, und Ernennung von Vermögensverwaltern.[291]

IX. Ordentliche Gerichte: Nach dem Schiedsspruch

1. Allgemeines

In diesem Abschnitt der Arbeit wird dargestellt, welche Rolle die ordentliche Gerichtsbarkeit einnimmt, nachdem der entgültige Schiedsspruch gefällt wurde.

---

285 *Orion Compania Espanola De Seguros v. Belfort Maatschappij Voor Algemene Verzekgringeen* [1962] 2 Lloyd's Rep. 257.

286 *G.K.N. v. Matbro* [1976] 2 Lloyd's Rep. 555.

287 S. 20 Gesetz, 1954.

288 S. 21 Gesetz, 1954.

289 S. 22(1)(a) Gesetz, 1954.

290 S. 22(1)(e) Gesetz, 1954.

291 S. 22(1)(h) Gesetz, 1954.

2. Durchsetzung

Der Schiedsspruch ist für die Parteien bindend. In Irland gibt es drei Möglichkeiten zur Durchsetzung eines Schiedsspruchs:

- inhärente Duchsetzbarkeit im Gemeinen Recht
- Judikatsklage
- Durchsetzbarkeit nach Gesetzesrecht.

a) Inhärente Durchsetzbarkeit

Der Schiedsspruch ist in gleicher Weise durchsetzbar wie ein Parteienabkommen. Die Parteien haben vereinbart, daß ihre Rechte bezüglich einer Angelegenheit durch einen Schiedsspruch geregelt werden können.[292] Um sich auf diese Aufzeichnung der Rechte im Umgang mit den anderen Parteien zu berufen, kann eine Partei auf den Schiedsspruch verweisen. Es bedarf keines staatlichen Anerkennungsprozeßes.

b) Judikatsklage

Die Schiedsvereinbarung enthält eine gegenseitige Verpflichtung, den Schiedsspruch zu erfüllen.[293] Die Nichterfüllung stellt einen Vertragsbruch dar, welcher zu einem durchsetzbaren Anspruch führt.[294] Es handelt sich hierbei um eine neue materielle Klage auf Erfüllung gegen die unterlegende Partei.[295] Die Zuständigkeit des Gerichts ergibt sich aus dem *Courts Acts* i.V.m. dem Gemeinen Recht.[296] Es handelt sich um eine gewöhnliche Judikatsklage. Alternativ kann eine Partei die Gültigkeitserklärung des Schiedsspruchs durch Gerichtsverfahren erreichen.[297] Diese Zuständigkeit ist nur im *equity* zu finden.[298]

---

292 *Doleman and Sons v. Ossett Corp.* [1912] 3 K.B. 257 Seite 267.

293 *Purslow v. Baily* (1705) 2 Ld. Raym. 1039 Seite 1040.

294 *Bremer Öltransport GmbH v. Drewry* [1933] 1. K.B. 753.

295 Vergl. Wolff Seite 60.

296 Vergl. Byrne & McCutcheon Seite 79ff.

297 *Birtley District Co-operative Society Ltd. v. Windy Nook & District Industrial Co-operative Society Ltd. (No. 2)* [1969] 2 Q.B. 1.

298 Siehe Treitel Seite Seite 918ff.

Für die Judikatsklage als Durchsetzungsverfahren muß das Folgende bewiesen werden:[299]

- Unmittelbare Unterwerfung unter die Zuständigkeit des Schiedsgerichts,[300] oder Vorlage eines gültigen Vertrags, der eine Schiedsvereinbarung enthält und eine Streitigkeit, die von diesem Vertrag gedeckt wird
- Ordnungsgemäße Bestellung des Schiedsgerichts im Einklang mit den Bestimmungen der Vereinbarung
- Erlaß des Schiedsspruchs
- Nichterfüllung des Schiedsspruchs.

Fraglich ist, welche Verteidigungsmaßnahmen bei einer Judikatsklage zulässig sind. Der Beklagte kann sich grundsätzlich nicht auf schiedsrichterliches Fehlverhalten berufen. Solche Behauptungen werden in der Judikatsklage nicht beachtet.[301] Der passende Rechtsweg ist, einen Antrag zu stellen, der den Schiedsspruch selbst anfechtet.[302] Anders ist es, wenn gezeigt werden kann, daß das Schiedsgericht seine Zuständigkeit überschritten hat. Da dies den Kern des gegnerischen Anspruchs trifft, oder zumindest einen Teil davon, hat die Überschreitung der Zuständigkeit die Unwirksamkeit des Schiedsspruchs zur Folge.[303]

Wie bereits dargelegt, besteht ein Anspruch auf Erfüllung des Schiedsspruchs. Dieser Anspruch ist in der Judikatsklage zur Durchsetzung eines Schiedsspruchs so zu behandeln wie jede andere Klage. Sollte der Schiedsspruchtenor auf eine Leistung, die nicht in der Zahlung einer Geldsumme besteht (sogenannte *specific performance*), gerichtet sein, steht es im Ermessen des Gerichts unter Anwendung von allgemeinen Grundsätzen des *equity*, ob und wie der Spruchtenor im Gerichtsurteil wiedergefunden wird.[304]

c) Summarische Durchsetzung

Die Statuten sehen ein summarisches Verfahren vor, um Schiedssprüche von den ordentlichen Gerichten formell anerkennen zu lassen. Dann steht die Staatsgewalt zur Durchsetzung zur Verfügung. Nach dem Gesetz kann ein Schiedsspruch mit

---

299 *Christopher Brown Ltd. v. Oesterreichischer Waldbesitzer, etc., R.GmbH* [1954] 1 Q.B. 8.

300 Sog. "*submission*".

301 Regel in *Thorburn v. Barnes* (1867) L.R. 2 C.P. 384 Seite 402; bestätigt in *Oppenheim v. Mahomed Haneef* [1922] 1 A.C. 482 Seite 487.

302 *Oppenheim v. Mahomed Haneef* [1922] 1 A.C. 482.

303 *Christopher Brown Ltd. v. Oesterreichischer Waldbesitzer, etc., R. GmbH* [1954] 1 Q.B. 8.

304 Siehe Teitel Seite 918ff.

Genehmigung des Gerichts, mit gleicher Wirkung eines Beschlusses oder Urteils des *High Court*, durchgesetzt werden, und wenn solche Genehmigung erteilt wird, kann ein Urteil mit dem Inhalt des Schiedsspruchs aufgezeichnet werden.[305]

Zwar liegt theoretisch die Entscheidung im freiem Ermessen des Gerichts,[306] aber in der Praxis wird die Genehmigung erteilt, es sei den es liegen besondere Umstände vor.[307] Somit ist diese Methode in fast allen Fällen anzustreben, wenn ein Schiedsspruch nicht freiwillig erfüllt wird.[308] Die Kosten eines solchen Antrags stehen auch im Ermessen des Gerichts.[309]

Die summarische Methode der Durchsetzung wird in den folgenden Fällen nicht gelingen:[310]

- Die Zuständigkeit des Schiedsgerichts beruht nicht auf einer schriftlichen Vereinbarung i.S.d. s. 2 (1) Gesetz, 1954.
- Der Schiedsspruchtenor ist rein feststellend, und kein Anspruch auf Leistung wird unmittelbar begründet.[311]
- Der Schiedsspruch mangelt an Klarheit.[312]
- Es ist dem irischen Gericht nicht möglich, einen Beschluß oder ein Urteil mit "gleicher Wirkung" zu erlassen.[313]

3. Aufhebung

a) Allgemeines

Die unterlegene Partei muß nicht passiv auf Durchsetzungsmaßnahmen warten, um sich gegen ein mangelhaftes Schiedsurteil zu wehren. Sowohl das Gemeine

---

305 S. 41 Gesetz, 1954.

306 S. 41 Gesetz, 1954.

307 S. 36 Gesetz, 1954; vergl. Sir John Donaldson, *Master of the Rolls,* in *Moran v. Lloyd's* [1983] 1. Q.B. 542 Seite 550 "*The executive power of the state to enforce an award is not to be invoked in an inconsistant or ambiguous form and in such an event it might well be right to remit the award to the arbitrator ... to enable him to resolve the ambiguity or inconsistancy*".

308 *Middlemiss v. Hartlepool Corpn.* [1972] 1 W.L.R. 1643.

309 S. 47 Gesetz, 1954.

310 Siehe allgemein Russel 19. Auflage Seite 403.

311 *Re Willesden Local Board and Wright* [1896] 2 Q.B. 412.

312 *Hall and Anor. v. Panorama* [1974] 2 Lloyd's Rep. 413.

313 Siehe Wortlaut s. 41 Gesetz, 1954 ; vergl. *Dalmia v. Nat. Bank of Pakistan* [1974] 2 Lloyd's Rep. 98.

Recht als auch die Statuten sehen Rechtsmittel der unterlegenen Partei gegen einen fehlerhaften Schiedsspruch vor.

b) Gemeines Recht

Im Gemeinen Recht hat die ordentliche Gerichtsbarkeit keine Überwachungszuständigkeit, im Verlauf des schiedsrichterlichen Verfahrens einzugreifen.[314] Fraglich ist aber, ob dieses Verbot sich auch auf ein bereits gefälltes Schiedsurteil erstreckt. Eine solche Befugnis, obwohl inkonsequent, ist jedoch vorhanden.[315] Der *High Court* übt die Zuständigkeit nach dem Gemeinen Recht aus, einen Schiedsspruch aufgrund eines Rechtsfehlers, welcher offensichtlich aus der Dokumentation hervorgeht, aufzuheben.[316] Die Rechtsprechung anerkennt jedoch grundsätzlich das Prinzip der Endgültigkeit von Schiedssprüchen.[317] Nur wenn ein Schiedsspruch einen solchen "offensichtlichen" und "grundlegenden" Rechtsirrtum[318] aufweist, daß die Gerichte "nicht beiseite stehen können, und es unangefochten lassen können", sollten sie ihr Ermessen ausüben und eingreifen.[319]

Diese Möglichkeit besteht jedoch nicht, wenn die Rechtsfrage als solche ausdrücklich dem Schiedsgericht zur Entscheidung vorgelegt worden ist.[320] Diese *common law*-Befugnis ist auf diesen engen Bereich eines offensichtlichen grundlegenden Rechtsfehlers beschränkt. Es besteht beispielsweise keine Zuständigkeit im Gemeinen Recht, einen Schiedsspruch wegen Fehlverhaltens aufzuheben.[321]

c) Statuten

Eine ausdrückliche Aufhebungskompetenz wird von den Statuten vorgesehen. Der *High Court* kann nach s. 38(1) Gesetz, 1954 einen Schiedsspruch aufheben, wenn entweder

- das Schiedsgericht sich fehlerhaft verhalten hat, insbesondere Verfahrensfehler begangen hat, oder

---

314 *Bremer Vulkan* [1981] 1 Lloyd's Rep. 253.
315 Vergl. Forde Seite 114.
316 Keenan v. Shield [1988] I.R. 89 Seite 95.
317 *Keenan*-Fall *ob cit* Seite 96.
318 Sog. "*error on the face of the award*".
319 *Keenan*-Fall *ob cit* Seite 96.
320 *McStay v. Assicurazioni Generali S.P.A.* [1991] I.L.R.M. 237 Seite 243.
321 *Ansell v. Evans* (1796) 7 Term Rep 1; vergl. Mustill & Boyd Seite 435.

- das Schiedsverfahren oder der Schiedsspruch in unlauterer Weise erlangt worden sind.

Aus dem Wortlaut der Norm geht hervor, daß das Gericht dieses Recht nach eigenem Ermessen ausüben kann. Sollte das festgestellte Fehlverhalten keinen Einfluß auf das Ergebnis haben, ist ein Schiedsspruch nicht aufzuheben.[322]

Ein Fehlverhalten i.S.d. s. 38 Gesetz, 1954 liegt nicht vor, wenn dem Schiedsgericht ein Irrtum bei der Rechtsanwendung oder bei der Tatsachenfeststellung unterläuft.[323] Ein Fehlverhalten ist gegeben, wenn die Parteienvereinbarung und die Erfordernisse der öffentlichen Ordnung mißachtet wurden.[324] Von der höchstrichterlichen Rechtssprechung wird die folgende Prüfungsreihenfolge angewandt und werden diese Erwägungen hervorgehoben.[325]

Der erste Schritt besteht in der Auslegung der Schiedsvereinbarung. Es wird vorausgesetzt, daß die Parteien beabsichtigt haben, daß das Schiedsgericht ein Ermessen hinsichtlich der anzuwendenden Verfahrensweise zur Entscheidungsfindung besitzt.[326] Ein Verstoß gegen die von den Parteien vorgesehenen Verfahrensweise kann zur Aufhebung des Schiedsspruchs führen.[327]

Zweitens darf nicht gegen die ausdrückliche Parteienvereinbarung verstoßen werden. Zudem stellt sich die Frage der öffentlichen Ordnung. Ein Schiedsspruch kann durch die Exekutivgewalt durchgesetzt werden. Es ist die Aufgabe der Gerichte zu verhindern, daß die Exekutivgewalt (Staatsgewalt) nicht mißbraucht wird. Aspekte der öffentlichen Ordnung sind insbesondere die Grundsätze des rechtlichen Gehöhrs[328] und die Unantastbarkeit der Zuständigkeit der Gerichte. Letzteres wird angetastet, wenn ein Schiedsgericht versucht, die Ausübung der vom Gesetz vorgesehenen Befugnis des *High Court*, eine Sachdarstellung zu verlangen, zu verhindern.[329]

---

322 *Geraghty v. Rohan* [1988] I.R. 419 Seite 435.

323 *Moran v. Lloyds* [1983] Q.B. 542 Seite 549.

324 Vergl. Mustill & Boyd Seite 551.

325 Vergl. *London Export Corpn. Ltd. v. Jubilee Coffee Roasting Co. Ltd.* [1958] 1 W.L.R. 271.

326 Vergl. Beaumont Seite 90ff.

327 Vergl. *How Engineering Services Ltd. v. Lindner Ceilings Floors Partitions plc and Another (No.1)* (1996) 5 A.D.R.L.J. 45.

328 Insbesondere *nemo in sua causa* und *audi alteram partem.*

329 Nach s. 35 Gesetz, 1954.

4. Zurückweisung

a) Allgemeines

Sollte ein Schiedsspruch einen Mangel aufweisen, stellt sich die Frage, ob das Gericht anstelle der Aufhebung oder Anerkennung und Vollstreckung in mangelhafter Form, die Angelegenheit an das (ehemalige) Schiedsgericht zur "Verbesserung" zurückverweisen kann. Dogmatisch bereitet die Zurückweisung einige Probleme. Eine Erwägung ist, daß die Parteien sich verpflichtet haben, vom Schiedsspruch gebunden zu werden, und das Gericht sie daran halten sollte. Weiterhin ist das Schiedsgericht nach seinem Schiedsspruch *functus officio* geworden.

b) Gemeines Recht

In England hat der *High Court* im Gemeinen Recht niemals eine Zurückweisungszuständigkeit besessen. Das folgende Zitat vom Kommentar Mustill & Boyd bestätigt dies:

> "*There was not (and never has been) any inherent power to remit the award for reconsideration or correction. Once the arbitrator has made his award he has discharged the office which the parties agreed to confer on him, and the Court has no power at common law to revive this office unless both of the parties agree.*" [330]

Im Kommentar Russel, 19. Auflage, wird schlicht aufgeführt:
"*At common law there is no power to remit.*"[331]

Das irische Gemeine Recht entwickelt sich aus dem überlieferten Gemeinen Recht, das zu dem Zeitpunkt galt, als Irland unter britischer Verwaltung stand. Es bleibt im heutigen irischen Staat in der überlieferten Form geltendes Recht, insoweit es nicht gegen die Verfassung verstößt, durch parlamentarische Statuten verdrängt bzw. abgeschafft oder durch höchstrichterliche Fortbildung, innerhalb der Regeln des Gemeinen Recht selbst, abgewandelt wurde.[332]

---

330 Siehe Mustill & Boyd Seite 438.

331 Siehe Russel 19. Auflage Seite 425, als Authorität der Fall *Simpson v. Inland Revenue* [1914] 2 K.B. 842.

332 Art. 50.1. der Verfassung: "*Subject to this Constitution and to the extent to which they are not inconsistant therewith, the laws in force in Saorstát Éireann immediately prior to the date of the coming into operation of this Constitution shall*

Die Regel des Gemeinen Rechts, wonach Schiedssprüche nicht zurückgewiesen werden können, verstößt nicht gegen die Verfassung. Als "nicht vorhandene" Zuständigkeit besteht sie nicht in einer Form, die von Statuten abgeschafft werden könnte. Die Einführung dieser Befugnis gemäß Gesetzesrechts zurückzuweisen, ändert das Gemeine Recht nicht. Eine Änderung durch höchstrichterliche Fortbildung in der Tradition des Gemeinen Rechts kommt auch nicht in Frage, da es bei den bestehenden Regeln und den ihnen unterliegenden Prinzipien hinsichtlich des Zurückweisungsverbots keine Basis für die Entwicklung eines Zurückweisungsrechts bildet. Dennoch hat sich die Rechtslage des Gemeinen Rechts in Irland in einer komplizierten Weise geändert. In einer Reihe von höchstrichterlichen Entscheidungen seit 1981 haben die irischen Gerichte die Meinung geäußert, der *High Court* besäße zusätzlich zur Aufhebungskompetenz, die Möglichkeit nach dem Gemeinen Recht, Schiedssprüche zurückzuweisen. Mr. Justice Costello urteilte im Fall *Church and General*:[333]

"[*T*]*here is no doubt that at common law the court can either remit or set aside an award if there is an error on its face*".

In dem Fall wurde die Aufhebung und nicht Zurückweisung des Schiedsspruchs beantragt. Damit waren die Bemerkungen des Mr. Justice Costello lediglich *obiter dicta* und nicht bindend. Jedoch im *Supreme Court* Urteil *Keenan v. Shield Insurance*[334] zitierte Mr. Justice McCarthy diese Aussage des Mr. Justice Costello ohne Beanstandung.[335] Mr. Justice McCarthy führte dann in dieser Hinsicht weiter aus:[336]

"*This feature of the common law was described in Russel on Arbitration 19th Ed. (1979) at p. 437 as a somewhat anomalous extention of the rule that an award which, on its face, fails to comply with the requirements for a valid award, will be remitted or set aside.*"

Weiter urteilte Mr. Justice McCathy, daß die Kompetenz nach dem Gemeinen Recht bestehe, Schiedssprüche zurückzuweisen, obwohl das Gericht sie in dem Fall nicht ausübte. Der *Supreme Court* hat die Ausführungen des Kommentars falsch verstanden. Zwar steht auf Seite 437 Russel (19. Auflage) folgendes:

"*An award which, on its face fails to comply with the requirements for a valid award, will be remitted or set aside. By a somewhat anomalous extention of this rule, notwithstanding that an arbitrator's decision is in general final, if an error*

---

continue to be of full force and effect until the same or any of them shall have been repealed or amended by enactment of the Oireachtas.";

Zur richterlichen Weiterentwicklung des *common law*: *Gaffney v. Gaffney* [1975] I.R. 133.

333 Unveröffentlicht (*unreported*) 7. Mai 1981.

334 [1988] I.R. 89.

335 [1988] I.R. 89 Seite 95.

336 [1988] I.R. 89 Seite 95.

is allowed to appear on the face of the award, this is a ground for setting it aside ... ."

Jedoch wird in Russel nichts vom Gemeinen Recht erwähnt, und es ist von Seite 429 des zitierten Texts eindeutig, daß die Ausführungen auf Seite 437 sich auf eine Zuständigkeit nach Gesetzesrecht beziehen. Im Kommentar wurde bereits auf Seite 425 die Rechtslage im Gemeinen Recht knapp und eindeutig behandelt: "*At common law there is no power to remit.*"[337] Diese irrige Auffassung des *Supreme Court* hinsichtlich des Ausmaßes der vermeintlichen Befugnis des *High Court* nach dem Gemeinen Recht wurde im Fall *McStay*[338] weiter verfestigt. Der damalige *Chief Justice*, Mr. Justice Finlay, unter Verweis auf die Rechtsprechung im Fall *Keenan*, urteilte wie folgt:[339]

"*I am satisfied that at common law where an arbitrator decides a question of law in the course of an arbitration where a general issue in dispute is submitted to him, but where that precise question of law has not been submitted to him for his decision, the court may in its discretion and in particular cases where the decision so expressed is clearly wrong on its face, intervene by way of remitting the matter or otherwise in the interests of justice.*"

In diesem Fall wurde wieder die Existenz des fraglichen Rechts zur Zurückverweisung im Gemeinen Recht lediglich bestätigt, jedoch nicht ausgeübt.

c) Ergebnis

Der irische *Supreme Court* hat zu Unrecht angenommen, im Gemeinen Recht besäße der *High Court* eine Zuständigkeit, Schiedssprüche nicht nur aufzuheben sondern auch zurückzuverweisen. Fraglich ist, was die tatsächliche Rechtslage in Irland ist, da der *High Court* im überlieferten Gemeinen Recht diese Zuständigkeit nicht besaß. Nach Art. 34.4.6° der Verfassung sind Entscheidungen des *Supreme Court* in allen Angelegenheiten endgültig und abschließend.[340] Der *Supreme Court* sieht sich aber nicht unter allen Umständen an seine eigenen Entscheidungen gebunden, und wenn er einen eigenen Irrtum eindeutig erkennt, kann er sich weigern, zumindest in besonderen Fällen, den Irrtum zu bestätigen.[341]

---

337 Russel 19. Auflage Seite 425.

338 [1988] I.R. 89.

339 *McStay v. Assicurazioni Generali S.P.A.* [1991] I.R. 237.

340 Article 34.4.6° der Verfassung: "*The decision of the Supreme Court shall in all cases be final and conclusive.*"

341 Mr. Justice Kingsmill Moore in *Attorney General v. Ryan's car Hire Ltd.* [1965] I.R. 642: "*... In my opinion the rigid rule of stare decisis must in a court of ultimate resort give place to a more elastic formula. Where such a court is clearly of the*

Jedoch ist der *High Court* sowohl nach der *stare decisis*-Doktrin des Gemeinen Rechts als auch nach Art. 34.4.6° der Verfassung an die Auffassung des *Supreme Court* gebunden, bis dieser seine Entscheidung ändert.[342]

Es ist dem *Supreme Court* ein Irrtum unterlaufen. Solange der *Supreme Court* sich nicht mit der Zurückweisungsbefugnis des *High Court* nach dem Gemeinen Recht befassen kann, liegt nach irischem Recht diese Kompetenz beim *High Court*. Diese Zuständigkeit im Gemeinen Recht ist aber nur anzuwenden, wenn der Schiedsspruch einen so "offensichtlichen" und "grundlegenden" Rechtsirrtum[343] aufweist, daß die Gerichte "nicht beiseite stehen können, und ihn unangefochten lassen können".[344]

d) Gesetzesrecht

Eine Zurückverweisungszuständigkeit wird dem *High Court* von s. 36 Gesetz, 1954 ausdrücklich eingeräumt. Der *High Court* ist ermächtigt, die dem Schiedsgericht unterbreiteten Angelegenheiten oder einige von ihnen zur nochmaligen Erledigung an das Schiedsgericht zurückzuverweisen.[345] Der *High Court* ist nicht ermächtigt, Entscheidungen prozessualer Art zu überprüfen. Noch können solche Entscheidungen zurückverwiesen werden, da sie nicht eine der "Angelegenheiten" sind, die dem Schiedsgericht zur Entscheidung von den Parteien vorgelegt wurden.[346]

Obwohl das Schiedsgericht nach Erlaß des Schiedsspruchs *functus officio* ist, scheint dies keine ernsthaften Bedenken im *common law*-Rechtskreis auszulösen.[347] Ein Kommentar versucht dieses dogmatische Problem mit der Erklärung

---

opinion that an earlier decision was erroneous it should be at liberty to refuse to follow it, at all events in exceptional cases."

342 *Campbell v. Ward* [1981] I.L.R.M. 60.

343 Sog. "*error on the face of the award*".

344 *Keenan*-Fall *ob cit.* Seite 96: *"There may be instances in which an award which shows on its face an error of law so fundamental that the courts cannot stand aside and allow it to remain unchallenged"*.

345 S. 36(1) und (2) Gesetz, 1954, vergl. Wolff Seite 58f.

346 *Exormisis v. Oonsoo* [1975] 1 Lloyd's Rep. 432.

347 Beispielsweise *Re Stringer and Riley Bros.* [1901] 1 K.B. 105; *Whitworth Street Estates (Manchester) Ltd. v. James Miller & Partners Ltd.* [1969] 1 W.L.R. 377.

zu lösen, daß, solange das Gericht Angelegenheiten an das Schiedsgericht zurückverweisen kann, es in den "Augen des Gerichts" nicht *functus officio* ist.[348]

Die Zurückverweisung geschieht nach dem freien Ermessen des Gerichts.[349] Da das Gesetz nichts aussagt, wie dieses Ermessen auszuüben ist, muß auf die Rechtsprechung zurückgegriffen werden. Diese Gründe können sein:[350]

- Der Schiedsspruch ist offensichtlich rechtsirrig.[351]
- Das Schiedsgericht räumt ein, daß ihm ein Irrtum unterlaufen ist und beantragt selbst die Zurückweisung.
- Zusätzliche relevante Beweismittel sind zugänglich gemacht worden, von denen nicht zu erwarten war, daß sie während des schiedsrichterlichen Verfahrens hätten entdeckt werden können.
- Das Schiedsgericht hat sich fehlerhaft verhalten.

Jedoch dienen diese vier Gründe lediglich als Hilfsbeispiele in der Ausübung des Ermessens und sind keineswegs als abschließend zu beachten.[352]

---

348 Russel 19. Auflage Seite 426; vergl. Mustill & Boyd Seite 438: "*Court has no power at common law to revive this office unless both parties agree*".

349 Siehe Wortlaut s. 36 Gesetz, 1954: "*may*".

350 *Mennaghan v. Dublin C.C.* [1984] I.L.R.M. 616.

351 Sog. "*error on the face*".

352 *Margulies Bros. Ltd. v. Dafnis Thomaides & Co. (U.K.)* [1958] 1 W.L.R. 398.

Dritter Teil: Internationale Schiedsverfahren in Irland

I. Allgemeines

Aufgrund der Bedeutung der Schiedsgerichtsbarkeit im Rahmen der Streiterledigung zwischen Unternehmen auf der übernationalen Ebene ist ein besonderes gesetzliches Regime für die internationale Schiedsgerichtsbarkeit eingeführt worden, und zwar in der Form des UNCITRAL-Modellgesetzes über die internationale Handelsschiedsgerichtsbarkeit[353]. Alle Bestimmungen dieses ModellG gelten, wenn der Ort des schiedsrichterlichen Verfahrens im irischen Hoheitsgebiet liegt.[354] Damit bestehen rechtlich drei Arten von schiedsrichterlichen Verfahren in Irland. Die drei Kategorien von schiedsrichterlichen Verfahren beziehen sich auf solche,

- die nur von dem Gemeinen Recht und der allgemeinen Gesetzgebung geregelt werden,
- die von den Gesetzen, 1954 und 1980, und hilfsweise durch das Gemeine Recht und die allgemeine Gesetzgebung geregelt werden,
- die vom *Arbitration (International Commercial) Act,* 1998[355] (ModellG i.V.m. Einführungsbestimmungen) und hilfsweise durch das Gemeine Recht und die allgemeine Gesetzgebung geregelt werden.[356]

In diesem Teil der Arbeit wird diese dritte Art der Schiedsgerichtsbarkeit in Irland behandelt.

II. Modellgesetz

Das ModellG befaßt sich nicht in erster Linie mit den vom Schiedsgericht anzuwendenden Verfahrensregeln. Es soll vorrangig die Beziehung zwischen schiedsrichterlichem Verfahren, Beteiligten und ordentlichen Gerichten regeln.[357] Auf diesen Rahmen wird unter Hervorhebung irischer Besonderheiten in diesem Abschnitt eingegangen.

---

353 Im weiteren auch ModellG.

354 Art. 1 II ModellG i.V.m. s. 4 EinführungsG;
Sollte der Sitz des Schiedsverfahrens außerhalb des Hoheitsgebietes des Staates liegen, finden nach Art. 1 II ModellG nur Art. 8, Art. 9, Art. 35 und Art. 36 ModellG Anwendung.

355 Im weiteren auch EinführungsG.

356 S. 14(4) und s. 16 EinführungsG; mit Ausnahme von den Vollstreckungsmöglichkeiten nach internationalen Abkommen.

357 Siehe DAC-1989 § 95.

III. Irische Besonderheiten

1. Einführungsbestimmungen

In jedem Staat bedarf es Einführungsbestimmungen, um das ModellG in das Rechtssystem des jeweiligen Staates einzufügen.[358] Diese Einführungsbestimmungen sind in Teil II des EinführungsG zu finden.[359] Nach s. 4 EinführungsG[360] findet das ModellG vorbehaltlich der in Teil II des Gesetzes enthaltenen Einführungsbestimmungen im irischen Staat Anwendung.[361]

Diese Einführungsbestimmungen behandeln: Auslegungsfragen,[362] die Zuständigkeit der ordentlichen Gerichte[363] und deren Befugnisse zur Unterstützung des schiedsrichterlichen Verfahrens,[364] die Vereidigung von Parteien und Zeugen vom Schiedsgericht,[365] die Zusammenlegung von schiedsrichterlichen Verfahren[366], Zinsen,[367] Kosten,[368] die Haftung von Schiedsrichtern und Schiedsinstitutionen,[369] die Fristen beim Aufhebungsantrag,[370] die Wirkung des Schiedsspruchs,[371] Übergangsbestimmungen[372] und die Wirkung anderer Gesetze.[373]

358 Scottish Advisory Committee on Arbitration Law-Bericht/Sept. 1989, Lord Dervaird, Seite 5: "*... certain changes to the Model Law are necessary in every country in order to accommodate it to the legal structure of that country*".

359 Siehe Sanders für einem Vergleich der Einführung des ModellG in anderen Rechtssystemen.

360 Im weiteren auch EinführungsG.

361 In Kraft getreten am 20. Mai 1998; Irish Current Law July Digest, 1998 Seite 8.

362 S. 5 EinführungsG; vergl. Nöcker Seite 65 zur Lage in Kanada.

363 S. 6 EinführungsG.

364 S. 7 EinführungsG.

365 S. 8 EinführungsG.

366 S. 9 EinführungsG.

367 S. 10 EinführungsG; siehe Murphy Seite 93.

368 S. 11 EinführungsG.

369 S. 12 EinführungsG; vergl. Lane Seite 94 zur Lage in Südafrika: " *... costs of arbitration would increase because of the need to insure ...* ".

370 S. 13 EinführungsG.

371 S. 14 EinführungsG.

372 S. 15 EinführungsG.

373 S. 16 EinführungsG.

2. Auslegung des ModellG

Fraglich ist, nach welchen Regeln die irischen Gerichte das ModellG auslegen. Nach s. 5(2) EinführungsG können die *travaux préparatoires* des ModellG in Erwägung gezogen werden, um die Bedeutung oder Wirkung einzelner Bestimmungen des ModellG festzustellen. Um die Bedeutung des s. 5(2) EinführungsG zu verstehen, muß auf die allgemeine Auslegungsregeln des irischen Rechtssystems eingegangen werden.[374]

Die relevanten Auslegungsregeln des irischen Rechtssystems können wie folgt zusammengefaßt werden:

- Das Grundprinzip der Auslegung ist das Primat der ordentlichen Gerichte.[375]
- Ziel ist es "die Absicht der Legislatur" zu ermitteln.[376] Jedoch kann dieses Ziel als lediglich eine Formel betrachtet werden, denn nach der Rechtsprechung ist die Absicht der Legislatur in dem Text, indem sie sich ausgedrückt hat, zu finden.[377] Wenn ein Gesetz in seinen Bestimmungen eindeutig ist, sind die Gerichte nicht befugt, seine Bestimmungen zu erweitern, um beispielsweise das, was als eine grundlegende Lücke betrachtet werden könnte, zu berichtigen.[378] Das bleibt auch der Fall, wenn ein offensichtliches Versehen des Gesetzgebers vorliegt, denn es ist nicht die Rolle der Gerichte bei ausdrücklichen Gesetzesbestimmungen etwas hinzuzufügen oder wegzunehmen, um ein Ergebnis zu erzielen, welches dem Gericht begehrenswert erscheint.[379]
- Da ein Gesetz wortlautgetreu ausgelegt werden soll, hat sich die Rechtsprechung geweigert, Quellen außerhalb des Gesetzestextes heranzuziehen, um die Absicht des Gesetzgebers zu ermitteln. Dies geschah mit der Begründung, damit würde gegen die Absicht des Gesetzgebers, die im Text des Gesetzestexts zum Ausdruck kommt, verstoßen.[380] Jedoch ist diese Haltung in

---

374 Siehe Byrne & McCutcheon Seite 475ff.

375 *Shannon Regional Fisheries Board v. An Bord Pleanála* [1994] 3 I.R. 449 Seite 456, vom Urteil des Mr. Justice Barr: "*Statutory interpretation is solely a matter for the courts in performing that function ...* ".

376 *Howard v. Commissioners of Public Works* [1994] 1 I.R. 101.

377 *Howard v. Commissioners of Public Works* [1994] 1 I.R. 101 unter Bezugnahme auf "Craies on Statute Law" 7. Auflage (Sweet & Maxwell, 1971) und "The Interpretation of Statutes" 12. Auflage (Sweet & Maxwell, 1969).

378 *PJ v. JJ* [1992] I.L.R.M. 273 Seite 276; mit der Begründung, damit würde in die Gesetzsgebungskompetenz der Legislatur eingegriffen.

379 *McGrath v. McDermot* [1988] I.R. 258 Seite 276.

380 *Minister for Industry and Commerce v. Hales* [1967] I.R. 50 Seite 68, vom Urteil des Mr. Justice McLoughlin: "*... the statute should be construed principally by the words of the statute itself ... it would be departing very far from the canon of interpretation if we were to admit evidence of contemporaneous circumstances which would result in giving an interpretation to a section of the same statute ...*

der neueren Rechtsprechung entschärft worden, so daß die Gerichte in einigen Fällen auch externe Quellen heranzogen.[381] Die Gerichte können also inzwischen bei der Auslegung von Gesetzen, die von internationalen Abkommen abstammen, das Abkommen sowie seine *travaux préparatoires* heranziehen.[382] Es wird damit begründet, daß die Legislatur beabsichtige, ihre Gesetze mit internationalem Recht konform zu gestalten.[383]

- Obwohl einem Präzedenzfall folgend auch die *travaux préparatoires* des irischen Parlaments "in geeigneten Fällen" herangezogen werden können,[384] scheint diese Möglichkeit nur dann offen zu sein, wenn das Gesetz eine "Obskurität, Ambiguität oder potentielle Ambiguität" enthält, die einen Rückgriff auf die Parlamentsdebatten rechtfertigt.[385]

Das ModellG ist kein internationales Abkommen, so daß die Gerichte geneigt sein könnten, das ModellG in erster Linie wie ein gewöhnliches Gesetz der irischen Legislatur auszulegen. Die allgemeine Absicht des Gesetzgebers kommt im vollen Titel des EinführungsG zum Ausdruck. Dort wird der Zweck des Gesetzes, dem ModellG im irischen Staat Wirkung zu verleihen, beschrieben.[386] S. 5(2) EinführungsG bestimmt ausdrücklich, die *travaux préparatoires* "können herangezogen werden, um die Bedeutung oder Wirkung einer Bestimmung des ModellG festzustellen". Da es letztendlich die Aufgabe der Gerichte ist, die Auslegung des EinführungsG, und somit das ModellG, zu bestimmen, muß diese Erlaubnis auch an die Gerichte gerichtet sein. Unter welchen Umständen die Gerichte von dieser vom Gesetzgeber ausdrücklich erlaubten Möglichkeit Gebrauch machen werden und welche Bedeutung sie dem Inhalt der *travaux préparatoires* beimessen, bleibt ungeregelt. Es muß aber an dem Prinzip festgehalten werden, daß die Absicht des Gesetzgebers grundsätzlich nur im Gesetzestext zu finden ist.

---

which would be repugnant to the intentions of the legislature as indicated by the Act in question ... ".

381 Vergl. Urteil des Mr. Justice Walsh in *Finucan v. McMahon* [1990] 1 I.L.R.M. 505.

382 *Bourke v. Att. General* [1972] I.R. 36; und *Aamand v. Smithwick* [1995] 1 ILRM 61.

383 Vergl. *Ó Domhnaill v. Merrick* [1984] I.R. 151.

384 So Mr. Justice Costello in Fall *Wavin Pipes Ltd. v. Hepworth Iron Co Ltd.* [1982] 8 FSR 32.

385 Urteil des Mr. Justice Kean in *Wadda v. Ireland* [1994] ILRM 126, 137.

386 Auszug des vollen Titels des EinführungsG:
"*An act to enable effect to be given in the State to the UNCITRAL Model Law on international commercial arbitration ...* ".

3. Sonstiges irisches Recht

Fraglich ist, welchen Status sonstiges in Irland geltendes Recht im Regelungsbereich des EinführungsG und somit des ModellG beibehält. Nach s. 16 EinführungsG finden Gesetze, die die nationale Schiedsgerichtsbarkeit regeln (die *Arbitration Acts*, 1954 und 1980) im Regelungsbereich der Einführungsbestimmungen, der das ModellG einschließt, keine Anwendung.[387] Nach s. 4 EinführungsG i.V.m. Art. 1 ModellG findet das ModellG allerdings auf die internationale Handelsschiedsgerichtsbarkeit Anwendung. Fraglich ist, welche Rolle jene Regelungen des Gemeinen Rechts, die nicht vom EinführungsG erwähnt sind, und das sonstige irische Gesetzesrecht im Anwendungsbereich des ModellG spielen. Auch das ModellG enthält keine diesbezügliche ausdrückliche Regelung.[388]

Aus den *travaux préparatoires* geht eindeutig hervor, daß die Verfasser des ModellG es als *lex specialis* zu den anderen Regelungen des nationalen Rechts, die nicht auf internationalen Verträgen beruhen, konzipiert haben.[389] Von den Verfassern wird jedoch hervorgehoben, daß das ModellG nur solche Regelungen verdrängen soll, die sich mit vom ModellG behandelten Angelegenheiten und Fragen befassen.[390] Daraus wird geschlußfolgert, daß Regelungen des nationalen Rechts anwendbar sind, sofern sie sich mit Aspekten befassen, die für die internationale Schiedsgerichtsbarkeit relevant sind, ohne vom ModellG geregelt zu werden sein (sogenannte nicht geregelte Bereiche).[391]

4. Vom ModellG nicht geregelte Bereiche

Hinsichtlich der nicht vom Modellgesetz geregelten Aspekte muß auf das sonstige nationale Recht zurückgegriffen werden.[392] Die Verfasser des ModellG haben erkannt, daß unter anderem folgende Aspekte der internationalen Schiedsgerichtsbarkeit vom ModellG ungeregelt sind:[393]

---

387 Ausgenommen ist die Anerkennung und Vollstreckung nach *Part* V Gesetz, 1954 bzw. *Part* III und *Part* IV Gesetz, 1980 (Vollstreckung nach internationale Abkommen) die unberüht bleiben.

388 Vergl. Holzman Seiten 39, 138ff., 145ff. und 1122 zum Modellgesetz als *lex specialis* für internationale Schiedsgerichtsverfahren.

389 Siehe Wortlaut des Art. 1 I ModellG; UN-Doc.-A/CN.9/264, Art. 1 § 7.; und Holzman Seite 142.

390 UN-Doc.-A/CN.9/264, Art. 1, § 8.; Holzman Seite 142.

391 UN-Doc.-A/CN.9/264, Art. 1, § 7.; Holzman Seite 142.

392 Siehe Holzman Seiten 133, 138f. und 142 zur *lex specialis*-Frage.

393 UN-Doc.-A/CN.9/264, Art. 1, § 8.; vergl. Nöcker Seite 50.

- subjektive Schiedsfähigkeit
- Einfluß staatlicher Immunität
- Verbindung von mehreren Schiedsverfahren
- Kompetenz des Schiedsgerichts, Verträge anzupassen
- vertragliche Beziehungen zwischen den Schiedsrichtern und den Parteien bzw. Schiedsorganisationen
- Festsetzung von Kosten
- Sicherheitsleistung für Gebühren sowie Kosten
- zeitliche Bestimmungen für Vollstreckung der Schiedssprüche

Hinzu kommt, daß die Schiedsfähigkeit zwar vom ModellG behandelt wird, aber nur durch einen Verweis auf die nationalen Bestimmungen (Art. 1 IV ModellG).[394]

Die nationalen Regelungen im irischen Fall sind zunächst die Bestimmungen des EinführungsG.[395] Dieses besagt, daß die Bestimmungen der Gesetze zur nationalen Schiedsgerichtsbarkeit (*Arbitration Acts*, 1954 and 1980) nicht auf vom ModellG erfaßte Sachverhalte angewendet werden.[396] Es bleibt nur ein Rückgriff auf das Gemeine Recht und das sonstige irische Gesetzesrecht unter allgemeiner Berücksichtigung der Verfassung.

IV. Das ModellG in der irischen Praxis

1. Die Vereinbarung

a) Definition

Fraglich ist, welche Voraussetzungen erfüllt werden müssen, damit ein schiedsrichterliches Verfahren in den Anwendungsbereich des EinführungsG und aller Bestimmungen des ModellG fällt, vorausgesetzt der Ort des schiedsrichterlichen Verfahrens ist in Irland.[397]

Der von Art. 1 ModellG vorgesehene Anwendungsbereich ist ohne Änderungen übernommen worden. Damit ergeben sich keine irischen Besonderheiten in dieser

---

394 Vergl. Simms Seite 193ff. zur Behandlung der Schiedsfähigkeit im deutschen Recht.

395 S. 4 EinführungsG.

396 Nach s. 16 EinführungsG mit Ausnahme der Bestimmungen, die sich mit internationalen Abkommen befassen.

397 Art. 2 ModellG.

Hinsicht.[398] Es muß sich zunächst um die Handelsschiedsgerichtsbarkeit handeln, welche weit auszulegen ist.[399] Die in Art. 3 ModellG enthaltenen Anforderungen der Internationalität müssen auch erfüllt werden.

Um in den Regelungsbereichs des ModellG zu gelangen, muß es sich nicht nur um ein internationales Handelsschiedsverfahren handeln, sondern es bedarf auch einer "Schiedsvereinbarung" im Sinne des Art. 7 ModellG. Danach ist eine "Schiedsvereinbarung" eine Vereinbarung der Parteien, alle oder gewisse Streitigkeiten, die entweder schon bestehen oder möglicherweise hinsichtlich eines bestimmten Rechtsverhältnis, ob vertraglich oder nicht, entstehen könnten, einem schiedsrichterlichen Verfahren zu unterbreiten (Art. 7 I Satz 1 ModellG). Wie auch in der für die nationale Schiedsgerichtsbarkeit geltenden Regelung,[400] wird nicht zwischen einem *compromis* oder *clause compromissoire* unterschieden.[401]

b) Form

aa) Allgemeines

Die Schiedsvereinbarung bedarf der Schriftform, damit die Bestimmungen des ModellG Anwendung finden.[402] Sie kann entweder als Klausel in einem anderen Vertrag enthalten sein oder als eine eigenständige Vereinbarung abgeschlossen werden.[403] Weiter kann durch Bezugnahme auf einen schriftlichen Vertrag,[404] auf ein Schriftstück, welches eine Schiedsklausel enthält, eine Schiedsvereinbarung

398 Zur Behandlung in anderen Staaten siehe Sanders Seite 1.

399 Siehe erste Fußnote zu Art. 1. im Gesetzestext; kritisch hierzu DAC-1989 § 72; vergl. *Borowski v. Heinrich Fiedler Perforiertechnik GmbH* (1996) 5 A.D.R.L.J. 85 (Kanada) wonach ein arbeitsrechtliches Verhältnis nicht unter den Begriff "Handel" fällt; die Parteien müssen aber nicht Kaufleute sein: *Carter and Another v. McLoughlin and Another* (1996) 5 A.D.R.L.J. 324.

400 S. 2 Gesetz, 1980.

401 Vergl. Nöcker Seite 71.

402 Art. 7 I Satz 1 ModellG; vergl. *Pacific International Lines (Pte) Ltd. and Another v. Tsinlien Metals and Minerals Co. Ltd.* (1992) A.D.R.L.J. 240.

403 Art. 7 I Satz 2 ModellG.

404 Siehe Holzman Seite 263f.; der Bezug muß nicht ausdrücklich auf die Schiedsklausel gerichtet sein (Fußnote 34).

i.S.d. ModellG begründet werden.[405] Die Anforderung ist, daß jede Partei ihre Zustimmung schriftlich erklärt hat.[406]

Es ist ausdrücklich bestimmt, daß eine Vereinbarung i.S.d. ModellG schriftlich ist, wenn sie enthalten ist,

- in einem Schriftstück, das die Parteien unterschrieben haben,[407] oder
- in einem Austausch von Briefen, Telexen, Telegrammen, oder anderen Methoden der Telekommunikation, die einen Nachweis der Vereinbarung darstellen,[408] oder
- in einen Austausch von Klage und Klagebeantwortung, in dem das Bestehen einer Vereinbarung von einer Partei behauptet und von der anderen Partei nicht bestritten wird.[409]

Das "Verfahren" i.S.d. Art. 7 II Satz 2 ModellG bezieht sich auf das schiedsrichterliche Verfahren und nicht auf ein Verfahren vor ordentlichen Gerichten.[410]

bb) Heilung

Fehlt eine wirksame Schiedsvereinbarung i.S.d. Art. 7 ModellG, bleibt das (fehlerhafte) schiedsrichterliche Verfahren zunächst außerhalb des Regelungsbereiches des ModellG.[411] Dies gilt nur zunächst, da eine weitere Norm die "Heilung"[412] des Mangels i.S.d. ModellG, unabhängig vom Grund, ermöglicht.[413] Die Unzuständigkeit eines Schiedsgerichts kann nicht später als die Klagebeantwortung behauptet werden.[414] Die Behauptung der Zuständigkeitsüberschreitung muß sofort geltend gemacht werden, wenn der Streitgegenstand, welcher angeblich außerhalb der Zuständigkeit liegt, im schiedsrichterlichen Ver-

---

405 Art. 7 II Seite 3 ModellG.

406 Holzman Seite260 fn. 14.

407 Art. 7 II Satz 2 1.Alt. ModellG.

408 Art. 7 II Satz 2 2.Alt. ModellG;
Es geht aus den *travaux préparatoires* hervor, daß der Text selbst die Vereinbarung darstellen muß und nicht lediglich als Beweis die Bestimmungen einer Vereinbarung festhalten darf; vergl. Holzman Seite 260, Fußnote 9.

409 Art. 7 II Satz 2 3. Alt. ModellG

410 So auch Nöcker Seite 73f.

411 Denkbar ist es, daß es sich troz Formmangel nach Art. 7 II ModellG um eine mündliche Schiedsvereinbarung handelt, die nach dem Gemeinen Recht wirksam ist.

412 Vergl. Nöcker Seite 74 der von der "mangelnden Form der Schiedsvereinbarung durch Teilnahme am Schiedsverfahren zu heilen" spricht.

413 Art. 16 II ModellG.

414 Art. 16 II Satz 1 ModellG.

fahren behandelt wird.[415] So kann auch mündlich die Zuständigkeit erweitert werden, ohne daß Teile des schiedsrichterlichen Verfahrens aus dem Anwendungsbericht des ModellG fallen. Jedoch kann die Behauptung fehlender bzw. mangelhafter Zuständigkeit auch später im schiedsrichterlichen Verfahren erfolgreich geltend gemacht werden, sollte das Schiedsgericht die Verzögerung als gerechtfertigt erachten.[416]

Da die vom ModellG ungeregelten Bereiche vom nationalen Recht gefüllt werden müssen, fordert diese Heilungsmöglichkeit eine rechtliche Einordnung. Es besteht die Gefahr, daß, wenn das schiedsrichterliche Verfahren nicht auf einem Vertrag i.S.d. Gemeinen Rechts beruht, das Gemeine Recht als Quelle der Lückenfüllung nicht zur Verfügung steht.

cc) Rechtliche Einordnung der Heilungsmöglichkeiten

Die rechtliche Einordnung der Heilungsmöglichkeiten ist im Gemeinen Recht problematisch. Im Gemeinen Recht stellt eine Schiedsvereinbarung einen Vertrag dar.[417] Die Zuständigkeit des Schiedsgerichts wird von dieser Parteienvereinbarung abgeleitet und ist grundsätzlich vertragsrechtlicher Art.[418]

Nach den historischen *common law*-Regeln bedarf es zur Entstehung eines Vertrages Angebot, Annahme, gelungene Übermittlung der Annahme, Gegenleistung[419] und Gewißheit[420]. Sollte die Anwendung dieser Regeln eine Ungerechtigkeit[421] verursachen, kann ein Gericht aus Gründen des *equity* eine Partei daran hindern,[422] das Fehlen einer der *common law*-Voraussetzungen zu behaupten, um so den Vertrag als zustandegekommen zu betrachten.[423] In dieser Form dient die Anwendung der Prinzipien des *equity* nur als Beweisregel, um zu verhindern, daß Unrecht geschieht. Einen weiteren Schritt in der Rechtsentwicklung geht die Doktrin des *promisory estoppel*. Diese kann aber nur bei der Anspruchsverteidigung Anwendung finden und kann nicht als Anspruchsgrundlage dienen, nach dem Prinzip: "*Equity can be used only as a shield, not a*

---

415 Art. 16 II Satz 3 ModellG.

416 Art. 16 II Satz 4 ModellG.

417 Siehe Mustill & Boyd Seite 4f.

418 Vergl. Rogers-Separability Seite 77ff.; differenziert Mustill & Boyd Seite 220ff. und 534; Lane Seite 91ff.; Lionnet Seite 163.

419 Engl. "*consideration*".

420 Engl. "*certainty*"; vergl. Clark Seite 3ff.

421 Engl. "*injustice*".

422 Engl. "*estoppel*".

423 *Entores v. Miles Far East* [1953] 2 Q.B. 327.

sword ".[424] Damit ist das Rechtsprinzip, daß eine Partei an widersprüchlichem Verhalten gehindert wird, dem irischen Vertragsrecht nicht fremd.[425] Jedoch wäre es systemfremd, wenn es trotz eines fehlenden Ausgangspunktes in der vertraglichen Basis durch Teilnahme an einem Vorgang zu vertraglichen Ansprüchen kommen würde.[426]

Hier ist eine Unterscheidung von mindestens drei Konstellationen gefordert:

- Den ersten Ausgangspunkt stellt eine Schiedsvereinbarung in der Form eines mündlichen Vertrags i.S.d. Gemeinen Rechts dar, welche die Schriftform des Art. 7 ModellG nicht erfüllt. Es ergeben sich Streitigkeiten, die von der (mündlichen) Schiedsvereinbarung völlig erfaßt werden. Ein im Gemeinen Recht gültiges, aber in den Augen des ModellG fehlerhaftes Schiedsgericht wird gebildet. Die durch Formmangel i.S.d. Art. 7 II ModellG gänzlich fehlende Zuständigkeit des Schiedsgericht (in den Augen des ModellG) kann zunächst durch rügelose Teilnahme gemäß Art. 16 II Satz 1 ModellG "geheilt" werden. Eine weitere eventuelle Überschreitung der Zuständigkeit kann nach Art. 16 II Satz 3 ModellG überwunden werden. Es besteht ein Vertrag im Gemeinen Recht zu allen einschlägigen Zeiten. Das Gemeine Recht steht unproblematisch als Quelle der Lückenfüllung zur Verfügung.

- Zweiter Ausgangspunkt ist eine Schiedsvereinbarung in Form eines Vertrags i.S.d. Gemeinen Rechts, der auch die Schriftform des Art. 7 II Satz 1 ModellG erfüllt. Es ergeben sich Streitigkeiten, die nur zum Teil von dem Vertrag erfaßt werden. Ein Schiedsgericht wird gebildet, welches i.S.d. Art. 16 II Satz 2 ModellG zumindest hinsichtlich der vom Vertrag umfaßten Streitigkeiten zuständig ist. Das Schiedsgericht überschreitet seine Zuständigkeit. Es wird nicht rechtzeitig Einrede nach Art. 16 II Satz 3 ModellG erhoben. Beim Überschreiten der Zuständigkeit besteht bereits der die Ausgangszuständigkeit begründende Vertrag nach dem Gemeinen Recht. Es kann deshalb wieder unproblematisch das Gemeine Recht herangezogen werden, um Lücken zu füllen. Voraussetzung ist jedoch, daß das Verfahren zur Lückenfüllung weiterhin ein Schiedsverfahren i.S.d. ModellG bleibt. Das ist Regelungszweck des Art. 16 II Satz 3 ModellG. Die mangelnde Schriftform hinsichtlich der Zuständigkeitserweiterung wird "geheilt".

---

424 Vom Urteil des Lord Justice Birkett in *Combe v. Combe* [1951] 1 All E.R. 767; vergl. Clark & Clarke Seite 177.

425 Vergl. Thomas & Putzo zu § 242 BGB.

426 Vergl. auch Mustill & Boyd Seite 40: "... *well established rule that the subsequent conduct of the parties is not admissible to construe a contract*".

- Als dritten Ausgangspunkt kann man annehmen, daß zunächst keine Schiedsvereinbarung nach dem Gemeinen Recht zwischen den Parteien besteht oder zumindest keine solche, die eine der Streitangelegenheiten umfaßt. Die Prüfung der Schriftform i.S.d. Art. 7 II ModellG erübrigt sich.[427] Es ergeben sich Streitigkeiten. Ein sowohl nach dem Gemeinen Recht, als auch dem ModellG fehlerhaftes Schiedsgericht wird gebildet. Die wegen Formmangel i.S.d. Art. 7 II ModellG gänzlich fehlende Zuständigkeit des Schiedsgericht nach dem ModellG wird durch rügelose Teilnahme nach Art. 16 II Satz 1 ModellG gänzlich überwunden. Die Stellung dieses (fehlerhaften) Schiedsgerichts und schiedsrichterlichen Verfahrens im Gemeinen Recht bleibt von den Bestimmungen des ModellG unberührt. Ob eine vertragliche Beziehung i.S.d. Gemeinen Rechts zwischen den Parteien entstanden ist, wird sich nur nach den Regeln des Gemeinen Rechts richten. Es wird von Fall zu Fall zu prüfen sein, ob Angebot, Annahme, gelungene Übermittlung der Annahme, Gegenleistung und Gewißheit vorhanden sind, um einen zumindest mündlichen Schiedsvertrag zu begründen. Sollte die Vertragsbegründung nach dem Gemeinen Recht zu bejahen sein, werden die Regelungen des reinen *common law* sowie des *equity* zur Lückenfüllung vorhanden sein, aber ab dem Vertragsschluß gelten. Im Vakuum zwischen dem Auftreten der Streitigkeiten und dem Zustandekommen eines Vertrags nach dem Gemeinen Recht, kommen nur die Regeln des *equity* zur Lückenfüllung in Betracht. Da diese gänzlich im Ermessen des Richters liegen und noch nicht in diesem Kontext geprüft worden sind, kann deren Wirkung nicht bestimmt werden. In der Praxis müßte diese Fallgestaltung aber wenig Bedeutung haben, denn in der Regel wird in dem Austausch von Klage und Klagebeantwortung bereits ein Vertragsabschluß zu finden sein. Sollte aber schon vor diesem Zeitpunkt, z.B. bei der Bestellung des Schiedsgerichts, das Nicht-Bestehen einer Schiedsvereinbarung i.S.d. Art. 7 II ModellG gerügt werden, kann es dahingestellt bleiben, ob zumindest ein mündlicher Vertag nach dem Gemeinen Recht besteht. Denn eine Schiedsvereinbarung i.S.d. Art. 7 II ModellG müßte in der Praxis immer einen Vertrag i.S.d. Gemeinen Rechts mit sich bringen.

---

427 Folgende Umstände wären beispielsweise denkbar (a) die Parteien unterliegen beide der falschen Ansicht, eine Schiedsvereinbarung überhaupt geschlossen zu haben, oder (b) eine irische Exportfirma hat eine Schiedsvereinbarung mit einer schweizerischen Importfirma hinsichtlich Lieferungen nach Deutschland. Es ergeben sich Streitigkeiten bezüglich Lieferung nach Österreich; ein Schiedsgericht mit mangelhafter Zuständigkeit wird gebildet.

b) Schiedsfähigkeit

aa) Allgemeines

Die Frage der Schiedsfähigkeit wird in Art. 1 V ModellG behandelt. Es bestimmt, daß eventuell anderslautende Regeln des nationalen Rechts (in diesem Fall irisches Recht), die bestimmte Streitigkeiten von schiedsrichterlichen Verfahren ausschließen, nicht von den Bestimmungen des ModellG berührt werden.[428] So bestimmt sich die Schiedsfähigkeit in Irland nach der Regel des Gemeinen Rechts, die besagt, daß Verträge, die gegen die öffentliche Ordnung verstoßen, nicht durchsetzbar sind, und nach den Erfordernissen der Verfassung. Ziel dieses Teils der Arbeit ist es, der Frage der Schiedsfähigkeit systematisch nachzugehen.

bb) Die Verfassung

(1) Allgemeines

Bevor die Grenzen der Schiedsfähigkeit auf Grund der "öffentlichen Ordnung"-Doktrin des Gemeinen Rechts geprüft werden können, müssen verfassungsrechtliche Bedenken behandelt werden.[429] Wie bereits hervorgehoben, muß das Parlament in seiner Gesetzgebung die Bestimmungen der Verfassung beachten.[430] Die irische Verfassung erlaubt nur die begrenzte Ausübung von Funktionen und Befugnissen richterlicher Art von Personen, die nicht gemäß der Verfassung ernannte Richter sind.[431]

Es ist keine Rechtsprechung mit unmittelbarem Bezug auf die Schiedsgerichtsbarkeit vorhanden.[432] In der Regelung der nationalen Schiedsgerichtsbarkeit wird den Gerichten eine weitgehende Restzuständigkeit und

428 Die *Arbitration Acts*, 1954 und 1980 haben im Anwendungsbereich des ModellG keine Geltung, deshalb finden die Bestimmungen hinsichtlich der Schiedsfähigkeit von Arbeitnehmerangelegenheiten und Betrug-Behauptungen keine Anwendung; Vergl. hinsichtlich der Formulierung Art. 36 ModellG (Annerkennungs- und Vollsteckungsversagungsgründe).

429 Vergl. Schmit-Bleibtreu zu Art. 92 [des deutschen Grundgesetzes]: "Die Schiedsgerichtsbarkeit schränkt das staatliche Rechtssprechungsmonopol ein".

430 Art. 15.4. der Verfassung.

431 Art. 34.1. i.V.m. Art. 37.1. der Verfassung.

432 Vergl. Forde Seite 14.

weitgehendes Ermessen eingeräumt.[433] Das ModellG entzieht aber den ordentlichen Gerichten ihre Restzuständigkeit in der Hauptsache völlig, außer bei der Anerkennung und Vollstreckung des Schiedsspruchs. Aber bei der Anerkennung und Vollstreckung ist die Rolle des Gerichts *de facto* "ministeriell".[434] Das richterliche Ermessen, welches dem *High Court* bei der Anerkennung in der nationalen Schiedsgerichtsbarkeit eingeräumt wird, ist ihm in der Formulierung der Art. 35 und 36 ModellG entzogen worden.

(2) Rechtsprechung

Zuerst muß geprüft werden, ob es sich bei der Schiedsgerichtsbarkeit um die Ausübung der Rechtspflege[435] i.S.d. Art. 34.1. der Verfassung handelt.

Fraglich ist zunächst, was die Ausübung der Rechtspflege ist. Die Rechtsprechung hat noch keine zufriedenstellende Definition geliefert. In der Rechtsprechung zur irischen Verfassung von 1922 behandelte der damalige *Supreme Court* "im Wege der Beschreibung statt genauer Formel"[436] die Frage der richterlichen Macht.[437] Er führte aus: "richterliche Macht wird in einem endgültigen Entscheid ausgeübt, durch eindeutige Judizierung dem Gesetz folgend der Rechte und den Pflichten im Streit zwischen Bürger und Bürger ... oder zwischen welchen Parteien auch immer und die Parteien an einem solchen Entscheid binden, der wenn nötig mit der Autorität des Staates vollstreckt wird".[438] Im Fall *McDonald v. Bord na gCon*

---

433 Beispielsweise die Möglichkeit eines *case stated* nach s. 35 Gesetz, 1954; und das Ermessen bei der Vollsteckung nach s. 41 Gesetz, 1954: "*may, by leave of the court, be enforced ...*".

434 Siehe Elder Seite 13 unter Bezugnahme auf Rechtssprechung in den USA: "*...the statutory machinery for the enforcement of arbitration awards contemplates the exercise of a judicial function and not a ministerial one', meaning that their understanding of arbitration implied that a confirming court had the discretion to decline to enforce those decisions the legal basis of which it disagreed with.*"

435 Engl. "*administration of justice*".

436 Worte des damaligen *Chief Justice*, Mr. Justice Kenney, im Fall *Lynham v. Butler (No. 2)* [1933] I.R. 74: " ... *by way of description rather than precise formula* ... ".

437 Engl. "*judicial power*".

438 *Lynham v. Butler (No 2)* [1933] I.R. 74, im Urteil des damaligen *Chief Justice*, Mr. Justice Kenney: "*... judicial power is exercised in determining in a final manner, by definitive adjudication according to law, rights and obligations in dispute between citizen and citizen, ... or between whoever they be and in binding the parties by such determination which will be enforced if necessary with the authority of the State.*"

(No. 2)[439] wurden die folgenden Charakteristika der Ausübung der Rechtspflege beschrieben:

- Streitigkeit oder Auseinandersetzung über die Existenz von Rechten oder eines Rechtsverstoßes
- die Feststellung der Rechte von Parteien oder die Auflage von Haftung oder Strafen
- die bindende Festlegung (vorbehaltlich der Anfechtung) von Rechten oder Pflichten bzw. Haftung[440] oder die Auflage von Strafen
- die Durchsetzung dieser Rechte oder Pflichten bzw. Haftung oder Strafen durch das Gericht oder die Exekutive, die sich das Gericht zur Urteilsvollstreckung bedient
- der Erlaß einer Anordnung, die aus historischer Sicht eine charakteristische Anordnung der staatlichen Gerichte ist.

Außer der als Alternative zur Haftung ausgedrückten Auferlegung bzw. Vollstreckung von Strafen wird die Schiedsgerichtsbarkeit im Regelfall alle fünf Charakteristika erfüllen. Es wird sich um Streitigkeiten über die Rechte der Parteien handeln, die vom Schiedsgericht bindend festgelegt werden sollen. Die vom Schiedsgericht festgestellte Haftung der Parteien wird vom Gericht bzw. der Exekutive vollstreckt. In der Vollstreckung räumt die Formulierung des ModellG kein richterliches Ermessen ein. Die Rolle des Gerichts ist "ministeriell".[441] Mit Vorliegen der in Art. 35 und 37 ModellG verlangten Bedingungen muß der Schiedsspruch anerkannt bzw. vollstreckt werden. Weiterhin wird in der Regel der Tenor des Schiedsspruchs in seiner Substanz eine aus historischer Hinsicht charakteristische Anordnung der ordentlichen Gerichte sein.

Nach dieser Rechtsprechung müßte im Regelungsbereich des ModellG die Tätigkeit des Schiedsgerichts als Ausübung der Rechtspflege i.S.d. Art. 34.1. der Verfassung zu beurteilen sein und somit zunächst als verfassungswidrig verurteilt werden. Sollte die Tätigkeit eines Schiedsgerichts als Ausübung der Rechtspflege zu beurteilen sein, könnte sie dennoch als "begrenzt" nach Art. 37.1. der Verfassung erlaubt sein. Die Rechtsprechung hat sich geweigert, eine Definition von "begrenzter Ausübung der Rechtspflege" zu liefern. Sie muß von Fall zu Fall je nach der Funktion und den Befugnissen geprüft werden.[442] Jedoch scheint

---

439 [1965] I.R. 217.

440 Engl. "*liabilities*".

441 Engl. "ministerial"; Vergl. Elder Seite 1ff.

442 *Central Dublin Development Association v. Attorney General* 109 ILTR 69; im Urteil des Mr. Justice Kenney: "*... impossible ... to formulate a test by which limited functions and powers of a judicial nature can be distinguished from those which are unlimited because the scope and effect of the functions and powers must be considered in each case.*"

entscheidend zu sein, ob die Rechte der Beteiligten "weitreichend" betroffen werden.[443]

Jedoch könnte Art. 34.1. der Verfassung nur gegen Tribunale, die ihre Zuständigkeit vom Gesetz abgeleitet haben, gerichtet sein. Unmittelbar zutreffende Rechtsprechung[444] ist nicht vorhanden, aber in einem Urteil über die Verfassungsmäßigkeit des vom Gesetz vorgesehenen Disziplinarausschluß der irischen Anwaltskammer[445] stellte das Gericht fest: "Es ist hier keine Frage eines internen Tribunals mit einer Zuständigkeit, die ausschließlich auf einem Vertrag beruht ... Hier handelt es sich um ein Tribunal, welches seine Existenz und Befugnisse von einem Gesetzgebungsakt des Staates ableitet".[446] Diese *obiter* Feststellung ist zwar nicht bindend, müßte aber als Richtlinie für die Stellung der Schiedsgerichtsbarkeit dienen. Dogmatisch beruhen die Zuständigkeit und Befugnisse des Schiedsgerichts ausschließlich auf Vertrag und müßten deshalb verfassungsrechtlich unbedenklich sein.[447] Jedoch würden ohne die parlamentarische Gesetzgebung diese Zuständigkeit und Befugnisse oft mangels Durchgreifungsakt leerlaufen.[448] Insbesondere ist es das Gesetz, welches sicherstellt, daß der Schiedsspruch ohne richterliches Ermessen von der Staatsmacht vollstreckt werden kann.[449]

(3) Ergebnis

Zusammenfassend ist festzuhalten, daß die vom ModellG vorgesehene Regelung der Schiedsgerichtsbarkeit als verfassungskonform zu beurteilen ist.[450]

---

443 *In re Solicitors Act, 1954* [1960] I.R. 239.

444 Engl. "*orbiter precedent*".

445 Law Society.

446 *In re Solicitors Act, 1954* [1960] I.R. 239, im Urteil des Mr. Justice Kingsmill Moore "*There in no question here of a domestic tribunal with a jurisdiction based solely on contract ... Here we are dealing with a tribunal which depends for its existence and its powers on a legislative act of the State.*"

447 Vergl. Stein/Jonas vor § 1025 Rn. 4: "Verfassungsrechtliche Bedenken gegen das Institut einer privaten Gerichtsbarkeit nach Art der in der ZPO geregelten Schiedsgerichtsbarkeit sind, weil jede Schiedsgerichtsbarkeit auf freiwilliger Unterwerfung beruht, unbegründet."

448 Vergl. Schwab/Walter/Baumbach/Hauck Seite 4 Rn. 7.

449 Vergl. Paterson Seite 165; und DAC-1989 § 9.

450 Vergl. Lionnet Seite 163: "[*The*] *parties can only terminate an arbitrator's office if they are parties to the legal relationship with the arbitrator. This would not be the case if the legal relationship was based on statute.*" Wären die Befugnisse des

cc) Gemeines Recht

(1) Allgemeines

Nach der allgemeinen Regel des Gemeinen Rechts sind Verträge, die zu einem Verstoß gegen die öffentliche Ordnung (i.S.d. Gemeinen Rechts) führen, unwirksam. Hierbei beeinflussen die Bestimmungen der Verfassung den Inhalt des Begriffs der öffentlichen Ordnung.

Aus der Behandlung der Frage der Schiedsfähigkeit in der Rechtsprechung und Literatur geht hervor, daß die Schranken der Schiedsfähigkeit im *common law*-Rechtskreis in zwei Schritten zu behandeln sind.[451] Erstens ist zu prüfen, ob es gegen die öffentliche Ordnung verstoßen würde, die Entscheidung über eine bestimmte Angelegenheit der ordentlichen Gerichtsbarkeit zu entziehen. Wenn nicht, ob zweitens das Rechtsschutzziel von solcher Art ist, daß es das Schiedsgericht unter Berücksichtigung der öffentlichen Ordnung gewähren kann. Bei beiden Schritten ist die allgemeine *common law*-Regel anzuwenden, daß Verträge, die zu einem Verstoß gegen die öffentliche Ordnung führen, unwirksam sind.[452]

(2) Zuständigkeitsverdrängung

Wenn eine Schiedsvereinbarung i.S.d. ModellG versuchen würde, eine Zuständigkeit eines ordentlichen Gerichts zu verdrängen, würde sie gegen die öffentliche Ordnung verstoßen und deshalb unwirksam sein.[453]

Schiedsgerichts als vom Gesetz eingeräumt zu behandeln, würde es verfassungsrechtliche Bedenken auslösen; und Stein/Jonas vor § 1025 Rn. 4: " Verfassungsrechtliche Bedenken gegen das Institut einer privaten Gerichtsbarkeit nach Art der in der ZPO geregelten Schiedsgerichtsbarkeit sind, weil jede Schiedsgerichtsbarkeit auf freiwilliger Unterwerfung beruht, unbegründet.";
und Schwab Seite 4 Rn. 7: "Der Staat hat an der Einschränkung privatrechtlicher Schiedsgerichte, soweit nicht öffentliche Belange betroffen werden, kein Interesse. Die Regelung bürgerlich-rechtlicher Beziehungen ist den Beteiligten überlassen. Warum sollen sie diese Beziehungen nur durch Rechtsgeschäfte, nicht auch durch einen privaten Schiedsrichter ordnen dürfen?".

451 Sog. "*second look doctrine*".

452 Siehe Zitat von Mustill & Boyd Seite 149f.

453 *Scott v. Avery* (1856) 5 H.L.Cas. 811.

Art. 5 ModellG schließt aber sämtliche im nationalen Recht zu findende Zuständigkeiten der ordentlichen Gerichte aus. In den vom ModellG geregelten Angelegenheiten kann ein Gericht nur tätig werden, wenn es das ModellG vorsieht. Das ModellG sieht vor, daß eine Klage hinsichtlich eines von der Schiedsvereinbarung umfaßten materiellen Anspruches beim Gericht weiter erhoben werden kann.[454] Das Gericht hat aber durch rechtzeitige Einrede die Parteien aufgrund der Schiedsvereinbarung auf das schiedsrichterliche Verfahren zu verweisen. Der Verlust seiner Entscheidungsbefugnis, über den materiellen Anspruch gründet sich für das ordentliche Gericht, gleich wie in der Regelung zur nationalen Schiedsgerichtsbarkeit, auf das Gesetz und nicht auf einen Vertrag. Es besteht keine versuchte vertragliche Zuständigkeitsverdrängung und folglich kein Verstoß gegen die öffentliche Ordnung, der zur Unwirksamkeit des Vertrages führt.

(3) Besondere Zuständigkeit

Für bestimmte Klagen könnte die ausschließliche Zuständigkeit besonderer Gerichte innerhalb der ordentlichen Gerichtsbarkeit ein Ausdruck der öffentlichen Ordnung sein, die besagt, daß solche Klagen nur von den nominierten Gerichten behandelt werden sollen. Dieses Argument ist weder von den irischen noch den englischen Gerichten behandelt worden. Jedoch hat es in anderen *common law*-Rechtssystemen zur Einschränkung der Schiedsfähigkeit geführt.[455] Das könnte z.B. bei Streitigkeiten der Fall sein, die sich mit der Gemeinschaftsmarke befassen, da die Legislatur die ausschließliche Zuständigkeit des *High Court* in der ersten Instanz bestimmt.[456]

(4) Wettbewerbsbeschränkung

Verträge, die in unzulässiger Weise die Ausübung von Wettbewerb beeinträchtigen, verstoßen gegen die öffentliche Ordnung und sind deshalb nach dem Gemeinen Recht vermeidbar.[457] Ob die öffentliche Ordnung weiter verlangt, daß die Entscheidung einer solchen Streitfrage den ordentlichen Gerichten nicht

---

454 Siehe Art. 8 ModellG.

455 Siehe Plant Seite 29ff. zur Rechtssprechung aufgrund der ausschließlichen Zuständigkeit der Bundesgerichte in den USA; und zur ausschließlichen Zuständigkeit des Bundespatentgerichts, siehe Fritze Seite 219ff.

456 Siehe Behandlung unten.

457 Sog. "*contracts in restraint of trade*"; siehe *Esso Petroeum Co. Ltd. v. Harpers Garage (Stourport) Ltd.* [1968] A.C. 269.

entzogen werden kann, ist noch nicht von der Rechtsprechung behandelt worden. Aber auch positivrechtliche Bestimmungen befassen sich mit Wettbewerbsfragen und könnten einen Ausdruck der öffentlichen Ordnung darstellen, die dazu führt, daß ein Schiedsgericht nicht über solche Angelegenheiten entscheidet. Hierbei handelt es sich auch um EG-wettbewerbsrechtliche Fragen. In der Abwesenheit weiterer Anhaltspunkte ist die Schiedsfähigkeit in beiden Fällen zu bejahen.[458]

(5) Stellung Dritter

Ein Vertrag wirkt grundsätzlich nur *in personam* zwischen den Parteien und darf dementsprechend nicht die Rechte Unbeteiligter beeinträchtigen.[459] Wenn die Durchführung einer Schiedsvereinbarung auf Rechte Dritter einwirken würde, könnte sie als gegen die öffentliche Ordnung wirkend verurteilt werden. Auch die Bestimmungen der Verfassung bestärken diese *common law*-Lage, insbesondere kommt der Schutz von Vermögensrechten in Betracht.[460] Diese Schranke betrifft besonderes die zweite Stufe der Prüfung, die untersucht, welche Rechtsschutzmittel dem Schiedsgericht zur Verfügung stehen.

Aber nicht nur die Beeinträchtigung von Rechten Dritter kann einen Verstoß gegen die öffentliche Ordnung darstellen. Auch ein Schiedsurteil, das versucht eine Wirkung gegenüber der Allgemeinheit zu entfalten, sogar wenn es keine Beeinträchtigung der Rechte von Dritten darstellt, verstößt nach ganz herrschender Meinung gegen die öffentliche Ordnung.[461] Diese Beschränkung der Schiedsgerichtsbarkeit ist jedoch weder in Irland noch in England unmittelbar von der Rechtsprechung behandelt worden. Ob ein Verstoß gegen die öffentliche Ordnung gegeben ist, wird von Fall zu Fall zu prüfen sein.

---

458 Vergl. Russel 21. Auflage § 1.029; danach ist es nicht nur möglich, wettbewerbsrechtliche Bestimmungen zu beurteilen, sondern es ist die Pflicht des Schiedsgerichts, sie, wenn einschlägig, anzuwenden.

459 Vergl. Kirry Seite 386.

460 Art. 40.3.1° a.E. der Verfassung;
Auch der Schutz, den die Verfassung ihren Bürgern einräumt, um ihren guten Namen zu verteidigen, könnte dazu führen, daß ein Recht besteht, an einem Verfahren mitzuwirken (Art. 40.3.1° der Verfassung): *In re Haughey* [1971] I.R. 217; vergl. Kelly Seite 472.

461 Mustill & Boyd Seite 149.

(6) Bestimmte Arten von Klagen

(a) Dingliche Rechte

Besitz und Eigentum sind die in der Praxis häufigsten dinglichen Rechte. Diese Rechte entfalten in der Regel Rechte gegenüber jedermann. Hinsichtlich der ersten Stufe zeigt die Rechtsprechung aber, daß es den Parteien offen steht, Unterschiede hinsichtlich Besitz- und Eigentumsverhältnissen untereinander bindenden Entscheidungen zu unterwerfen, betreffe es Mobilen oder Immobilien. Darin besteht kein Verstoß gegen die öffentliche Ordnung. Grund hierfür ist, daß nur die Rechte der Parteien dem Schiedsgericht unterworfen sind. Sollte eine Partei bei einem ordentlichen irischen Gericht Klage erheben, werden die Parteien auf das schiedsrichterliche Verfahren zu verweisen sein, wenn die Klage eine Angelegenheit betrifft, die Gegenstand einer Schiedsvereinbarung ist.[462]

Andere Erwägungen betreffen aber die zweite Stufe, und zwar, welche Rechtsschutzmittel der Schiedsspruch enthalten kann. Der Schiedsspruch kann grundsätzlich keine Wirkung gegen Dritte entfalten.[463] Somit kann der Urteilstenor eines Schiedsspruchs feststellend sein, jedoch kann diese Feststellung nicht für Dritte bindend sein. Ein auf Leistung verurteilender Schiedsspruch, auch auf Naturalerfüllung, wird in gleicher Weise zulässig sein.

Schwieriger ist es aber bei einem Schiedsspruch dessen Tenor auf ein Gestaltungsurteil gerichtet ist. Die herrschende Meinung geht davon aus, daß der Schiedsspruch weder als Vertrag zur Übertragung von Rechten an Grundstücken, noch zur Übertragung von Eigentum an Mobilien wirken kann, zumindest ohne die zusätzliche nachfolgende Zustimmung des Eigentümers.[464] Die Wirkung, die Eigentum gegenüber Dritten entfaltet, wird als Grund hervorgehoben. Nach dem Gemeinen Recht kann die Stellung Dritter nicht beeinflußt werden, ohne daß zugleich einen Verstoß gegen die öffentliche Ordnung vorliegt. Die Auffassung ist unverständlich, da es den Parteien in der Regel frei ist, ihr Eigentum zu veräußern und sogar im Rahmen der *agency*-Doktrine[465] des Gemeinen Rechts dieses Recht des Eigentümers von anderen ausgeübt werden kann.[466] Richtiger

---

462 Art. 8 ModellG.

463 Mustill & Boyd Seite 414; Es könnte argumentiert werden, es bedeute nicht *ipso jure*, der Schiedsspruch könne es nicht versuchen, der Versuch müßte aber wirkungslos bleiben. Anders ausgedrückt, der Schiedsspruch würde wegen Unmöglichkeit in dieser Hinsicht unwirksam sein.

464 Mustill & Boyd Seite 414.

465 Das Recht der Vertretungsmacht.

466 Vergl. Wylie § 9.044.

wäre es, wenn ein Schiedsgericht von den Parteien ermächtigt werden könnte, mit seinem Schiedsspruch

- nicht nur Besitz und Eigentumsverhältnisse zwischen ihnen bindend festzustellen, oder
- sie zur Leistung der Übertragung von Besitz bzw. Eigentum zu verurteilen, sondern auch
- rechtsgestaltend die Übertragung von Eigentum von einer Partei zur anderen zu bewirken, so lange die Rechte Dritter unberührt bleiben würden.
- Jedoch ist die restriktive Haltung hinsichtlich des Ausmaßes der potentiellen Wirkung von Schiedssprüchen gegenüber Dritten so verfestigt, daß eine Änderung in der Rechtslage nicht anzunehmen ist.

(b) Gewerbliche Schutzrechte

(aa) Allgemeines

Die Schiedsfähigkeit von Klagen hinsichtlich gewerblicher Schutzrechte ist begrenzt, insbesondere wenn sie gegenüber jedermann Rechte begründen.[467] Dies gilt nicht nur, wenn Rechte Dritter beeinträchtigt werden, sondern auch wenn eine Wirkung gegenüber der Allgemeinheit entfaltet werden könnte.

Hierbei handelt es sich z.B. um Patentrechte, Markenrechte und Rechte an Modellen und Mustern.[468] In den weiteren Ausführungen wird nur noch die Gesetzgebung und Rechtsprechung, sofern vorhanden, in Bezug auf die Schiedsfähigkeit von Ansprüchen aus irischen Patentrechten direkt behandelt werden. Die gleichen Prinzipien gelten auch für Ansprüche aus verwandten Rechten, sofern sie einer ähnlichen Regelung unterstehen.

(bb) Gesetzliche Regelung

Ein Patent entsteht, wenn ein vom Staat dazu beauftragter Beamter, der *Controller of Patents, Designs and Trademarks*, es erteilt.[469] Die vom Gesetz festgesetzten absoluten Voraussetzungen für die Entstehung des Patents werden von ihm geprüft.[470] Wenn diese vorliegen, entsteht das Patentrecht mit seiner Erteilung.[471]

---

467 Vergl. Benton/Rogers Seite 364; Schweyer Seite 149ff., Simms Seite 193ff.

468 Vergl. Blessing Seite 195ff.

469 Im weiteren auch "*Controller*".

470 S. 9f. *Patents Act*, 1992.

471 Engl. "*grant*".

Diese Erteilung begründet Rechte gegenüber jedermann (*erga omnes*).[472] Ein Patent wird ausdrücklich als ein ausschließliches Recht definiert.[473]

Die Patentverletzungsklage wird von s. 47 *Patents Act*, 1992 geregelt. Der Patentinhaber kann Ansprüche wegen Verletzung seiner Rechte, die er vom Patent nach s. 40 bis 43 *Patents Act*, 1992 ableitet, beim *High Court* geltend machen.[474] Die Klage kann auf Unterlassung, Vernichtung, Entschädigung, Entreicherung und Feststellung gerichtet sein.[475] Diese Ansprüche, die die zur Verfügung stehenden Rechtsschutzmittel bestimmen, sind alle vom Gesetz so formuliert, daß sie nur den Beklagten betreffen.[476] Andere Zuständigkeiten des *High Court*, die Rechte zu schützen, bleiben ausdrücklich unberührt.[477]

Insbesondere müssen die folgenden Bestimmungen hervorgehoben werden, die die Beeinträchtigung eines Patentrechts regeln, da sie zu einer Wirkung gegenüber der Allgemeinheit führen:

- Ein Patent kann durch Anordnung des *Controller* oder des *High Court* mit Wirkung für und gegen jedermann infolge eines Nichtigkeitsantrags einer dritten Partei amtlich zurückgenommen werden.[478] Nur beim *Controller* und dem *High Court* kann ein Antrag auf Zurücknahme gestellt werden.[479] Der *Controller* bzw. der *High Court* sind, wenn die Zurücknahmebedingungen gegeben sind, mit dem Ermessen ausgestattet, per Anordnung das Patent ohne Bedingungen zurückzunehmen.[480] Wenn "nur ein Teil" des Patents betroffen ist, können der *Controller* bzw. der *High Court* nach ihrem Ermessen dem Inhaber die Möglichkeit einräumen, den Patentinhalt entsprechend ändern zu lassen.[481]

---

472 S. 40f. *Patent, Act*, 1992.

473 S. 2 *Patents Act*, 1992.

474 Nach s. 47(1) *Patents Act*, 1992.

475 S. 47(1)(a)-(e) *Patents Act*, 1992.

476 S. 47 (1) *Patents Act*, 1992:
"*(a) for an injunction restraining the defendant ...*
(b) for an order requiring the defendant to deliver up or destroy any product ...
(c) ... for damages ...
(d) for an account of the profits derived by the defendant ... [*and*]
(e) for a declaration that the patent is valid and has been infringed by the defendant.";
vergl. Westerhold und Gysenberg Seite 47ff.

477 S. 47 *Patents Act*, 1992: "*without prejudice to any other juristiction of the Court*".

478 S. 57 *Patents Act*, 1992.

479 S. 57(1) *Patents Act*, 1992.

480 S. 59(2) *Patents Act*, 1992.

481 S. 59(3) *Patents Act*, 1992.

- Ein Patentinhaber kann mit schriftlicher Erklärung gegenüber dem *Controller* anbieten, auf sein Patent zu verzichten.[482] Der *Controller* muß dieses Angebot veröffentlichen.[483] "Jede interessierte Person" kann Widerspruch erheben.[484] Wenn der *Controller* überzeugt ist, daß es zulässig wäre, auf das Patent zu verzichten, kann er das Angebot annehmen.[485] Das Patent verliert dann vom Zeitpunkt der Veröffentlichung der Annahme seine Wirkung.[486]
- Ein Patent kann bei Nichtbezahlung der fälligen Gebühren verfallen.[487] Das Patent kann aber innerhalb von zwei Jahren auf Antrag beim *Controller* wieder hergestellt werden.[488] Der *Controller* kann aber die Wiederherstellung vorbehaltlich bestimmter Bedingungen anordnen, um die Interessen von Personen, die seit dem Verfall des Patents von der Erfindung Gebrauch gemacht haben, zu schützen.[489]
- Das Patentrecht ist ein Forderungsrecht[490], auf das die Eigentumsregelung für Mobilien anzuwenden ist (s. 79 *Patents Act*, 1992). Es besteht deshalb ein Recht es zu übertragen, zu lizenzieren und zu pfänden.[491]

  Jede Person kann beim *High Court* einen Antrag auf Entscheidung stellen, ob er zu einem Patent berechtigt ist.[492] Der *High Court* kann eine Anordnung erlassen, die er für geeignet hält, um seinen Entscheidungen Wirkung zu verleihen.[493] Wenn die Anordnung auf völlige Übertragung des Patents gerichtet ist, weil dem ursprünglichen Antragsteller die Berechtigung für das Patent fehlte, verfallen mit den Registeränderungen Lizenzen und andere Rechte hinsichtlich des Patents.[494] Jedoch sind registrierte Inhaber solcher Lizenzen vom *Controller* zu benachrichtigen, und diese können unter Umständen auf Ausstellung einer neuen Lizenz berechtigt sein.[495]

---

482 S. 39(1) *Patents Act*, 1992.
483 S. 39(2) *Patents Act*, 1992.
484 S. 39(2)*Patents Act*, 1992.
485 S. 39(4) *Patents Act*, 1992.
486 S. 39(5) *Patents Act*, 1992.
487 S. 36(3) *Patents Act*, 1992.
488 S. 37(1) *Patents Act*, 1992.
489 S. 37(7)(b) *Patents Act*, 1992.
490 Engl. "*chose in action*".
491 Annotated Irish Statutes Vol. 1992, § 1-55 (*Release* 28).
492 S. 81(1) 1.HS *Patents Act*, 1992; z.B. auf Grund Erbschaft oder Vertrag.
493 S. 81(1) 2.HS *Patents Act*, 1992.
494 S. 82(1) *Patents Act*, 1992.
495 S. 82(2) *Patents Act*, 1992.

(cc) Schranke der öffentlichen Ordnung

Die allgemeine Regel ist, daß Verträge, die zu einem Verstoß gegen die öffentliche Ordnung führen, unwirksam sind.

Als Verstoß gegen die öffentliche Ordnung käme zunächst die Beeinträchtigung der Rechte von Dritten in Betracht. Wenn die Klage auf Unterlassung, Vernichtung, Entschädigung, Entreicherung oder Feststellung gerichtet ist oder gar auf Löschung oder sonstige Registeränderung zielt, wird es nur von Fall zu Fall zu ermitteln sein, ob Rechte Dritter im konkreten Fall beeinträchtigt wären. Zwar ist dieser Schluß im Hinblick auf die Schiedsfähigkeit solcher Klagen unbefriedigend, jedoch konsequent.

Als nächstes könnte in Anlehnung an die US-amerikanische Rechtsprechung geprüft werden,[496] ob der Gesetzgeber ein Interesse der öffentlichen Ordnung zum Ausdruck gebracht hat, indem bestimmte Klagen nur von den im Gesetz nominierten Organen entschieden werden sollten. In den USA sahen die Gerichte in jener Bestimmung, die innerhalb der ordentlichen Gerichtsbarkeit nur Bundesgerichte für zuständig erklärte einen Anhaltspunkt dafür, daß der *Congress* die Schiedsgerichtsbarkeit bei Patentnichtigkeitsklagen ausschließen wollte.[497] Dieser Ansatz bringt aber auch kein festes Ergebnis mit sich. Zum einen, da eine solche Anwendung der öffentlichen Ordnungsdoktrin des Gemeinen Rechts weder von den irischen noch den englischen Gerichten entschieden worden ist, zum anderen, da es ohnehin wegen der Struktur der Gerichtsbarkeit in Irland nicht ungewöhnlich ist, die Zuständigkeit für Klagen auf den *High Court* zu beschränken.[498]

Aber nicht nur in der Beeinträchtigung von Rechten Dritter könnte das Gemeine Recht einen Verstoß gegen die öffentliche Ordnung sehen, sondern auch, wenn mit einem Schiedsspruch eine Wirkung gegenüber der Allgemeinheit angestrebt würde. Die Rechtsprechung hat zu dieser Auffassung noch nicht Stellung genommen. Jedoch wird diese Haltung in Teilen der Literatur vertreten, die auf die Rechtsprechung sehr viel Einfluß ausübt.[499] Den Schutz, den das *Patents Act*, 1992 Dritten gewährt, wenn eine Änderung in der Wirkung des Patents vorgenommen werden soll, unterstützt diese Haltung. Insoweit eine Klage auf Unterlassung, Vernichtung, Entschädigung, Entreicherung oder Feststellung gerichtet ist, die nur den Beklagten betrifft, wird eine Entscheidung des

496 Vergl. Fritze Seite 218ff.

497 Vergl. Plant Seite 29ff. zu *28 U.S.C. § 1338*.

498 Vergl. Byrne & McCutcheon Seite 147ff.

499 Mustill & Boyd Seite 149, vergl. DAC-1996 § 19.

Schiedsgerichts keine Wirkung gegenüber der Allgemeinheit entfalten. Solche Patentverletzungsklagen müßten schiedsfähig sein.

Anders ist es bei Klagen, die auf Löschung oder sonstige Registeränderung zielen, da sie eine Wirkung gegenüber der Allgemeinheit haben, auch wenn im konkreten Fall Rechte Dritter nicht beeinträchtigt werden. Solche Klagen dürften nicht schiedsfähig sein. Ein Schiedsgericht könnte sich aber bei einer Feststellungsklage über die Nichtigkeit eines Patents wirksam zwischen den Parteien entscheiden. Bei einer darauf folgenden Klage auf amtliche Zurücknahme des Patents nach s. 57 *Patents Act*, 1992 wäre der Inhaber gehindert (*estopped*), den Inhalt des Schiedsspruchs zu widerlegen. Da aber der *High Court* bzw. der *Controller* nach s. 59(2) *Patents Act*, 1992 nach seinem Ermessen entscheiden kann, ob das Patent zurückzunehmen ist, ist ein erfolgreicher Zurücknahmeantrag ohne Widerspruch nicht garantiert. Auch ein Leistungs-Schiedsspruch, bei dem der Patentinhaber nach s. 39(1) *Patents Act*, 1992 seine Verzichtserklärung schriftlich an den *Controller* zu richten hat, wird nur zum tatsächlichen Verzicht führen, wenn der *Controller* überzeugt ist, daß es zulässig wäre, auf das Patent zu verzichten.[500]

(dd) Gemeinschaftsmarken

Auf europäischer Ebene sind, zum Zwecke der Marktharmonisierung, EU-weite Rechte entstanden, z.B. die Gemeinschaftsmarke[501]. Hier wird nur konkret die Schiedsfähigkeit von Streitigkeiten, die die Gemeinschaftsmarke betreffen, behandelt. Ähnliche Überlegungen müßten auch bei den anderen Gemeinschaftsrechten Anwendung finden.[502]

Nach Art. 6 Gemeinschaftsmarkenverordnung[503] wird die Gemeinschaftsmarke durch Eintragung in ein Register erworben, welches vom *Harmonisierungsamt für den Binnenmarkt Marken, Muster und Modelle* ("das Amt") geführt wird.[504] Das Amt ist eine Einrichtung der Gemeinschaft und besitzt Rechtspersönlichkeit (Art. 111 GMarkenV). Es gewährt dem Inhaber ein ausschließliches Recht gegenüber jedermann (*erga omnes*); Art. 9 GMarkenV. Zum Beispiel gestattet dieses Recht dem Inhaber, Dritten zu verbieten, im geschäftlichen Verkehr ein Zeichen zu benutzen, welches eine Verwechslungsgefahr begründet und so eine Markenverletzung darstellt. Die Gemeinschaftsmarke kann veräußert

---

500 S. 39 (4) *Patents Act*, 1992.

501 Im weiteren auch GMarke.

502 Zu dieser Problematik konnte keine Literatur gefunden werden.

503 Im weiteren auch GMarkenV.

504 Art. 83 GMarkenV.

(Art. 17 GMarkenV) und lizenziert (Art. 22 GMarkenV) werden. Sie ist ein Gegenstand des Vermögens.[505] Der Markeninhaber kann schriftlich, ohne Begründung, dem Amt den Verzicht erklären. Dieser wird aber erst wirksam, wenn er eingetragen ist (Art. 49 GMarkenV). Die Gemeinschaftsmarke kann aber auch auf Antrag beim Amt oder im Zuge einer Widerklage im Verletzungsverfahren wegen Verfallsgründen (z.B. mangels Benutzung), absoluten Nichtigkeitsgründen (z.B. Freihaltebedürfnis) oder relativen Nichtigkeitsgründen (Kollision mit einem Prioritätsrecht) als verfallen bzw. für nichtig erklärt werden. Diese Entscheidung wird in das Register eingetragen, nachdem sie unanfechtbar geworden ist (Art. 56 VI GMarkenV).

Da die Gemeinschaftsmarke einheitlich ist, kann sie nur für das ganze Gebiet der Gemeinschaft übertragen oder Gegenstand eines Verzichts werden. Dasselbe gilt für Entscheidungen über den Verfall der Rechte des Inhabers oder die Nichtigkeit (Art. 1 GMarkenV).

Jeder EU-Mitgliedstaat hat für sein Gebiet nationale Gerichte erster und zweiter Instanz als Gemeinschaftsmarkengerichte zu benennen (Art. 91 GMarkenV).[506] In Irland ist die erste Instanz der *High Court* und die zweite Instanz der *Supreme Court*.[507] Diese Gemeinschaftsmarkengerichte sind ausschließlich zuständig für Klagen wegen Verletzung einer Gemeinschaftsmarke und Widerklagen auf Erklärung des Verfalls oder der Nichtigkeit der Gemeinschaftsmarke (Art. 92 GMarkenV). Das Amt notiert die Entscheidung im Register für Gemeinschaftsmarken (Art. 96 VI GMarkenV).

In allen Fragen, die nicht durch die GMarkenV erfaßt werden, wenden die Gemeinschaftsmarkengerichte ihr nationales Recht an (Art. 97 GMarkenV). Die Rolle der Schiedsgerichtsbarkeit bei Verletzungsklagen und Widerklagen auf Erklärung des Verfalls oder der Nichtigkeit einer Gemeinschaftsmarke ist in der GMarkenV nicht ausdrücklich geregelt. Fraglich ist, wie das EinführungsG, und damit das ModellG, vom *High Court* bzw. *Supreme Court* in ihrer Funktion als Gemeinschaftsmarkengerichte anzuwenden sind.

Es stellt sich die Frage, ob der *High Court* - in seiner Funktion als Gemeinschaftsmarkengericht - einen Schiedsspruch, auf Verfall oder Nichtigkeit einer Gemeinschaftsmarke, für vollstreckbar erklären kann. Mit Unanfechtbarkeit würde dann diese Erklärung als Entscheidung gemäß Art. 56 VI GMarkenV im Register beim Amt eingetragen und so Wirkung in der gesamten Gemeinschaft

505 Fetzer Einl. Rn. 117.

506 Für Deutschland sind als erste Instanz einige ausgewählte Landgerichte und als zweite Instanz entsprechende Oberlandesgerichte bestimmt (§ 125e MarkenG).

507 Siehe Clarke & Smyth § 27.20ff.

erlangen. Dies wäre jedoch nur möglich, wenn es nicht gegen die irische öffentliche Ordnung verstoßen würde.

Fraglich bleibt, was die öffentliche Ordnung hier verlangt. Die Normen des EWG-Vertrags sind bei Inkrafttreten des Vertrages bzw. Gemeinschaftsbeitritt in die Rechtsordnungen der Mitgliedstaaten aufgenommen worden und somit von den nationalen Gerichten anzuwenden.[508] Soweit sie die Grundlagen des Gemeinsamen Marktes betreffen und nicht nur aus Zweckmäßigkeitserwägungen getroffen sind, gehören sie daher zu der in Irland geltenden öffentlichen Ordnung.[509] Art. 81 (*ex* Art. 85) EGV ist eine solche Norm.[510] Die Wirksamkeit einer Schiedsvereinbarung vor den irischen Gerichten muß verneint werden, wenn sie im Ergebnis einen Verstoß gegen Normen des EG-Vertrags darstellt, die die Grundlagen des gemeinsamen Marktes betreffen, und so auch einen Verstoß gegen die "irische" öffentliche Ordnung darstellt, sei es i.S.d. Gemeinen Rechts oder sogar weiter gefaßt.

Anhaltspunkte dafür, daß der europäische Gesetzgeber die Abtretung der ausschließlichen Zuständigkeit über Entscheidungen bezüglich der Nichtigkeit von Gemeinschaftsmarken nicht vorsieht, sind der GMarkenV zu entnehmen. Nur auf dem Wege der Widerklage in einem Verfahren, welches mit der Zustimmung des Markeninhabers eingeleitet wurde, können Gemeinschaftsmarkengerichte über die Löschung einer Gemeinschaftsmarke entscheiden (Art. 96 I GMarkenV). So sind die Gemeinschaftsmarkengerichte noch nicht einmal ermächtigt, sich direkt mit Löschungsklagen bzw. Löschungsanträgen Dritter zu befassen. Weiter ist in der GMarkenV vorgesehen, daß ein Gemeinschaftsmarkengericht, welches mit einer auf Löschung gerichteten Widerklage befaßt ist, das Verfahren aussetzen und den Beklagten auffordern kann, die Löschung beim Amt zu beantragen (Art. 96 VII GMarkenV). Eine unterschiedliche Behandlung der Vollstreckung von Schiedssprüchen durch die Gemeinschaftsmarkengerichte der verschiedenen Mitgliedsstaaten könnte zu *forum shopping* führen, was dem angestrebten Harmonisierungsprozeß entgegenlaufen würde.[511] Dies wäre besonders bei Schiedssprüchen zu befürchten, die auf Gemeinschaftsmarken-Registeränderungen gerichtet sind.

Es ist anzunehmen, daß die Schiedsfähigkeit von Klagen auf Löschung wegen mangelnder Rechtsgültigkeit von Gemeinschaftsmarken nicht gegeben ist. Jedoch müßte es - wie beim nationalen irischen Patent - möglich sein, auf dem Wege

---

508 NJW 1964 Seite 2371: EuGH Urteil "ENTEL".

509 Siehe Treitel Seite 434f.; vergl. BGH Urteil NJW 1969 Seite 980.

510 Vergl. BGH Urteil NJW 1969 Seite 980.

511 Zur Frage von grenzüberschreitenden Verletzungsverboten im gewerblichen Rechtsschutz siehe Stauder Seite 317ff.

eines richterlichen Leistungs- bzw. Gestaltungsurteils einen Gemeinschaftsmarken-Inhaber dazu zu verurteilen, auf seine Marke zu verzichten, jedoch nur mit Wirkung *ex nunc*.

(c) Gesellschaftsrechtliche Klagen

(aa) Allgemeines

Eine *company* ist eine Gemeinschaft von Personen, die gebildet wird, um geschäftlich tätig zu sein oder einem anderen Zweck im Namen der Gemeinschaft nachzugehen.[512] Die überwiegende Mehrheit von *companies* in Irland ist *incorporated*, das heißt, sie besitzten eine eigenständige rechtliche Persönlichkeit gegenüber ihren Mitgliedern.[513] *Incorporation* erfolgt fast ausschließlich nach den *Companies Acts*, 1963 bis 2001.[514]

Incorporated Gesellschaften sind rechtsfähig, das heißt, sie können Rechte begründen (z.B. Eigentumsrechte) und Verpflichtungen eingehen (z.B. Schulden machen).[515] Die Mitglieder der Gesellschaft (d.h. die Gesellschafter) haften nicht für ihre Schulden gegenüber den Gläubigern (obwohl sie gegenüber der Gesellschaft haftbar gemacht werden können).[516] Eine *incorporated* Gesellschaft hat ihre eigenen Rechte und Pflichten.[517] Rechtliche Verfahren müssen gegen sie und von ihr in ihrem eigenen Namen geführt werden.[518]

Schiedsvereinbarungen sind in den Satzungen von Gesellschaften, die nach den Bestimmungen des irischen Gesellschaftsgesetzes gegründet worden sind, zu finden.[519] Fraglich ist, mit welchen Angelegenheiten und Ansprüchen ein Schiedsgericht sich im Gesellschaftsrecht befassen kann. In der Literatur finden sich keine Gründe der öffentlichen Ordnung, die gesellschaftsrechtlichen Klagen

512 S. 5(1) *Companies Act*, 1963: "*Any seven or more persons or, where the company to be formed will be a private company, any two or more persons, associated for any lawful purpose may, by subscribing their names to a memorandum of association and otherwise complying with the requirements of this Act relating to registration, form an incorporated company, with or without limited liability.*"

513 *Salomon v. Salomon & Co.* [1897] A.C. 22.

514 Siehe Usscher Seite 7f.; und Kean Seite 6f.

515 Vergl. Kean Seite 125; s. 38 *Companies Act*, 1963.

516 S. 5(1) und s. 207(1) *Companies Act*, 1963.

517 *Roundabout Ltd. v. Beirne* [1959] I.R. 423.

518 *Battle v. Irish Art Promotions Centre Ltd.* [1968] I.R. 252.

519 Siehe Ussher Seite 163 Behandlung von *Hickman's Case* [1915] 1 Ch. 881 und dem sog. *section-25-contract*.

bei Schiedsgerichten entgegenstehen, sofern diese weder die Rechte Dritter beeinträchtigen noch eine Wirkung der Allgemeinheit gegenüber entfalten sollen.[520] Es ist aber nicht auszuschließen, daß in den Gesetzen zur Regelung von Gesellschaften der Gesetzgeber den Willen ausgedrückt hat, es bestünden bei bestimmten Ansprüchen Gründe der öffentlichen Ordnung, die die Schiedsfähigkeit ausschliessen.[521] Jedoch wird diese Meinung nicht näher differenziert oder begründet. Die Rechtsprechung hat sich nicht mit dieser Problematik befaßt.[522] Um die Wirkung einer erfolgreichen Klage zu ermitteln, muß auf das Gesetzeswerk eingegangen werden, das dieses Rechtsgebiet regelt. Hier werden nur solche *incorporated* Gesellschaften behandelt, die den *Companies Acts*, 1963 bis 2001 unterliegen, wodurch den Gesellschaftern das Privileg eingeräumt wird, nur beschränkt für die Schulden der *corporation* zu haften; die sogenannen *limited liability companies*.[523]

(bb) Regelung

Eine *corporation* entsteht nach s. 18(2) *Companies Act*, 1963 mit der Ausfertigung eines Zertifikats der *incorporation* durch den dazu vom Gesetz beauftragten Beamten, dem *Registrar of Companies*.[524] Die Satzung der Gesellschaft ist vom *Registrar* in ein Register aufzunehmen.[525] Mit *incorporation* wird aus den Gesellschaftern eine *corporation*, die alle Funktionen einer *incorporated* Gesellschaft ausüben kann.[526] Die Funktion, die für diese Diskussion besonders hervorzuheben ist, ist ihre die Wirkung gegenüber der Allgemeinheit in dem Sinn, daß sie im Rechtsverkehr eigenständig von ihren Gesellschaftern auftritt.[527] Als rechtliche Persönlichkeit kann dies nur durch Vertreter geschehen, was in s. 38 *Companies Act*, 1963 geregelt wird.

---

520 Mustill & Boyd Seite 149f.

521 In Anlehnung an die Anwendung der *public policy-doctrine* in den USA; siehe Plant Seite 29ff.

522 Mustill & Boyd Seite 149f.

523 Angelegenheiten, die nicht vom Gesetzesrecht geregelt werden, werden vom Gemeinen Recht geregelt; siehe Usscher Kapitel 1.

524 Im weiteren auch *Registrar*; siehe Definitionen in s. 2(1) und ss. 368ff *Companies Act*, 1963.

525 S. 17 *Companies Act*, 1963.

526 Wortlaut s. 18(2) *Companies Act*, 1963.

527 Siehe Urteil des Mr. Justice Murnaghan in *Revenue Commissioners v. Bank of Ireland* [1925] 2 I.R. 90, Seite 108:

Vorbehaltlich der Bestimmungen des Gesetzes bindet die Satzung die *corporation* und ihre Gesellschafter nach Registrierung zum gleichen Maß, als ob sie jeweils einen Vertrag abgeschlossen hätten, die Bestimmungen der Satzung einzuhalten (sog. *section-25-contract*). Da die Gesellschafter, wenn sie als *corporation* gegenüber der Allgemeinheit im Rechtsverkehr auftreten, in ihrer Haftung begrenzt sind,[528] sieht das Gesetz einen besonderen Schutz des Kapitals der *corporation* vor.

(cc) Gesellschafterversammlungen und -beschlüsse

Grundsätzlich üben die Gesellschafter durch die Gesellschafterversammlungen, die die *corporation* von Zeit zu Zeit abhält, Kontrolle über die *corporation* aus.[529]

Grundsätzlich müssen die Entscheidungen einer *corporation* in der Form von Beschlüssen[530] gefällt werden.[531] Diese sind von einer dazu berechtigten Person initiierte, fest formulierte Vorschläge, die bei einer wirksam einberufenen Versammlung in einer Abstimmung getragen werden. Rechtlich können Beschlüsse in zwei Kategorien eingeteilt werden, gewöhnliche und besondere Beschlüsse.[532] Bei einem gewöhnlichen Beschluß reicht die einfache Mehrheit. Besondere Beschlüsse müssen mindestens 21 Tage vorher angesagt werden und bedürfen der Unterstützung von mindestens drei Viertel der abgegebenen Stimmen der Stimmberechtigten.

Das Gesetz stellt für Versammlungen und Beschlüsse Mindestanforderungen. Damit eine Versammlung gültig ist, muß beispielsweise ein Quorum anwesend sein, das von der Satzung bestimmt wird.[533] Zunächst werden vorbehaltlich den Bestimmungen der Satzung Angelegenheiten bei Versammlungen durch Handzeichen entschieden.[534] Jedoch kann nach Gemeinem Recht eine schriftliche Abstimmung gefordert werden. Nach s. 137 *Companies Act*, 1963 ist eine Bestimmung der Satzung, dieses Recht auszuschließen, nichtig.

"*There is at common law no liability upon the members of a body corporate in respect of the debts and liabilities of the body corporate, and such liability in respect of the corporate acts must be created by statute.*"

528 S. 5(1) und s. 207(1) *Companies Act*, 1963.

529 Vergl. Kean Seite 259.

530 Engl. "*resolutions*".

531 Vergl. Kean Seite 264.

532 Engl. "*ordinary and special resolutions*".

533 Hilfsweise nach s. 134 (c) *Companies Act*, 1963 als zwei Gesellschafter festgesetzt; sonst nicht gültig, siehe Kean § 27.16.

534 *Re Horbury etc Co* (1879) 11 Ch. D. 109.

Fraglich ist, welche Schritte eine unzufriedene Partei unternehmen kann, wenn sie der Meinung ist, ein Beschluß sei mangelhaft. Es kann bei jeder Zuständigkeit des ordentlichen Gerichts geprüft werden, ob der damit verbundene Anspruch einem Schiedsgericht unterbreitet werden kann.

(dd) Zuständigkeit nach dem Gemeinen Recht

(aaa) Allgemeines

In der ordentlichen Gerichtsbarkeit können die folgenden Anträge im Rahmen der Zuständigkeit nach den allgemeinen Regeln gestellt werden, deren Erteilung als *equity*-Rechtsschutzmittel im Ermessen des Gerichts steht:

- auf einstweiligen Rechtsschutz, um den *status quo* bis zur Entscheidung der Hauptsache zu wahren,[535]
- auf Feststellung der Unwirksamkeit des Beschlusses, z.B. wegen Mängel hinsichtlich Ansagefristen,[536] Quorum, Versammlungsablauf, Art der Abstimmung, und
- auf Leistungsurteil zur Wiederherstellung der Ausgangssituation (z.B. Berichtigung der von der *corporation* geführten Gesellschafterregister).

Am Prozeß beteiligt wären zumindest der unzufriedene Gesellschafter als Antragsteller und die *corporation* als Antragsgegner. Weitere Gesellschafter und die *officers* der Gesellschaft könnten auch beteiligt sein.[537]

(bbb) Einstweiliger Rechtsschutz

In der Regel würde nach den gewöhnlichen Regeln beim *High Court* eine einstweilige Verfügung beantragt werden. Eine solche würde die *corporation* zu den vom Gericht festgesetzten Bedingungen zeitweilig hindern, den angegriffenen Beschluß als wirksam zu betrachten. Auch wenn die Angelegenheit von einer internationalen Handelsschiedsvereinbarung erfaßt würde, und somit von dem ModellG geregelt, müßte diese Zuständigkeit nach Art. 9 ModellG als vorläufige sichernde Maßnahme unberührt bleiben.

---

535 Siehe Smith & Bailey Seite 633.

536 Engl. "*notice periods*".

537 Nach der Regelung des sog. *section-25-contract*.

(ccc) In der Hauptsache

Anders ist es bei einer darauf folgenden Feststellungs- bzw. Leistungsklage als Hauptsache. Wenn die Angelegenheit, worauf diese Klagen sich beziehen, wirksamer Gegenstand einer Schiedsvereinbarung geworden ist, muß der *High Court* auf Antrag die Parteien nach Art. 8 I ModellG auf das schiedsrichterliche Verfahren verweisen. Sollten nur einige Prozeßbeteiligte von der Schiedsvereinbarung erfaßt sein, muß das Gericht solche Parteien auf das schiedsrichterliche Verfahren verweisen. Danach steht es im Ermessen des Gerichts, ob nach den Erwägungen im *Channel Tunnel*-Fall[538] das Verfahren zwischen den restlichen Prozeßbeteiligten einzustellen ist.

Um wirksam zu sein, dürfte die Ausführung der Schiedsvereinbarung nicht gegen die öffentliche Ordnung verstoßen. Als Auslöser eines Verstoßes gegen die öffentliche Ordnung käme vor allem die Beeinträchtigung der Rechte Dritter oder die Entfaltung einer Wirkung gegenüber der Allgemeinheit in Betracht.[539]

Fraglich ist, welche Dritte in ihren Rechten beeinträchtigt werden könnten. Eine in der Satzung enthaltene Schiedsvereinbarung würde nach s. 25 *Companies Act*, 1963 alle Gesellschafter und die *corporation* binden, aber nach der Rechtsprechung nur *qua* (als) Gesellschafter, und nicht wenn eine Person, die zwar Gesellschafter ist, in einer anderen Rolle mit der *corporation* kontrahiert.[540] Sollten weiters nach der Schiedsvereinbarung interessierte Gesellschafter nicht am schiedsrichterlichen Verfahren teilnehmen dürfen, könnte das als Verstoß gegen die öffentliche Ordnung verurteilt werden und so zur Unwirksamkeit der Schiedsvereinbarung führen.[541]

Problematisch wäre es, wenn zum Beispiel der Beschluß zur Bestätigung eines sonst vermeidbaren Vertrages bestimmt ist. Beispielsweise käme eine Ratifizierung von sogenannten *preincorporation*-Verträgen nach s. 37(1) *Companies Act*, 1963 in Betracht. Wenn der potentielle Vertragspartner nicht Partei der Schiedsvereinbarung ist (was die Regel sein sollte),[542] kann die Gültigkeit des

538 [1993] A.C. 334.

539 Mustill & Boyd 149f.

540 Vom Urteil des Mr. Justice Astbury im Fall *Hickman's Case* [1915] 1 Ch. 881: "*I think this much is clear, first that no article* (Satzung) *can constitute a contract between the company and a third party; secondly, that no right merely purporting to be given by an article to a person whether a member or not, in a capacity other than that of member, as for instance, solicitor, promoter, director, can be enforced against the company ...* ".

541 *In re Haughey* [1971] I.R. 217.

542 Auch wenn der potentielle Vertragspartner Gesellschafter ist, würde er nach der Rechtsspechung zu s. 25 *Companies Act*, 1963 nicht in seiner Rolle als Kontra-

Beschlusses nicht entschieden werden, da sonst seine Rechte beeinträchtigt werden könnten. Die Schiedsfähigkeit der Anfechtungs- bzw. Nichtigkeitsklage des Gesellschafterbeschlusses wäre wegen Beeinträchtigung der Rechte Dritter zu verneinen.

Fraglich ist, ob auch andere Konstellationen denkbar sind, in dem zwar die Rechte Dritter nicht beeinträchtigt werden, das Schiedsgericht jedoch nicht angerufen werden kann, weil der Beschluß eine Wirkung gegenüber der Allgemeinheit entfalten würde. Insbesondere könnte das der Fall sein bei einem Beschluß der Gesellschafterversammlung nach s. 251(1) *Companies Act*, 1963, die *corporation* freiwillig abzuwickeln.[543] Zwar erfolgt die Auflösung der *corporation* erst, nachdem die Vorschriften der ss. 257ff. *Companies Act*, 1963 erfüllt worden sind, insbesondere der Liquidator dem *Registrar* die vom Gesetz bestimmten finanziellen Unterlagen übermittelt hat und diese registriert worden sind.[544] Aber bereits der Abwicklungsbeschluß entfaltet eine Wirkung gegenüber der Allgemeinheit. Nach s. 255 *Companies Act*, 1963 ist jede Anteilsübertragung ohne Genehmigung des Liquidators von dem Zeitpunkt des Abwicklungsbeschlusses nichtig.[545] Entweder ist ein Abwicklungsbeschluß gesetzlich gültig oder nicht. Auch wenn keine Anteilsübertragung im konkreten Fall stattfinden sollte, hätte die bindende Entscheidung, ob der Beschluß gültig ist oder nicht, eine Wirkung gegenüber der Allgemeinheit, die nach der führenden Literatur zur mangelnden Schiedsfähigkeit führen muß.

(ee) Zuständigkeit nach dem Gesetz

Die *Companies Acts* räumen dem *High Court* auch ausdrücklich zusätzliche besondere Zuständigkeiten in Angelegenheiten des Gesellschaftsrechts ein. Beispielsweise sieht das Gesetz folgende Zuständigkeiten des *High Court* vor:

- Auf Antrag der *corporation* kann ein Gesellschafterbeschluß zur Reduzierung des Stammkapitals[546] bestätigt werden.[547]

---

hierender zur Partei der Schiedsvereinbarung gemacht werden; siehe *Hickman's Case ob cit.*

543 Engl. "*voluntary winding up*".

544 S. 263(4) *Companies Act*, 1963.

545 S. 255 *Companies Act*, 1963: "*Any transfer of shares, not being a transfer made to or with the sanction of the liquidator ... made after the commencement of a voluntary winding up shall be void*".

546 Engl. "*reduce share captial*".

547 S. 73(1) *Companies Act*, 1963.

- Auf Antrag kann die Berichtigung des von der *corporation* geführten Gesellschafterregisters angeordnet werden.[548]
- Auf Antrag entweder der *corporation*, eines Gesellschafters, eines Gläubigers bzw. des Liquidators, kann der *High Court* einen Kompromiß mit bindender Wirkung für alle genehmigen.[549]
- Auf Beschwerde eines Gesellschafters, er sei "unterdrückt", kann der *High Court* das anordnen, was er für geeignet hält.[550] Gegebenenfalls wird die Anordnung die gleiche Wirkung wie ein Gesellschafterbeschluß haben.[551]
- Der *High Court* kann eine *corporation* abwickeln.[552] Ein Antrag auf Abwicklung der *corporation* kann von der *corporation*, einem Gläubiger oder einem bei der Abwicklung Beitragspflichtigen gestellt werden.[553]
- Ein Zwangsverwalter von Eigentum der *corporation* kann beim *High Court* einen Antrag auf Anweisungen hinsichtlich des Vermögens und Feststellung von Rechten stellen.[554]

Es könnte argumentiert werden, die Gerichte sollten aus diesen besonderen Zuständigkeiten des *High Court* entnehmen, daß der Gesetzgeber einen Aspekt der öffentlichen Ordnung ausdrücke, die besagt, daß solche Angelegenheiten nur von den ordentlichen Gerichten entschieden werden sollen. Aber ein Rückgriff auf einen möglichen Willen des Gesetzgebers erübrigt sich, da der Zweck dieser Zuständigkeiten ist, bindende Kompromisse zwischen den Interessen der Gesellschafter, der *corporation* und der Gläubiger mit Wirkung für alle zu erreichen. Im konkreten Fall könnte es sogar die Rechte Dritter beeinträchtigen, und wäre schon aus dem Grund keine schiedsfähige Angelegenheit. Aber schon aus dem Grund, daß eine Wirkung gegenüber der Allgemeinheit zu entfalten ist, muß bei diesen Zuständigkeiten des *High Court*, die Schiedsfähigkeit verneint werden.

d) Anwendbares Recht

Weder das ModellG noch das EinführungsG enthalten eine allgemeine Bestimmung, die die Frage des anwendbaren Recht auf die Schiedsvereinbarung ausdrücklich regelt, auch nicht im Rahmen der Art. 8 und Art. 16 ModellG.[555] So

---

548 S. 122(1) *Companies Act*, 1963.
549 S. 201(3) *Companies Act*, 1963.
550 S. 205(3) *Companies Act*, 1963: " ... *make such order as it thinks fit* ... ".
551 S. 205(4) *Companies Act*, 1963.
552 S. 212 *Companies Act*, 1963.
553 S. 215 *Companies Act*, 1963.
554 S. 316(1) *Companies Act*, 1963.
555 Holzman Seite 304; vergl. Sieg Seite 105.

muß auf die Regelung für die nationale Schiedsgerichtsbarkeit zurückgegriffen werden.[556] Obwohl Irland in dieser Hinsicht keine Besonderheiten zu anderen Rechtsordnungen aufweist, werden hier der Vollständigkeit halber die Möglichkeiten kurz zusammengefaßt:[557]

- Das Recht, worauf sich der materiellrechtliche Anspruch oder die Verteidigungsgrundlage bezieht.
  Regelmäßig ergibt sich die mangelnde Schiedsfähigkeit aus dem Gesetz, welches einen Anspruch oder eine Verteidigungsmöglichkeit begründet. Daraus wird oft geschlossen, daß die Regeln zur Schiedsfähigkeit derjenigen Rechtsordnung anzuwenden sind, die diese materiellrechtlichen Rechte schaffen.
- Das materielle Recht, welches die Parteien gewählt haben, um ihr Verhältnis zu regeln.
  Hiergegen bestehen aber Bedenken, da so eine private Parteienvereinbarung das auf die Schiedsfähigkeit anzuwendende Recht bestimmen könnte, um so zwingenden Normen des nationalen Rechts auszuweichen.[558]
- Das Recht des Schiedsortes (*lex arbitri*).
  Dies bestimmt sich letztlich nach dem Recht des Schiedsortes selbst. Dies muß jedoch dann angezweifelt werden, wenn die Parteien, aber auch der Streitgegenstand keinen Bezug zum Schiedsort aufweisen.[559]
- Das Recht, welches die Schiedsvereinbarung regelt.
  Hier wieder ist das Recht regelmäßig von den Parteien frei wählbar, so daß sich wieder Probleme hinsichtlich zwingender Normen des nationalen Rechts ergeben.
- Das Recht des Ortes, an dem der Schiedsspruch vollstreckt werden soll.
  Ein nicht vollstreckbares Schiedsurteil ist von zweifelhaftem Wert. Fraglich ist aber, ob ein Schiedsgericht sich auf diese Erwägung einlassen soll, zumal es den mutmaßlichen Parteivorstellungen gemäß der Schiedsvereinbarung widersprechen würde.

Es gibt keine einheitliche Lösung bei der Frage des anzuwendenden Rechts. Welchen Ansatz die irischen Gerichte im Rahmen der Art. 8 und Art. 16 ModellG anwenden werden, bleibt offen. Anders ist es nach dem Ende des Schiedsverfahrens, bei der Aufhebung und Vollstreckung von Schiedssprüchen nach den Art. 34ff. ModellG, in denen eine ausdrückliche Regelung vorgesehen wird[560].

---

556 UN-Doc.-A/CN.9/246 § 200; siehe Holzman Seiten 37, 38 und 108.

557 Born Seite 151; vergl. auch Hanotiau-Arbitrability Seite 391; Maniruzzaman Seite 65ff., Shackelton Seite 375ff.

558 Mayer Seite 290.

559 Born Seite 152.

560 Art. 34 II (b) und Art. 36 I (b) ModellG.

e) Umfang

aa) Allgemeines

Der Umfang der Zuständigkeit des Schiedsgerichts wird zunächst von der zugrundeliegenden schriftlichen Schiedsvereinbarung bestimmt.

bb) Heilung

Diese Ausgangslage kann aber ausgedehnt werden, ohne daß das schiedsrichterliche Verfahren aus dem Regelungsbereich des ModellG fällt. In der gesetzlichen Regelung zur nationalen Schiedsgerichtsbarkeit besteht keine Möglichkeit, die mangelnde Schriftform mündlich zu "heilen". Bei vom ModellG geregelten Schiedsverfahren ist diese Gefahr, wie bereits dargelegt, entschärft. Eine "Heilung" des Schriftformmangels durch rügelose Teilnahme am anfänglichen Austausch von Klageschriften kann stattfinden.[561] Eine formelle schriftliche Unterbreitung der Streitigkeit vor dem Schiedsgericht[562] ist keine Heilung des Mangels sondern die Erfüllung der Schriftform i.S.d. Art. 7 II Satz 2 ModellG. Die Bestimmungen des Art. 16 II Satz 3 ModellG sind als Heilungsmöglichkeit weitreichender, da sie nicht der Schriftform bedürfen. Auch eine mündliche Behauptung einer Partei, die nicht "unverzüglich" gerügt wird, hat die Ausdehnung der Zuständigkeit zur Folge. Mit Ausdehnung der Zuständigkeit wird eine Erweiterung des Umfangs bewirkt.

cc) *separability*-Doktrin

Der Umfang einer Schiedsvereinbarung wird auch stark von der Frage beeinflußt, welche Auswirkung die Unwirksamkeit des Hauptvertrages bzw. des Hauptteils des Vertrages auf die Schiedsvereinbarung hat.[563] Fraglich ist, ob diese Problematik vom ModellG geregelt wird oder ob auf die Bestimmungen des

---

561 Art. 7 Satz 2 2.HS ModellG und Art. 16 II Satz 1 ModellG

562 Engl. "*submission*".

563 Die Behandlung der Auswirkung von der Nichtigkeit des Haupvertrags auf die Schiedsvereinbarung ist im *common law*-Rechtskreis unbefriedigend; vergl. Rogers-Arbitrability Seite 263ff.; im irischen Gemeinen Recht ist die *separability*-Doktrin höchstrichterlich bestätigt worden mit Urteil des Mr. Justice Kelly in *Doyle v. Irish National Insurance Company plc.* 30. January 1998, zit. in Jan./Feb. Law Society Gazette Seite 36.

Gemeinen Rechts zurückzugreifen ist.[564] Hinsichtlich einer Schiedsvereinbarung, die in einem Hauptvertrag enthalten ist, bestimmt das ModellG wörtlich (Art. 16 I):

"*The tribunal may rule on its own juristiction .... For that purpose an arbitration clause ... shall be treated as an agreement independent of the other terms ....*"

Nöcker vertritt die Auffassung, daß "[n]ach dieser Vorschrift [...] die Schiedsvereinbarung als eine von den übrigen Bestimmungen des Vertrages unabhängige Vereinbarung" zu betrachten ist.[565] Das war zwar eindeutig das Ziel der Verfasser des ModellG,[566] entspricht aber nicht dem Wortlaut des Art. 16 I ModellG. Er spricht nur davon, daß die Schiedsvereinbarung "*for that purpose*" (zu diesem Zweck), nämlich für die Entscheidung des Schiedsgerichts über seine eigene Kompetenz, als ein unabhängiger Vertrag behandelt werden soll. Entscheidet das Schiedsgericht, daß es die in Frage gestellte Kompetenz besitzt, ist diese Entscheidung weder für die Parteien noch für die ordentlichen Gerichte bei Aufhebungs- oder Anerkennungsverfahren bindend. Hiermit soll nur verhindert werden, daß das Schiedsgericht keine Bewegungsfreiheit hat.

Art. 16 I Satz 3 ModellG bestimmt weiter:

"*A decision by the arbitral tribunal that the contract is null and void shall not entail ipso jure the invalidity of the arbitration clause*".

Diese Bestimmung informiert nur über die Wirkung der Entscheidung des Schiedsgerichts, daß die Schiedsvereinbarung nicht durch Entscheidung des Schiedsgerichts unwirksam ist. Zwar schließt der Text des Art. 16 ModellG die Möglichkeit nicht aus, daß die Schiedsvereinbarung in jeder Hinsicht eine von den übrigen Bestimmungen des Vertrages unabhängige Vereinbarung ist. Jedoch geht der Text nur ausdrücklich auf die Unabhängigkeit für einen bestimmten Zweck ein, und zwar um dem Schiedsgericht zu ermöglichen, über seine eigene Zuständigkeit zu entscheiden.

Die irische Gerichte sind für die Auslegung irischer Gesetze ausschließlich zuständig.[567] Fraglich ist, zu welchem Ergebnis die Anwendung der Auslegungsregeln der irischen Gerichte unter Berücksichtigung des s. 5 EinführungsG führt. Als erstes muß das Primat des Textes hervorgehoben werden. Es ist höchstrichterlich festgestellt worden:

---

564 Vergl. Calavros Seite 76.

565 Nöcker Seite 71.

566 Holzmann Seite 468ff.

567 Urteil des Mr. Justice Barr in *Shannon Regional Fisheries Board v. An Bord Pleanála* [1994] 3 I.R. 449, Seite 456: "*Statutory interpretation is solely a matter for the courts in performing that function ...*".

"*[W]here the statute is clear in its terms, the court has no power to extend its provisions to make good what is perceived to be a significant omission.*"[568]

Weiter ist die wörtliche Auslegung zunächst vorzuziehen:

"*[If] there is nothing to modify, alter or qualify the language which the statute contains, it must be construed in the ordinary and natural meaning of the words and sentences*".[569]

Nur wenn die wörtliche Bedeutung zu einem unvernünftigen Ergebnis führt, greifen die Gerichte auf einen teleologischen Ansatz zurück, um den allgemeinen Zweck und das Schema des Gesetzes zu untersuchen. Der englische Richter Lord Reid führte folgendes zum teleologischen Ansatz aus:

"*[It should only be used if] to apply the words literally is to defeat the obvious intention of the legislation and to produce a wholly unreasonable result.*"[570]

Weiters haben sich die Gerichte historisch geweigert, Materien außerhalb des auszulegenden Gesetzes heranzuziehen, mit der folgenden Begründung:

"*[T]he statute should be construed principally by the words of the statute itself which we should only modify or alter so far as it may be necessary to avoid some manifest absurdity or incongruity, [and] it could be departing very far from this canon of interpretation if we were to admit evidence of contemporaneous circumstances ...*"[571].

Diese absolute Position ist zwar im Laufe der Zeit abgeschwächt worden, bleibt jedoch als allgemeine Regel zu der Ausnahme bestehen.[572]

Nach s. 5(1) EinführungsG können die *travaux préparatoires* des ModellG herangezogen werden, um die Bedeutung oder Wirkung einer seiner Bestimmungen festzustellen. Fraglich ist, was die Wirkung dieser Bestimmung bei der Auslegung von Art. 16 ModellG ist. Sie enthält keine Anhaltspunkte, unter welchen Umständen die *travaux préparatoires* herangezogen werden sollen, noch welche Bedeutung ihnen beigemessen werden soll.

Es muß weiterhin bei dem Grundsatz bleiben, daß Normen nach ihrer natürlichen und wörtlichen Bedeutung ausgelegt werden, es sei denn, dies führe zu einer

---

568 Urteil des Mr. Justice Blayney in *Howard v. Commisioners of Public Works* [1994] 1 I.R. 101, Seite 151.

569 Urteil des Mr. Justice O'Flaherty in *Cork County Council v. Whillock* [1993] 1 I.R. 40, Seite 47.

570 Lord Reid in *Luke v. The Inland Revenue Commissioners* [1963] A.C. 557, Seite 577, zitiert von Mr. Justice Murphy im Fall *Rafferty v. Crowley* [1984] ILRM 350 Seite 353.

571 Mr. Justice McLoughlan in *Minister for Industry and Commerce v. Hales* [1967] I.R. 50 Seite 68.

572 *Finucan v. McMahon* [1990] 1 I.L.R.M. 505.

offensichtlichen Absurdität. Der Text des Art. 16 ModellG enthält keine Ambivalenz, noch führt die oben geschilderte eindeutige Bedeutung zu einer Absurdität. Daher bestehen keine Anhaltspunkte im Gesetzestext des Art. 16 ModellG, die eine Berücksichtigung der *travaux préparatoires* veranlassen.

Da die Bestimmungen des EinführungsG in dieser Hinsicht schweigen, ist auf das sonstige nationale Recht zurückzugreifen, und zwar auf das Gemeine Recht. Es ist nicht nötig, in den *General Principles*[573] des Vertragsrechts des Gemeinen Rechts eine Lösung zu suchen, da diese Frage nun unstreitig von irischer höchstrichterlicher Rechtsprechung im Sinne der sogenannten *separability*-Doktrin entschieden worden ist.[574] Die Schiedsvereinbarung ist im Gemeinen Recht als eigenständiger Vertrag zu behandeln.[575]

Jedoch kann weiterhin eine Schiedsvereinbarung aus dem gleichen Grund wie der Hauptvertrag nichtig sein, z.B. wegen gemeinsamen Irrtums der Parteien.[576] Dies ist von Nichtigkeit wegen Nichtigkeit des Hauptvertrags zu unterscheiden. Auch die Verfasser des ModellG beabsichtigten, daß die nationalen Bestimmungen dann anzuwenden sind.[577] Da das EinführungsG auch keine Regelung vorsieht, müßten dann die Bestimmungen des Gemeinen Rechts eingreifen.

f) Verfahrensweise

aa) Allgemeines

Fraglich ist, welche Verfahrensregeln im schiedsrichterlichen Verfahren anzuwenden sind. Aus dem *common law*-Rechtskreis stammende Juristen neigen dazu, Schiedsverfahren in der Weise zu führen, wie sie es bei Verfahren vor ihren eigenen ordentlichen Gerichten gewöhnt sind, d.h. als rein kontradiktorische Verfahren.[578] Für eine nicht aus dem *common law*-Rechtskreis stammende Partei könnten diese Regeln eine unerwünschte Ungewißheit darstellen.[579]

---

573 Vergl. Citty on Contracts: General Principles.

574 *Doyle v. Irish National Insurance Company plc.* 30. January 1998, zit. in Jan./Feb. Law Society Gazette Seite 36.

575 *Doyle*-Fall *ob cit.*

576 Vergl. Holzman Seite 259 zum Irrtum.

577 Holzman Seite 259.

578 Vergl. Cremades Seite 159; und bewußt übertrieben Borris Seite 93: "*The role of the judge in the 'adversarial system' is solely reduced to sitting and ruling on disputed questions as they arise from the presentation of the facts by the parties and to applying sanctions or other measures when they are properly requested by a*

bb) Regelung

Art. 19 I ModellG bestimmt, daß die Parteien[580] vorbehaltlich der Vorschriften des ModellG frei sind, die Verfahrensregeln für das Schiedsverfahren selbst zu bestimmen.[581] Eine Einschränkung ist in Art. 18 ModellG zu finden. Beide Parteien sind gleich zu behandeln und müssen die "volle Möglichkeit" erhalten, ihren Standpunkt darzulegen.[582] Es ist zweifelhaft, ob auf die Gleichbehandlung wirksam verzichtet werden kann, und so müßte die Anwendung von Art. 18 1.HS ModellG unproblematisch sein. Was als "volle Möglichkeit" zu verstehen ist, ist schwieriger auszulegen.[583] Es muß im Zusammenhang mit der Notwendigkeit, das schiedsrichterliche Verfahren zu kontrollieren, gesehen werden.[584]

Abweichend zum Gemeinen Recht ist ausdrücklich bestimmt, daß das Schiedsgericht die Verfahrensregeln festlegt, sofern die Parteien von diesem Recht nicht Gebrauch machen.[585] So wäre beispielsweise das Schiedsgericht befugt die sogenannte *guillotine*-Methode anzuwenden, um mündliche Vorträge straff zu halten.[586] Die im Gemeinen Recht schwierige Behandlung von Beweisfragen ist ausdrücklich in das Ermessen des Schiedsgerichts miteinbezogen.[587]

Im *common law*-Rechtskreis neigt das Schiedsgericht dazu, sich so wenig wie möglich am Verfahren aktiv zu beteiligen und für proaktive Schritte das Einvernehmen aller Parteien zu suchen.[588] Es wird in der angelsächsischen Literatur davor gewarnt, dem Schiedsgericht eine zu sehr "inquisitatorische" Rolle zuzuweisen, da es oft nicht die dafür geforderte Erfahrung und die nötigen Mittel hat.[589] Insbesondere muß sich dann das Schiedsgericht entscheiden, inwieweit es

---

party. ... the 'inquisitorial system' on the other hand is characterised ... by the authority and far-reaching powers of the judge to direct the conduct and course of the proceedings".

579 Vergl. Holzman Seite 564.

580 Gegebenfalls eine dazubeauftragte Schiedsorganisation; siehe Holzman Seite 565.

581 Es ist von der Wahl des auf die Hauptsache anzuwendendes Recht (i.S.d Art. 28 ModellG) unabhängig; siehe Holzman Seite 567.

582 Vergl. Übersetzung Labis/Löcher "Gelegenheit zur umfassenden Darlegung".

583 Vergl. Trappe-Prinzipien Seite 98; und Holzman Seite 550.

584 Williamson Seite 283; eine Partei darf nicht das Verfahren blockieren, siehe Holzman Seite 550.

585 Art. 19 II Seite 1 ModellG.

586 Crowter Seite 90.

587 Art. 19 II Satz 2 ModellG

588 Crowter Seite 88.

589 Jedoch muß festgehalten werden, daß es nicht möglich ist, allgemein von einer *"common law"* oder *"civil law"* Verfahrensweise zu reden; vergl. Allen Seite 15.

sich bei der Beweiserhebung beteiligen soll.[590] Im sogenannten *civil law*-Rechtskreis könnte der Jurist im (Schieds)Richter eher einen selbständigen Forscher der Tatsachen erwarten. Im Gegensatz dazu würde der *common law*-Jurist erwarten, seine Argumente frei entfalten zu können.[591] Die Rolle von *discovery* dient zum Teil dazu, den fehlenden Möglichkeiten der Eigenermittlung entgegenzuwirken.[592] So ist die Hand des Schiedsgerichts in dieser Hinsicht ohne entgegenstehende Parteienvereinbarung gestärkt.[593]

2. Parteien

a) Allgemeines

Die subjektive Schiedsfähigkeit ist eine der vom ModellG ungeregelten Fragen.[594] Auch das EinführungsG schweigt in dieser Hinsicht. Es muß auf das Gemeine Recht, das allgemeine Gesetzesrecht und eventuell auf die Verfassung zurückgegriffen werden.

b) Natürliche und juristische Personen

Es finden unbeschränkt die gleichen Regeln Anwendung wie bei der nationalen Schiedsgerichtsbarkeit.

c) Staaten

Hinsichtlich Staaten allgemein finden auch die gleichen Regeln Anwendung wie zur nationalen Schiedsgerichtsbarkeit.[595] Jedoch fehlt es an einer entsprechenden Bestimmung zu s. 4 Gesetz, 1954, nach dem die staatlichen Behörden die gleiche Behandlung wie andere Parteien unter dem Gesetz erfahren.[596] Somit sind der Staat Irland und seine Organe nicht an Schiedsvereinbarungen mit Nichtbürgern gebunden.

---

590 Cremades Seite 161.
591 Allen Seite 17.
592 Cremades Seite 165; vergl. Mustill & Boyd Seite 324.
593 Siehe Seite 117 dieser Arbeit.
594 UN-Doc.-A/CN.9/216 § 29; siehe Holzman Seiten 259 und 278.
595 UN-Doc.-A/CN.9/216 § 29; siehe Holzman Seiten 259 und 278.
596 Zur ausdrücklichen Regelung in Kanada siehe Paterson Seite 12.

d) Streitigkeiten zwischen mehreren Parteien

Es wurde bereits hervorgehoben, daß, da die Zuständigkeit eines Schiedsgerichts auf der zugrundeliegenden Parteienvereinbarung beruht, die Einbeziehung von Drittparteien in ein bereits anhängiges Verfahren oder die Konstituierung eines Schiedsgerichts, das mehr als zwei Streitparteien hat, besondere Probleme mit sich bringen.[597]

Das ModellG befaßt sich nicht mit dieser Frage, jedoch enthält das EinführungsG eine Bestimmung in dieser Hinsicht. Sie dient jedoch nur dazu, die bestehende nationale Rechtslage zu bestätigen, die sich aus den allgemeinen Prinzipien des Vertragsrechts und der Schiedsgerichtsbarkeit im besonderen ergibt. S. 9 EinführungsG bestätigt, daß, obwohl die Parteien mehrere Schiedsverfahren verschmelzen oder deren Verhandlungen bzw. Beweisaufnahmen gleichzeitig durchführen können, das Schiedsgericht ohne Parteienvereinbarung nicht befugt ist, solche Schritte zu veranlassen.

3. Schiedsorganisationen

a) Allgemeines

Die allgemeinen Aufgaben von Schiedsorganisationen in der nationalen Schiedsgerichtsbarkeit wurden bereits behandelt. Ihre Funktion in der internationalen Schiedsgerichtsbarkeit ist nicht anders. Jedoch wird diese Funktion innerhalb einer anderen rechtlichen Regelung ausgeführt.

b) Haftung

Die Frage der Haftung von Schiedsorganisationen wird vom ModellG nicht behandelt dafür aber vom EinführungsG.[598] Dieses bestimmt, daß solche Institutionen (ob Schiedsorganisationen oder nicht) oder Personen, die bestimmt waren oder von den Parteien gebeten wurden, einen Schiedsrichter zu bestellen oder zu nominieren, nicht für jegliches Tun oder Unterlassen haften, welches in der Ausführung (oder angeblichen Ausführung) solcher Funktionen unternommen

---

597 Für eine weitere Behandlung siehe Hanotiau-Multiparty Seite 369; Haersolte-van Hof Seite 427ff.; Males Seite 245.

598 S. 12(3) EinführungsG.

wurde, es sei denn, es kann gezeigt werden, daß dieses Tun oder Unterlassen nicht im guten Glauben geschah.[599]

Weiter wird bestimmt, daß solche bestellenden oder nominierenden Drittparteien auch nicht für das Tun oder Unterlassen der Schiedsrichter (oder ihrer Angestellten oder Vertreter) in der Ausführung, oder angeblichen Ausführung ihrer Funktionen als Schiedsrichter haften, wenn sie im guten Glauben handeln. Die Angestellten und Vertreter solcher Institutionen oder andere Personen genießen die gleiche Haftungsbefreiung.[600]

4. Das Schiedsgericht

a) Allgemeines

Nicht anders als bei der nationalen Schiedsgerichtsbarkeit bildet das Vertragsrecht zunächst die Quelle für die Zusammensetzung eines Schiedsgerichts im Regelungsbereich des ModellG. Es wird sich zeigen, daß das ModellG versucht, mit seinen Bestimmungen nur in solchen Umständen einzugreifen, wo eine Parteienvereinbarung in der Hinsicht fehlt. Art. 11 ModellG behandelt die Bestellung des Schiedsgerichts. Bei Aspekten der Bestellung, die nicht vom ModellG geregelt werden, muß auf das Gemeine Recht zurückgegriffen werden. Obwohl Aspekte der außerordentlichen Beendigung der Zuständigkeit eines Schiedsgerichts bzw. Schiedsrichters in den Art. 12ff. ModellG behandelt werden, bleiben Aspekte vom ModellG ungeregelt. In solchen Fällen bedarf es auch eines Rückgriffs auf das Gemeine Recht.

b) Schiedsgerichtsarten

Es erübrigt sich, auf die verschiedenen Schiedsgerichtsarten einzugehen. Es sollte jedoch darauf hingewiesen werden, daß das ModellG im Gegensatz zu den Statuten zur nationalen Schiedsgerichtsbarkeit die Ablösung des von den Parteien ernannten Schiedsrichters im zweifach besetzten Schiedsgericht bei mangelnder Einigkeit und deren Ablösen durch einen Obmann nicht vorsieht. Es stände aber den Parteien nichts im Wege, eine solche Konstellation wirksam zu vereinbaren.

---

599 Siehe Russel 21. Auflage § 3-034; vergl. DAC-1996 § 134; und *Melton Medes Ltd. v. Securities and Investment Board* [1995] 3 All E.R. 880.

600 S. 12(5) EinführungsG.

c) Bildung

aa) Allgemeines

Die Bildung des Schiedsgerichts wird von Art. 10ff. ModellG geregelt. Im Einklang mit den Regeln des Gemeinen Rechts sind die Parteien allgemein frei,

- die Anzahl der Schiedsrichter[601] zu bestimmen sowie
- die Bestellungsmethode zu vereinbaren.[602]

bb) Anzahl

Nach Art. 10 I ModellG sind die Parteien im Sinne der absoluten Parteienautonomie[603] frei, die Anzahl der Schiedsrichter zu bestimmen. Die englischsprachige Fassung spricht von "*determine*" bzw. "*determination*".[604] Jedoch zeigt sich aufgrund der UNCITRAL-Dokumente, daß die Verfasser "*determine*" und "*agree*" ohne Unterscheidung verwendet haben.[605] Ohne entsprechende Bestimmung der Parteien wird die Anzahl der Schiedsrichter vom ModellG auf drei festgelegt.[606] Im Gegensatz zu einigen anderen Staaten des *common law*-Rechtskreises enthält das irische Einführungsgesetz keine Abänderungen in dieser Hinsicht.[607]

Ob eine bestimmte Anzahl von Schiedsrichtern durch die Parteien bestimmt worden ist, muß im konkreten Fall unter Anwendung der nationalen Regeln der Auslegung entschieden werden.

---

601 Art. 10 I ModellG, vergl. Holzmann Seite 348.

602 Art. 11 II ModellG; siehe Holzman Seiten 358-366 zur Verwendung von "*determine*" und "*agree*".

603 Holzman Seite 348.

604 Siehe Wortlaut des Art. 10 ModellG.

605 Siehe Holzman Seite 358-366.

606 Art. 10 II ModellG;
Als Vergleich sehen die Statuten zur nationalen Schiedsgerichtsbarkeit einen Schiedsrichter bei völlig fehlender Bestimmung und zwei bei einem nicht festgesetzten Plural vor.

607 Siehe Sanders Seite 12ff. zur Lage in anderen Ländern des *common law*-Rechtskreises.

cc) Bestellung

Art. 11 ModellG behandelt die Bestellung der Schiedsrichter. Es werden drei Methoden vorgesehen:

- Erstens ist als "grundlegendes Prinzip"[608] das von den Parteien vereinbarte Verfahren anzuwenden.
- Zweitens ist hilfsweise, wenn eine entsprechende Vereinbarung fehlt, die gesetzliche Methode des Art. 11 III ModellG anzuwenden. Sie behandelt aber nur schiedsrichterliche Verfahren mit drei Schiedsrichtern oder einem Einzelschiedsrichter.[609] Bei schiedsrichterlichem Verfahren mit drei Schiedsrichtern bestellt jede Partei einen Schiedsrichter, und diese ernennen dann den dritten. Sollte eine Partei nach entsprechender Aufforderung nicht innerhalb von dreißig Tagen einen Schiedsrichter bestellt haben, oder die zwei Schiedsrichter sich innerhalb von dreißig Tagen nach ihrer Bestellung nicht über den dritten Schiedsrichter einigen können, so wird auf Antrag einer Partei die Bestellung vom *High Court* durchgeführt.[610] Können sich die Parteien nicht auf die Person des Einzelschiedsrichter einigen, wird er auf Antrag einer Partei vom *High Court* bestellt.[611] Eine zeitliche Bestimmung für diesen Antrag besteht nicht.
- Drittens sieht das ModellG i.V.m. dem EinführungsG die Ernennung durch den *High Court* auf Antrag vor, wenn eine erfolgreiche Bestellung nach der Parteienvereinbarung nicht gelingt. Sollte eine Partei nicht entsprechend einer zwischen den Parteien vereinbarten Bestellungsmethode handeln oder die Parteien bzw. schon bestellte Schiedsrichter keine Einigung entsprechend dieser Vereinbarung treffen, steht es jeder Partei offen, sich an den *High Court* zu wenden.[612] Das gleiche gilt, wenn eine von den Parteien damit beauftragte Drittpartei nicht handelt.[613]

Es bleibt somit eine Regelungslücke. Fälle, in denen die Parteien zwar eine andere Anzahl von Schiedsrichtern als einen oder drei bestimmt haben, jedoch kein Verfahren zur Bestellung vereinbart haben, wurden von den Verfassern des ModellG bewußt ungeregelt gelassen.[614] Auch das EinführungsG befaßt sich nicht mit solchen Konstellationen. So muß auf das sonst geltende nationale Recht zurückgegriffen werden. Die Mitwirkungsrechte der ordentlichen Gerichte an der Bestellung nach den *Arbitration Acts*, 1954 bis 1980 sind nach s. 16

608 Engl. "*basic principle*", siehe Holzman Seite 359.
609 Siehe Wortlaut.
610 Art. 11 II (a) und Art. 6 ModellG i.V.m s. 6 EinführungsG.
611 Art. 11 III (b) und Art. 6 ModellG i.V.m s. 6 EinführungsG.
612 Art. 11 IV und Art. 6 ModellG i.V.m s. 6 EinführungsG.
613 Art. 11 IV (c) ModellG.
614 Holzman Seite 361.

EinführungsG nicht anwendbar. Im Gemeinen Recht haben die ordentlichen Gerichte keine Befugnis, bei der Ernennung des Schiedsgerichts mitzuwirken.[615] Wenn die Parteien weiterhin keine Einigung erzielen können, müßte dann die Schiedsvereinbarung als undurchführbar i.S.d. Art. 8 I a.E. ModellG zu beurteilen sein, mit dem Ergebnis, daß die Ansprüche bei der ordentlichen Gerichtsbarkeit verfolgt werden können.

Der ernannte Schiedsrichter muß solche Umstände, welche dazu geeignet sind, berechtigte Zweifel an der Unparteilichkeit oder Unabhängigkeit aufkommen zu lassen, offenlegen.[616]

Ab wann die Bestellung wirksam ist, wird vom ModellG nicht geregelt.[617] Es muß auf das Gemeine Recht zurückgegriffen werden. Die Regeln sind dem Fall *Tradox Exports* zu entnehmen:[618]

- Benachrichtigung der anderen Parteien
- Benachrichtigung des zu Bestellenden
- Zustimmung des zu Bestellenden.

d) Vergütung

Das ModellG enthält hinsichtlich der Vergütung der Schiedsrichter keine Regelung.[619] Die Frage wird aber vom EinführungsG behandelt.[620] Es regelt allerdings nur die Frage, wie die Kosten zu tragen sind.[621] Die Entstehung oder Grundlage dieser Kosten, das heißt der Anspruch des Schiedsrichters auf Vergütung, wird nicht behandelt. So muß auf das Gemeine Recht zurückgegriffen werden. Diese Regelung des Gemeinen Rechts wurde bereits behandelt.[622] Eine ausdrückliche Entgelt- und Unkostenvereinbarung zwischen den Schiedsrichtern und den Parteien ist ratsam. Dann richtet sich die Vergütung nach diesen Verträgen. Nach dem Gemeinen Recht wird der Anspruch des Schiedsrichters auf Entlohnung von einem konkludenten Versprechen bei der Bestellung

615 *Bemer Vulkan*-Fall [1982] A.C. 909.

616 Art. 12 I S. 1 ModellG.

617 Vergl. Holzman Seite 358ff.

618 *Tradax Export SA v. Volkswagenwerke AG* [1970] 1 Lloyd's Rep. 62, 64.

619 Holzman Seite 465: "*Model law did not touch on the contractual relationship between the parties and an arbitrator*".

620 S. 11 EinführungsG.

621 Siehe Wortlaut des s. 11 (1) und (2) EinführungsG: "*... how the costs ... are to be allocated and on the costs that are recoverable*".

622 Für eine allgemeine Diskussion siehe Lionnet Seite 161ff.

hergeleitet.[623] Der Anspruch ist erst durchsetzbar, wenn der Schiedsspruch gefällt wird.[624]

e) Befugnisse und Pflichten

(aa) Allgemeines

Hier werden die Befugnisse und Pflichten des Schiedsgerichts behandelt. Das Schiedsgericht wird oft in der Erfüllung einer Pflicht eine Befugnis ausüben.[625]

Quelle der Befugnisse und Pflichten des Schiedsgerichts, ist die Parteienvereinbarung. Auch das ModellG und das EinführungsG gehen davon aus. Nach beiden Gesetzen ist die Parteienvereinbarung für das Ausmaß der Rechte und Pflichten maßgebend, woraus allgemein folgt, daß die Parteien diese festlegen können.[626] Bei fehlender Vereinbarung werden hilfsweise dem Schiedsgericht ausdrückliche Befugnisse und Pflichten eingeräumt bzw. auferlegt, deren Konkretisierung teilweise im Ermessen des Schiedsgerichts steht.[627] Ob aufgrund Parteienvereinbarung oder hilfsweise nach dem Gesetz, die Parteien müssen nach Art. 18 ModellG gleich behandelt werden und ihnen eine Gelegenheit zur umfassenden Darlegung ihres Standpunkts gewährt werden.

(bb) Befugnisse

(1) Allgemeines

Die vom Gesetz vorgesehenen schiedsrichterlichen Befugnisse, vorbehaltlich den Bestimmungen der Vereinbarung zwischen den Parteien, betreffen insbesondere:

- Zuständigkeitsentscheidungen[628]
- Bestimmung von Verfahrens-[629] und Beweisfragen[630]

---

623 *Brown v. Llandovery Terra Cotta and Company Ltd.* (1909) 25 T.L.R. 625; und *John Anthony Tackaberry v. Phaidon Navegacion SA* [1992] A.D.R.L.J. 112.

624 *Brown v. Llandovery Terra Cotta and Company Ltd.* (1909) 25 T.L.R. 625.

625 Beispielsweise ist es sowohl eine Befugnis als auch eine Pflicht des Schiedsgerichts den Schiedsspruch zu fällen.

626 In der Praxis wird oft die Einbezeihung der Regeln einer Schiedsorganisation ausschlaggebend sein.

627 Vergl. Art. 17, 19 II, 28 II ModellG.

628 Art. 16 I Satz 1 ModellG.

(2) Zuständigkeitsentscheidung

Es muß zwischen den Befugnissen und der Zuständigkeit eines Schiedsgerichts unterschieden werden. Sollte das Schiedsgericht keine Zuständigkeit besitzen, kann es die Streitigkeit gar nicht entscheiden. Sollte es Zuständigkeit besitzen, hat es die nötige Kompetenz, das schiedsrichterliche Verfahren durchzuführen. Jedoch muß es sich über das Ausmaß seiner Befugnisse versichern, wenn es sich entscheidet, wie es das Verfahren durchführen wird.

Das Schiedsgericht ist ausdrücklich befugt, eine Entscheidung zu seiner materiellrechtlichen Zuständigkeit zu treffen, insbesondere hinsichtlich der folgenden Fragen:

- Besteht eine gültige Schiedsvereinbarung?[631]
- Ist eine Angelegenheit von der Schiedsvereinbarung umfaßt?[632]
- Ist das Schiedsgericht richtig zusammengesetzt?[633]

Diese Autorität kann dem Schiedsgericht nicht entzogen werden.[634] Es ist die Kompetenz, nicht bindend über seine eigene Kompetenz zu entscheiden. Sie ist nicht bindend, da bei einer unrichtigen Bejahung seiner Zuständigkeit diese Entscheidung jene Partei nicht bindet, die diese Kompetenz rechtzeitig bestritten hat.[635] Dies ist im *common law*-Rechtskreis keine umstrittene Frage. Im *common law* sind Schiedsrichter berechtigt und sogar verpflichtet zu prüfen, ob sie entsprechende Zuständigkeit haben. Die schiedsrichterliche Entscheidung hat keinen Einfluß auf die Rechte der Parteien. Die ordentlichen Gerichte haben das letzte Wort.[636] Dies wird vom ModellG nicht geändert. Die Befugnis des Schiedsgerichts, über seine eigene Zuständigkeit zu entscheiden ist in Art. 16 ModellG bestätigt und erstreckt sich auch auf Einwände hinsichtlich des Vorhandenseins oder der Gültigkeit der zugrundeliegenden Schiedsvereinbarung.[637]

---

629 Art. 19 II Satz 1 ModellG.
630 Art. 19 II Satz 2 ModellG.
631 Art. 16 I Satz 1 ModellG.
632 Art. 16 II Satz 3 ModellG.
633 Art. 13 II Satz 2 ModellG.
634 Vergl. Holzman Seite 480.
635 Art. 4 ModellG, Art. 16 II Satz 3 ModellG; vergl. Davidson Seite 114.
636 Vergl. Steyn Seite 5.
637 Art. 16 Satz 1 2.HS ModellG;
Die (reformierte) englische Bestimmung enthält keine Bestimmung, die Art. 16 II ModelG entspricht (Rügemöglichkeit im Schiedsverfahren nur bis Klageerwiderung) und Art. 16 III ModelG (Gerichtsantrag nur innerhalb von dreißig Tagen nach einer entsprechenden schiedsrichterlichen Entscheidung). Als

Sollten die Parteien kein Verfahren vereinbart haben, um Schiedsrichter abzulehnen, ist das Schiedsgericht auch befugt, über einen Ablehnungsantrag zu entscheiden.[638]

(3) Verfahrensweise und Beweisfragen

Das Schiedsgericht ist ausdrücklich befugt, sämtliche Verfahrensangelegenheiten und Beweisfragen zu bestimmen, es sei denn, die Parteien haben nichts anderes vereinbart.[639] Das Schiedsgericht ist weiter ausdrücklich befugt, solche Entscheidungen an den vorsitzenden Schiedsrichter zu delegieren.[640] Die Delegationsentscheidung muß aber entweder einstimmig, oder mit der Zustimmung der Parteien erfolgen.[641] Es ist eine sehr allgemein gefaßte Bestimmung, so daß auch Angelegenheiten, die nicht ausdrücklich vom Gesetz behandelt werden, miteinbezogen werden können.

(4) Weitere Befugnisse

Vom Gesetz ausdrücklich dem Schiedsgericht weiter eingeräumte Befugnisse betreffen die folgenden Angelegenheiten:

- den Ort des schiedsrichterlichen Verfahrens zu bestimmen, unter Berücksichtigung dessen Eignung für die Parteien[642]
- die im schiedsrichterlichen Verfahren zu verwendende Sprache zu bestimmen und Übersetzungen zu verlangen[643]
- Fristen zu setzen, in denen der Kläger die seinen Anspruch begründenden Tatsachen, die streitigen Punkte und das begehrte Rechtschutzziel darzulegen hat und der Beklagte in seiner Verteidigung dazu Stellung zu nehmen hat[644]
- von ihm im schiedsrichterlichen Verfahren zu verwendende Beweisregeln zu bestimmen und insbesondere über die Zulässigkeit, Erheblichkeit, Bedeutung und Gewicht von Beweisen zu entscheiden[645]

Motivation dieser Abweichung durch den englischen Gesetzgeber wird die Effizienz des Londener *Commercial Court* herangetragen, so Steyn Seite 5.

638 Art. 13 II Satz 2 ModellG.

639 Art. 19 II ModellG.

640 Art. 29 Satz 2 1. HS ModellG.

641 Art. 29 Satz 2 1. HS ModellG.

642 Art. 20 ModellG, vergl. DAC-Feb. 1996 § 169.

643 Art. 22 ModellG.

644 Art. 23 ModellG.

645 Art. 19 II Satz 2 ModellG.

- ob das Verfahren nur auf der Grundlage von Schriftstücken und anderen Unterlagen durchzuführen ist oder auch eine mündliche Verhandlung abzuhalten ist[646]
- Sachverständige zu bestellen, um Gutachten zu erstellen[647] und diese an einer mündlichen Verhandlung teilnehmen zu lassen[648]
- die Parteien aufzufordern, Sachverständigen Auskunft zu erteilen und Zugang zu Dokumenten und Gegenstände zu verschaffen[649]
- auf Antrag einer Partei, einer Partei anzuordnen, alle vorläufigen sichernden Maßnahmen zu ergreifen, die das Schiedsgericht in bezug auf den Gegenstand des Streits für notwendig erachtet,[650] und im Zusammenhang mit einer solchen Maßnahme angemessene Sicherheit zu verlangen[651]
- nach s. 8 EinführungsG anzuordnen, daß eine Partei oder ein Zeuge unter Eid aussagen soll,[652] und solche Vereidigung selbst vorzunehmen[653]
- die Zulässigkeit einer Änderung der Klage oder Verteidigung zu entscheiden[654]
- bei Säumnis des Klägers seine Klage einzureichen, das Verfahren zu beenden,[655] bei Säumnis des Beklagten, seine Klagebeantwortung einzureichen, das Verfahren fortzusetzen[656] und bei Säumnis einer Partei bei einer mündlichen Verhandlung zu erscheinen oder ein Schriftstück zum Beweis vorzulegen, das Verfahren fortzusetzen und den Schiedsspruch auf der Grundlage der vorliegenden Beweise zu fällen[657]

---

646 Art. 24 I Satz 1 ModellG;
Nach Art. 24 I Satz 2 ModellG kann aber eine Partei auf eine mündliche Verhandlung zu einem geeigneten Abschnitt des Verfahrens bestehen, es sei denn eine Parteienvereinbarung schließt dieses Recht aus; vergl. hierzu Bridges-Adams Seite 72f.

647 Art. 26 I (a) ModellG; vergl. Burr/Pickavance/Prichard Seite 194ff.; und Street Seite 215f.

648 Art. 26 II ModellG.

649 Art. 26 I (b) ModellG.

650 Art. 17 Satz 1 ModellG.

651 Art. 17 ModellG;
Eine Art. 17-Anordnung ist nach s. 14(3) EinführungsG in gleicher Weise als ein Schiedsspruch im irischen Staat anzuerkennen und zu vollstecken; vergl. Levitt/Harvard Seite 180 zur Lage in England.

652 S. 8(a) EinführungsG.

653 S. 8(b) EinführungsG.

654 Art. 23 II 2.HS ModellG.

655 Art. 25 (a) ModellG.

656 Art. 25 (b) ModellG.

657 Art. 25 (c) ModellG.

- im Schiedsspruch Zinsen nach seinen Ermessen zu erteilen, hinsichtlich schon bei Verfahrensbeginn fälligen Summen, bis zur Begleichung, sei es bevor oder nachdem der Schiedsspruch gefällt wurde[658]
- wenn sich die Parteien während des schiedsrichterlichen Verfahrens vergleichen mit Beendigung des Verfahrens nach seinem Ermessen den Vergleich in der Form eines Schiedsspruchs mit vereinbartem Wortlaut festzuhalten[659]
- den Schiedsspruch mit Gründen zu versehen[660]
- Nach Fällung des Schiedsspruchs[661] jeder Partei eine Ausfertigung des Schiedsspruchs zu übersenden (sowohl Befugnis als auch Pflicht)[662]
- den Schiedsspruch zu berichtigen, auszulegen oder zu ergänzen[663]
- erstattbare Kosten des Verfahrens und deren Verteilung zu bestimmen.[664]

(cc) Pflichten

Das Schiedsgericht muß die Parteien gleich behandeln und allen Parteien eine Gelegenheit zur umfassenden Darlegung ihres Standpunkts geben.[665] Diese allgemeine Pflicht muß das Schiedsgericht in der Durchführung des schiedsrichterlichen Verfahrens beachten, in seinen Entscheidungen zu Verfahrens- und Beweisangelegenheiten und in der Ausübung anderer Befugnisse.

Die Schiedsrichter sind verpflichtet, unparteiisch und unabhängig zu sein und auch nach ihrer Bestellung alle Umstände offenzulegen, die berechtigte Zweifel an ihrer Unparteilichkeit wecken könnten.[666] Weiters müssen sie die von den Parteien vereinbarten Voraussetzungen erfüllen.[667]

658 S. 10 EinführungsG; vergl. DAC-1996 § 235ff. warscheinlich nur zur Entschädigung und nicht strafender Weise anzuwenden.
659 Art. 30 ModellG.
660 Es ist auch eine Pflicht; Art. 31 II ModellG.
661 Das Schiedsgericht ist zu diesem Zeitpunkt *functus officio*; vergl. Art. 32 III.
662 Art. 31 IV ModellG.
663 Art. 33 ModellG.
664 S. 11 EinführungsG;
vergl. DAC-1996 § 271.
665 Art. 18 ModellG.
666 Art. 12 II ModellG.
667 Art. 12 II ModellG.

Nach dem Gemeinen Recht muß das Schiedsgericht sich "richterlich verhalten".[668] Richter sollen nicht ihre besondere Erfahrung auf die ihnen unterbreiteten Streitigkeiten anwenden.[669] Die Aufgabe des Richters ist es, das Recht anzuwenden und zu pflegen. Das Schiedsgericht hat die gleiche Aufgabe, vorbehaltlich einer eventuellen Parteienvereinbarung, daß andere Erwägungen angewandt werden sollen.[670]

Diese Vorschrift des Gemeinen Rechts ist aber im Anwendungsbereich des ModellG nur eingeschränkt zu beachten. Nach Art. 19 II ModellG ist das Schiedsgericht ausdrücklich ermächtigt, das Verfahren in der ihm geeignet erscheinenden Weise durchzuführen. Das muß ihm auch erlauben, auf seine eigene Initiative hin tätig zu werden. Die *travaux préparatoires* zeigen, daß die Verfasser beabsichtigten, das schiedsrichterliche Verfahren könne mehr "*inquisitorial*" als "*adversarial*" sein.[671] Weiter sollte nicht unbedingt "das Landesrecht" angewandt werden.[672]

Wichtig bleibt aber, daß beiden Parteien Gelegenheit gegeben wird zur umfassenden Darlegung ihres Standpunkts hinsichtlich der Ergebnisse dieser Tätigkeiten.[673]

f) Haftung

Das ModellG behandelt schiedsrichterliche Haftung nicht. Es muß jedoch nicht auf die unklare Regelung im Gemeinen Recht zurückgegriffen werden. Eine Haftungsbefreiung wird in der gleichen Norm des EinführungsG vorgesehen, in der Schiedsorganisationen behandelt werden.[674] Die Haftungsbefreiung wird in gleicher Weise qualifiziert. Ein Schiedsrichter haftet nicht für sein Tun oder Unterlassen in der Ausführung seiner Aufgaben als Schiedsrichter, es sei denn, es geschah nicht im guten Glauben.

---

668 *Re Hopper* (1867) LR 2 Q.B. 367, *Philip Fisher v. P G Wellfair Ltd. (in liquidation)* [1981] 2 Lloyd's Rep. 514.

669 *R v. Simbolyal* The Times, October 10, 1991.

670 Vergl. Art. 28 III ModellG.

671 UN-Doc.-A/CN.9/264 § 6; siehe Holzmann Seite 584.

672 UN-Doc.-A/CN.9/264 § 6, siehe Holzmann Seite 584; vergl. DAC-1996 § 170ff.

673 Art. 18 ModellG.

674 S. 12 EinführungsG.

g) Ende der Autorität

aa) Allgemeines

Es stellt sich die Frage, wie lange die Autorität des Schiedsgerichts bzw. einzelner Schiedsrichter nach (gelungener) Bestellung anhält.

Im Regelungswerk des ModellG können zwei verschiedene Kategorien für das Ende der Autorität eines Schiedsrichters identifiziert werden, die ordentliche und die außerordentliche. Diese Unterteilung in ordentliche und außerordentliche Beendigung der Autorität des Schiedsgerichts bzw. eines Schiedsrichters wird nicht ausdrücklich vom ModellG vorgesehen. Jedoch scheint diese Unterteilung aus zwei Gründen gerechtfertigt zu sein.
Erstens aus folgenden Gründen:

- Bei der ordentlichen Beendigung hat die Schiedsvereinbarung ihren Zweck erfüllt. Die ihr unterbreite Streitigkeit[675] ist entschieden worden.
- Bei der außerordentlichen Beendigung besteht die unterbreitete Streitigkeit weiter.

Zweitens, wegen der Auswirkung:

- Bei der ordentlichen Beendigung wird das schiedsrichterliche Verfahren beendet. Das Mandat aller Schiedsrichter endet.
- Bei der außerordentlichen Beendigung bleibt der Status des schiedsrichterlichen Verfahren unberührt. Nur das Mandat des betroffenen Schiedsrichters wird beendet.

Bei der ordentlichen Beendigung handelt es sich um planmäßiges Verhalten. Der Verlauf des schiedsrichterlichen Verfahrens ist nicht gestört, es kommt zu einem befriedigenden Schluß. Jedoch nur die außerordentliche Beendigung wird ausdrücklich behandelt. Hierbei trifft die Beendigung jeden Schiedsrichter einzeln. Das schiedsrichterliche Verfahren wird nicht unbedingt *ipso jure* beendet. Bei der ordentlichen Beendigung ist das Ende des Amts des einzelnen Schiedsrichters lediglich ein Beiprodukt des Endes des schiedsrichterlichen Verfahrens.

Nur die folgenden Bestimmungen des ModellG behandeln ausdrücklich die Frage der Beendigung der Autorität des einzelnen Schiedsrichters:

- Art. 12 (Ablehnungsgründe)
- Art. 13 (Ablehnungsverfahren)
- Art. 14 (Untätigkeit oder Unmöglichkeit der Aufgabenerfüllung)
- Art. 15 (Bestellung eines Ersatzschiedsrichters)

---

675 Siehe Wortlaut des Art. 7 I ModellG.

Die folgenden zwei Artikel des ModellG behandeln die (ordentliche) Beendigung des schiedsrichterlichen Verfahrens, wobei das Amt der einzelnen Schiedsrichter nicht ausdrücklich behandelt wird:

- Art. 30 (Vergleich)
- Art. 32 (Beendigung des schiedsrichterlichen Verfahrens).

Um den Regelungsbereich des ModellG zu identifizieren, um dann auf die irischen Besonderheiten einzugehen, muß auf das Regelungswerk der Art. 12, 13, 14, 30 und 32 ModellG eingegangen werden.

bb) Außerordentliche Beendigung

(1) Ablehnung Art. 13 i.V.m. Art. 12

Die Gründe, einen Schiedsrichter abzulehnen, sind in Art. 12 II ModellG abschließend festgelegt. Hiernach sind Schiedsrichter abzulehnen, wenn

- Umstände[676] vorliegen, die geeignet sind, berechtigte Zweifel hinsichtlich seiner Unparteilichkeit oder Unabhängigkeit zu verursachen,[677] oder
- er die zwischen den Parteien vereinbarten Voraussetzungen nicht besitzt.[678]

Jedoch kann eine Partei für die Ablehnung eines Schiedsgerichts, bei deren Bestellung sie mitgewirkt hat, nur solche Gründe vorbringen, die ihr nach der Bestellung zur Kenntnis gekommen sind.[679]

Art. 13 ModellG regelt die Verfahrensfragen für die Ablehnung. Er erlaubt den Parteien selbst, eine Verfahrensweise für die Ablehnung eines Schiedsgerichts zu vereinbaren (Art. 13 I Satz 1 ModellG). Bei Fehlen eines vereinbarten Verfahrens gilt hilfsweise das folgende. Die Ablehnung ersuchende Partei muß innerhalb von fünfzehn Tagen[680]

- nach Kenntnisnahme der Zusammensetzung des Schiedsgerichts, oder
- Kenntnisnahme einer der in Art. 12 II ModellG genannten Umstände,

dem Schiedsgericht eine schriftliche Begründung zuschicken. Es ist ausdrücklich bestimmt, daß, sollte weder der betroffene Schiedsrichter von seinem Amt zurücktreten, noch die andere Partei der Ablehnung zustimmen, das Schiedsgericht über die Ablehnung zu entscheiden hat.[681]

---

676 Schließt Verhalten während des Verfahrens ein; siehe Holzman Seite 389.
677 Art. 12 II Satz 1 1.Alt. ModellG.
678 Art. 12 II Satz 1 2.Alt. ModellG.
679 Art. 12 II Satz 2 ModellG.
680 Siehe Holzman Seiten 168 und 1222 zur Berechnung von Fristen.
681 Art. 13 II Satz 3 ModellG.

Gleich, ob infolge eines zwischen den Parteien vereinbarten Verfahrens oder der gesetzlichen Alternative des Art. 13 II ModellG, die ersuchende Partei kann innerhalb von dreißig Tagen nach Kenntnisnahme einer Verweigerung ihres Ablehnungsersuchens einen Antrag an den *High Court* stellen, um über die Ablehnung zu entscheiden.[682]

(2) Folgen

Die Folge einer erfolgreichen Ablehnung wird vom ModellG nicht ausdrücklich behandelt.[683] Die Formulierung des Art. 13 ModellG beschäftigt sich nicht ausdrücklich mit der "Wirkung"[684] einer erfolgreichen Ablehnung. So "kann" nach s. 5(2) EinführungsG auf die *travaux préparatoires* des ModellG zurückgegriffen werden. Die Dokumente zu Art. 12 und 13 ModellG geben in dieser Hinsicht nichts her.[685] Jedoch spricht Art. 15 ModellG von dem Ende des Mandats eines Schiedsrichters nach Art. 13 ModellG. Weiters bestimmt Art. 15 ModellG, daß ein Ersatzschiedsrichter nach den gleichen Regeln "zu bestellen [ist], die auf die Bestellung des zu ersetzenden Schiedsrichters anzuwenden waren"[686]. Aus dem Art. 15 ModellG geht also hinsichtlich einer erfolgten Ablehnung zweierlei hervor:

- Das Mandat des abgelehnten Schiedsrichters endet.
- Das schiedsrichterliche Verfahren ist weiter zu führen. Es hat mit der erfolgreichen Ablehnung kein Ende gefunden.

---

682 Art. 13 III und 6 ModellG i.V.m s. 6 EinführungsG.

683 Folgende Konstellationen der erfolgreichen Ablehnung gemäß Art. 13, 12 ModellG sind denkbar:
- Erfolgreiche Ablehnung nach dem von den Parteien vereinbarten Verfahren (siehe Art. 13 I ModellG).
- Erfolglose Ablehnung nach dem von den Parteien vereinbarten Verfahren, gefolgt von einem erfolgreichen Antrag an den *High Court* (gemäß Art. 13 III ModellG).
- Nur eine Partei lehnt einen Schiedsrichter ab. Der Schiedrichter stimmt zu.
- Beide bzw. alle Parteien stimmen der Ablehnung eines Schiedsrichters zu.
- Nur eine Partei lehnt einen Schiedsrichter ab. Dieser Schiedsrichter stimmt nicht zu. Das Schiedgericht entscheidet sich für die Ablehnung.
- Nur eine Partei lehnt einen Schiedsrichter ab. Dieser Schiedsrichter stimmt nicht zu. Das Schiedgericht entscheidet sich gegen die Ablehnung. Der *High Court* entscheidet sich für die Ablehnung.

684 Siehe Wortlaut des s. 5(2) EinführungG.

685 Siehe Holzman Seiten 388 bis 437.

686 Übersetzung von Labis/Lörcher.

(3) Untätigkeit oder Unmöglichkeit

Gesondert wird vom ModellG die Beendigung des Mandats im Falle der Untätigkeit oder Unmöglichkeit der Aufgabenerfüllung behandelt. Das Ergebnis des Art. 14 I ModellG scheint im Widerspruch mit dem Wortlaut des Art. 12 II ModellG zu stehen.[687] Art. 14 I ModellG regelt das mögliche Ende des schiedsrichterlichen Mandats aufgrund weiterer Umstände, die nicht von den Fragen der Unparteilichkeit oder Unabhängigkeit gedeckt sind. Diese Gründe sind entweder, daß der Schiedsrichter

- *de jure* oder *de facto* außerstande gesetzt wird,[688] seine Aufgaben auszuüben, oder
- aus anderen Gründen ohne unangemessene Verzögerung nicht tätig ist.

Sollte einer dieser Gründe vorliegen, bedarf es weiter der Voraussetzung, daß entweder

- der Schiedsrichter von seinem Amt zurücktritt, oder
- die Parteien sich auf die Beendigung einigen,

um das schiedsrichterliche Mandat zu beendigen.

Sollte weiter hinsichtlich dieser Gründe Streit bestehen,[689] steht es jeder Partei offen, beim *High Court* eine Entscheidung über die Beendigung des Mandats zu beantragen.[690]

Im Gegensatz zu Art. 13 ModellG sieht Art. 14 ModellG bei seinem Regelungsbereich ausdrücklich die Beendigung des schiedsrichterlichen Mandats vor. Tritt ein Schiedsrichter zurück, oder stimmt eine Partei der Mandatsbeendigung im Rahmen des Art. 14 I ModellG zu, ist dies nicht als Anerkennung der in Art. 14 oder 12 II ModellG enthaltene Gründe zu behandeln.[691] Weitere Wirkungen bleiben aber von Art. 14 ModellG ungeregelt. Artikel 15 ModellG bestimmt, daß das schiedsrichterliche Verfahren weiterzuführen ist. Es ist wie im Falle einer erfolgreichen Ablehnung gemäß Art. 13 ModellG ein Ersatzschiedsrichter nach den Regeln zu bestellen, die auf die Bestellung des zu ersetzenden Schiedsrichter angewendet wurden.

---

687 Vergl. "*... may be challenged only ...* [*because of*] *doubts as to his impartiality or independence ...*".

688 Das Wort "*becomes*" im englischen Text kann ins Deutsche mit "wird" übersetzt werden; vergl. Übersetzung von Labis/Lörcher mit der Verwendung von "ist".

689 Engl. "*... controversy remain ...*".

690 Art. 14 I Satz 2 und Art. 6 ModellG i.V.m s. 6 EinführungsG.

691 Art. 14 II ModellG.

Aus dem Wortlaut des Art. 15 ModellG geht hervor, daß das schiedsrichterliche Mandat nicht nur nach den Art. 13 und 14 ModellG außerordentlich enden kann (und es somit der Bestellung eines Ersatzschiedsrichters bedarf), sondern auch wenn:

- der Schiedsrichter "aus einem anderen Grund" von seinem Amt zurücktritt,
- die Parteien vereinbaren, seinen Mandat aufzuheben, oder
- ein anderer Fall der Beendigung seines Mandats vorliegt.

Die Handhabung der ersten zwei Gründe (Rücktritt des Schiedsrichters und Parteienvereinbarung) wirft nach Rückgriff auf die *travaux préparatoires* wenig Probleme auf. Art. 15 ModellG soll klarstellen, daß der Schiedsrichter nicht daran gehindert ist, einseitig von seinem Amt zurückzutreten und so sein Mandat zu Ende zu bringen. Jedoch soll sich das ModellG in dieser Hinsicht nicht mit dem Vertrag zwischen den Parteien und dem Schiedsrichter befassen.[692] Ähnlich soll weiterhin auch klargestellt werden, daß die Parteien das Recht haben, einem Schiedsrichter das Ende seines Mandats zu erklären. Weiterhin befaßt sich das ModellG nicht mit dem Vertrag zwischen den Parteien und dem des Mandats entzogenen Schiedsrichter.

Unklar bleibt jedoch die Bedeutung der dritten Gruppierung, in der weitere Fälle der (außerordentlichen) Mandatsbeendigung in Betracht kommen. Die Verfasser haben die Formulierung "oder liegt ein anderer Fall der Beendigung seines Mandats vor"[693] damit begründet, daß es "alle möglichen Fälle, bei dem die Bestellung eines Ersatzschiedsrichters notwendig sein könnte" umfaßt.[694] Damit sollen Umstände wie z.B. "Ableben, Krankheit [und] Inkapazität" abgedeckt werden. [695] Der analytische Kommentar des Siebten Sekretariats zum Entwurf bestätigte lediglich diese Auffassung.[696] So scheint diese Klausel eng mit der Person des Schiedsrichters verbunden zu sein. Obwohl der Text des Art. 15 ModellG unter der Klausel "ein anderer Fall" solche weiteren Umstände der Mandatsbeendigung, die in den Regeln zur nationalen Schiedsgerichtsbarkeit zu finden sind, umfassen könnte, würde eine solche Auslegung nicht durch die *travaux préparatoires* gerechtfertigt sein. Ein Fall der nationalen Schiedsgerichtsbarkeit, die nicht von Art. 15 ModellG umfaßt wird, ist z.B. *frustration* (welche der deutschen Rechtsinstitution des Wegfalls der Geschäftsgrundlage ähnelt). Im Rahmen der Regeln zur nationalen Schiedsgerichtsbarkeit sei aber

692 UN-Doc.-A/CN.9/264, Art.15, § 3; siehe Holzman Seiten 465 und 473.

693 UN-Doc.-A/CN.9/246 § 48: Engl. "*or in any other case of termination of his mandate*".

694 UN-Doc.-A/CN.9/246 § 48; siehe Holzman Seite 471.

695 UN-Doc.-A/CN.9/246 § 48; Holzman Seite 471.

696 UN-Doc.-A/CN.9/264 § 1; Holzman Seite 473.

angemerkt, daß mit der *frustration* das Vertragswerk als ganzes untergehen und nicht nur der Schiedsrichter betroffen sein würde.[697]

Art. 15 ModellG sieht die Bestellung eines Ersatzschiedsgerichts auch im Falle der Mandatsbeendigung im Sinne aller drei, nicht von Art. 13 und 14 ModellG umfaßten Varianten in gleicher Weise vor wie bei Beendigung nach Art. 13 und 14 ModellG.

cc) Ordentliche Beendigung

(1) Allgemeines

Die folgenden zwei Bestimmungen des ModellG behandeln die Fälle der ordentlichen Beendigung der Autorität des Schiedsgericht als ganzes:
- Art. 30 (Vergleich)
- Art. 32 (Beendigung des schiedsrichterlichen Verfahrens).

(2) Beendigung des schiedsrichterlichen Verfahrens

Art. 32 I ModellG sieht zwei Möglichkeiten vor, das schiedsrichterliche Verfahren zu beenden:
- Erlaß des endgültigen Schiedsspruchs
- Beschluß des Schiedsgerichts.

Nach Art. 32 III ModellG endet das Mandat des Schiedsgerichts mit dem Ende des schiedsrichterlichen Verfahrens. Jedoch besteht diese Bestimmung vorbehaltlich der Bestimmungen des Art. 33 (Berichtigung, etc. des Schiedsspruchs) und Art. 34 IV (Gelegenheit, Aufhebungsgründe zu beseitigen) des ModellG.

(3) Vergleich

Nach Art. 30 ModellG hat das Schiedsgericht das schiedsrichterliche Verfahren zu beenden, wenn die Parteien sich während des Verfahrens vergleichen.[698] Der Status der schiedsrichterlichen Mandate wird in Art. 30 ModellG nicht ausdrücklich behandelt. Die *travaux préparatoires* zu diesem Artikel geben in

---

697 Siehe Treitel Seite 778ff.

698 Es besteht hierzu eine Pflicht seitens des Schiedsgerichts; UN-Doc.-A/CN.9/SR.328,.333 § 15, siehe Holzman Seite 833; vergl. aber Cato Seite 270.

dieser Hinsicht wenig her. Der einzige Anhaltspunkt ist, daß ein Entwurf des Art. 15 ModellG wie folgt formuliert war:

"*An award on agreed terms shall be made in accordance with the provisions of article* [31] ... "[699].

Obwohl ein ausdrücklicher Bezug auf Art. 31 ModellG in den weiteren Entwürfen weggefallen ist, bestehen keine Anhaltspunkte dafür, daß die Gleichsetzung mit einem endgültigen Schiedsspruch i.S.d. Art. 31 ModellG nicht mehr beabsichtigt ist und dies nicht von den irischen Gerichten beachtet wird.

Andererseits bestimmt Art. 32 III ModellG ausdrücklich, "das Mandat des Schiedsgerichts [vorbehaltlich eines Restmandats] endet mit dem Ende des schiedsrichterlichen Verfahrens".[700] Die *travaux préparatoires* schweigen zur Frage, ob Art. 32 III ModellG auf die Beendigung des schiedsrichterlichen Verfahrens nach Art. 30 ModellG -"Vergleich"- anzuwenden ist. Jedoch bestehen auch keine Anhaltspunkte anzunehmen, daß dem Art. 32 III ModellG nicht die eindeutige Bedeutung seines Wortlauts verliehen werden sollte. Das Ende des schiedsrichterlichen Verfahrens bringt das Ende des Mandats mit sich, es sei denn, daß das Verfahren nach Art. 30 oder 32 I ModellG beendet wurde. So muß ein Vergleich nach Art. 30 ModellG das Ende des Mandats herbeibringen. Es ist davon auszugehen, daß beim Vergleich das Mandats durch unmittelbare Wirkung des Art. 32 III i.V.m. Art. 30 ModellG erlischt, ohne Anwendung des Art. 31 II ModellG (als Wirkung des endgültigen Schiedsspruchs).

5. Verfahrensverlauf

a) Einleitung des Verfahrens

Es stellen sich zunächst zwei verwandte Fragen:

- Wie wird ein Schiedsverfahren i.S.d. ModellG eingeleitet?
- Zu welchem Zeitpunkt beginnt das Schiedsverfahren?[701]

Diese Fragen werden von Art. 21 ModellG behandelt, welcher den Parteien ausdrücklich erlaubt den Parteien einer Schiedsvereinbarung, eine eigene Regelung zu treffen. Hilfsweise wird folgendes bestimmt:

"... das schiedsrichterliche Verfahren über eine bestimmte Streitigkeit beginnt zu dem Zeitpunkt, zu dem der Beklagte den Antrag, diesen Streit einem Schiedsgericht vorzulegen, erhalten hat."[702]

---

699 UN-Doc.-A/CN.9/WG.II/WP.40, siehe Holzman Seite 829.

700 Vergl. andere Übersetzung von Labis/Löcher.

701 Vergl. Holzman Seite 610 zur Verjährung.

Die Form des Antrags wird nicht vorgeschrieben. Es geht aus den *travaux préparatoires* hervor, daß lediglich sein Zweck eindeutig sein muß.[703] So unterscheidet sich diese Anforderung des ModellG in seiner Anwendung kaum, wenn überhaupt, von der des Gemeinen Rechts. Aus dieser Norm geht hervor, daß das Schiedsverfahren bereits vor dem Zustandekommen des schiedsrichterlichen Mandats beginnt. Dieser Zeitpunkt ist für die Verjährung maßgeblich.[704]

b) Bestellung

Der nächste Schritt nach der Einleitung des schiedsrichterlichen Verfahrens ist, die Bestellung der Schiedsrichter. Die relevanten Bestimmungen sind in Kapitel III des ModellG enthalten und wurden bereits in dieser Arbeit behandelt.

c) Anfängliche Aspekte

Nach der erfolgreichen Bestellung der einzelnen Schiedsrichter könnte sich das Schiedsgericht entweder ausdrücklich oder konkludent mit den folgenden Angelegenheiten zu befassen haben:

- Welches materielle Recht ist auf die Hauptsache anwendbar? Diese Frage wird ausdrücklich und eindeutig vom ModellG geregelt. Wie bereits dargelegt, ist das Schiedsgericht nach Art. 28 ModellG verpflichtet, die ihm vorgelegte "Streitigkeit in Übereinstimmung mit den Rechtsvorschriften zu entscheiden, die von den Parteien als auf den Inhalt des Rechtsstreites für anwendbar bezeichnet worden sind".[705]
- Was sind die Art und das Ausmaß seiner Zuständigkeit (Art. 16 ModellG)?

---

702 Der englische Text verwendet das Wort "*date*". "*Date*" hat in diesem Fall die Bedeutung "*time at which a thing happens or is to happen*" (Concise Oxford Dictionary). Eine passende Übersetzung wäre "Zeitpunkt".

703 Art. 21 ModellG; siehe UN-Doc.-A/CN.9/WG.48; und Holzman Seiten 612 und 620.

704 Vergl. Holzman Seiten 611 bis 626 und 1122; siehe *Part IV, Statute of Limitations*, 1957.

705 Wortlaut des Art. 28 I Satz 1 ModellG, Übersetzung Labis/Lörcher; zur Behandlung von ausländischem Recht von den ordentlichen Gerichten vergl. Fentiman Seite 173ff. und Ost Seite 37ff.; Hunter Seite 355; siehe auch allgemein Wordmann Seite 97ff.

- Ob auf Antrag einer Partei nach Art. 17 ModellG das Schiedsgericht einer Partei anordnen soll, vorläufige sichernde Maßnahmen[706] zu ergreifen.
- An welchem Ort und in welcher Sprache ist das schiedsrichterliche Verfahren durchzuführen (geregelt von Art. 20 und 22 ModellG)?
- Welche Verfahrensweise ist im weiteren Verlauf des schiedsrichterlichen Verfahrens anzuwenden?

d) Anhörung

Wie bereits geschildert, kann das schiedsrichterliche Verfahren auch ohne Anhörung ordnungsgemäß durchgeführt werden. Ob eine Anhörung überhaupt stattfindet, ist primär von den Parteien zu entscheiden, hilfsweise vom Schiedsgericht.[707] Sollte es eine Anhörung geben, wird ihr Verlauf bei Fehlen einer Parteienvereinbarung vom Schiedsgericht bestimmt. So kann der Ablauf von den Parteien bzw. vom Schiedsgericht frei gestaltet werden, innerhalb der Grenzen der öffentlichen Ordnung im allgemeinen und des Gleichbehandlungsgrundsatzes im besonderen (Art. 18 ModellG).

e) Beendigung

Das ModellG bestimmt ausdrücklich, daß das schiedsrichterliche Verfahren mit dem endgültigen Schiedsspruch beendet wird (Art. 31 I ModellG) oder mit einem entsprechenden Beschluß des Schiedsgerichts (sei es auf Grund eines Vergleichs nach Art. 30 I ModellG oder nach den in Art. 32 II ModellG vorgesehenen Gründen).

6. Der Schiedsspruch

a) Allgemeines

Das ModellG, ebenso wie die Regelung zur nationalen Schiedsgerichtsbarkeit, enthält keine Definition eines Schiedsspruchs.[708] Er ist von Beschlüssen des

706 Engl. Text "*such interim measure of protection*" wäre mit "vorläufige sichernde Maßnahmen" zu übersetzen; vergl. Übersetzung von Labis/Lörcher: "vorläufigen oder sichernden Maßnahmen".

707 Art. 24 I ModellG.

708 Hußlein-Stich Seite 104.

Schiedsgerichts zu unterscheiden, insofern diese nur der Regelung des Verfahrensverlaufs dienen. Auch solche Beschlüsse nach Art. 17 ModellG, nach denen eine Partei vorläufige sichernde Maßnahmen zu ergreifen hat, müssen vom Schiedsspruch unterschieden werden.[709]

Genau so wie im Recht zur nationalen Schiedsgerichtsbarkeit ist diese Unterscheidung auch in praktischer Hinsicht wichtig. Nur gegen einen Schiedsspruch sieht das ModellG Rechtsbehelfe vor.[710] Ein Beschluß kann nicht direkt beanstandet werden. Er ist nur insoweit angreifbar, als daß eine Partei sich auf ihn als Grundlage für die Ablehnung eines Schiedsrichters, z.B. wegen mangelnder Unparteilichkeit oder Unabhängigkeit, stützen könnte.[711] Eine Sonderstellung haben Beschlüsse nach Art. 17 ModellG (vorläufige sichernde Maßnahmen). Obwohl sie nicht gemäß Art. 34 ModellG anfechtbar sind, müssen sie, um gemäß s. 14(3) EinführungsG i.V.m. Art. 35 ModellG staatlich anerkannt und vollstreckt zu werden, den Anforderungen des Art. 36 ModellG gerecht werden.[712]

Zudem muß auch zwischen dem Erlaß eines endgültigen Schiedsspruchs und vorläufiger Schiedssprüche und Teilschiedssprüche unterschieden werden.[713] Fraglich ist, ob im Anwendungsbereich des ModellG nicht-endgültige Schiedssprüche erlassen werden können, und wenn ja, welche Auswirkungen sie haben.[714] Das ModellG enthält keine ausdrückliche Regelung in dieser Hinsicht.[715]

Holzman ist der Meinung, das ModellG beabsichtige nicht, ein Schiedsgericht daran zu hindern, einen nicht endgültigen Schiedsspruch zu erlassen.[716] Er trägt weiter vor, daß die Formulierung des Art. 32 ModellG eine solche Befugnis impliziere, da es sonst für die Bestimmung keinen Bedarf gäbe, daß nur ein endgültiger Schiedsspruch das schiedsrichterliche Verfahren beende. Es sei hervorzuheben, daß Art. 32 ModellG (Beendigung des schiedsrichterlichen Verfahrens) die einzige Bestimmung des ModellG ist, in der der Schiedsspruch

709 Jedoch sind sie aufgrund des Einführungsgesetzes in gleicher Weise anzuerkennen und zu vollstrecken (s. 14(3) EinführungsG).

710 Art. 34 ModellG.

711 Art. 12 I i.V.m. Art. 13 ModellG

712 S. 14(3) EinführungsG.

713 Engl. "*interim, interlocutory and partial awards*"; siehe Holzman Seiten 153, 164, 173, 181 und 1122.

714 Im Gemeinen Recht ist dies nicht möglich; siehe Russel 19. Auflage Seite 335: "*An arbitrator can only make one final award in the absence of some special authority to make more than one*".

715 Vergl. Holzman Seiten 154, 174f., 181, 815f., 867ff., 872ff.

716 Holzman Seiten 867ff. insbesondere Seite 868.

mit dem Wort "endgültig" qualifiziert wird.[717] Diese Ansicht wird weiter besonders von dem Umstand unterstützt, daß die Verfasser das Ende des schiedsrichterlichen Verfahrens auf solche Umstände beschränken, in denen die Weiterführung des Verfahrens entweder unmöglich oder unnötig ist.[718]

Eine andere Auslegung ist aber nicht auszuschließen. Die Verfasser des ModellG haben bewußt diese Frage als nicht ausdrücklich geregelt, obwohl in einigen nationalen Rechtsordnungen ein Zwischenschiedsspruch das Mandat des Schiedsgerichts beenden würde.[719] So ist es möglich, daß die irischen Gerichte nach Auswertung der *travaux préparatoires* nach s. 5 EinführungsG anderer Meinung sein könnten und zu dem Schluß kämen, daß diese eine Frage, nicht vom ModellG geregelt werde und das nationale Recht zur Lückenfüllung dienen müßte.[720]

Das Argument kann aber für irisches Recht dahingestellt bleiben, da nach s. 3(1) EinführungsG der Begriff "Schiedsspruch" ausdrücklich einen Zwischenschiedsspruch für die Zwecke des Teil II des EinführungsG (Umsetzung des ModellG) umfaßt.

b) Formvorschriften

Form und Inhalt des Schiedsspruchs werden von Art. 31 I Satz 1 ModellG geregelt. Der Schiedsspruch ist schriftlich zu erlassen und von dem Schiedsrichter bzw. den Schiedsrichtern zu unterschreiben. Im letzteren Fall reichen die Unterschriften der Mehrheit der Schiedsrichter aus, wenn der Grund für das Fehlen der Unterschriften angegeben wird.[721] Der Schiedsspruch ist grundsätzlich zu begründen, es sei denn, entweder

- die Parteien haben vereinbart, daß es keiner Begründung bedarf[722] oder
- er enthält einen vereinbarten Wortlaut gemäß Art. 30 ModellG infolge eines Vergleichs.[723]

---

717 Vergleiche Art. 30, 31, 33, 34, 35, 36 ModellG.

718 UN-Doc.-A/CN/.9/WG.II/WP.41; siehe Holzman Seite 877.

719 UN-Doc.-A/CN/.9/216; Holzman Seite 874.

720 Die ausdrückliche gesetzliche Bestimmung des s. 25 Gesetz, 1954 wonach vorläufige Schiedssprüche zugelassen sind, findet keine Anwendung nach s. 16 Gesetz 1998.

721 Art. 31 I Satz 2 ModellG.
Diese Mehrheitsregelung ist primär für solche Fälle gedacht, in denen ein Schiedsrichter seine Unterschrift verweigert; siehe Nöcker Seite 149.

722 Art. 31 II 1.Alt ModellG), vergl. Sanders Seite 18f. zur bestehenden Praxis im *common law*-Rechtskreis.

723 Art. 31 II 1.Alt ModellG.

Weitere formelle Voraussetzungen sind die Angabe

- des Tags, an dem erlassen wurde, und
- des Ortes des schiedsrichterlichen Verfahrens nach Art. 20 I ModellG.[724]

c) Materiellrechtliche Voraussetzungen

Fraglich ist, welche materiellrechtlichen Anforderungen an einen gültigen Schiedsspruch im Regelungsbereich des ModellG zu stellen sind. Das ModellG behandelt diese Frage nicht als solches.[725] Insofern muß auf das sonstige nationale Recht zurückgegriffen werden, und zwar auf die Bestimmungen des Gemeinen Rechts. Die folgenden Anforderungen des Gemeinen Rechts an den Schiedsspruch sollen hier noch einmal festgehalten werden:[726]

- Er muß eine Entscheidung (*ajudication*) des Schiedsgerichts darstellen.
- Er muß eine vollständige Entscheidung der Angelegenheiten sein, die dem Schiedsgericht vorgelegt worden sind.[727]
- Er muß endgültig sein in dem Sinne, daß weder Dritte noch das Schiedsgericht weitere Entscheidungen zu treffen haben.[728]

Es sei hier aber angemerkt, daß ein gültiger Schiedsspruch i.S.d. Gemeinen Rechts zwar ausführbar, aber nicht unbedingt vollstreckungsfähig sein muß.[729] Denkbar ist das beispielsweise bei einem Schiedsspruch mit Feststellungstenor.[730]

d) Möglicher Rechtsschutzinhalt

aa) Allgemeines

Fraglich ist, welchen Rechtsschutzgegenstand der Schiedsspruch im Regelungsbereich des ModellG enthalten kann.[731] Diese Frage ist nicht von der Problematik der Schiedsfähigkeit zu lösen. Weiters haben Rechtsprechung und Literatur des *common law*-Rechtskreises bewußt vermieden, klare Regeln und Grenzen für die

---

724 Der Schiedsspruch gilt dann als an diesem Ort erlassen (Art. 31 III ModellG).

725 Zwar hat Art. 31 ModellG den Titel "Form und Inhalt des Schiedsspruchs" erhalten, jedoch beschränkt er sich im Endeffekt auf Formfragen.

726 Siehe Zusammenfassung in Mustill & Boyd Seite 25.

727 Mit Ausnahme von Zwischenschiedssprüchen.

728 Wieder mit Ausnahme von Zwischenschiedssprüchen

729 Engl. "*enforceable*".

730 Vergl. Mustill & Boyd Seite 387f.

731 Vergl. Refern/Hunter Seite 360.

Schiedsfähigkeit allgemein und mögliche Rechtsschutzgegenstände im besonderen, zu entwickeln. Statt dessen verläßt man sich auf das Ermessen des anerkennenden Gerichts.[732] Den ordentlichen Gerichten wird aber nicht nur bei dem Verweis auf das schiedsrichterliche Verfahren nach Art. 8 I ModellG kein Ermessen eingeräumt. Auch die Anerkennung und Vollstreckung des Schiedsspruchs muß nach Art. 35 I ModellG erfolgen, es sei denn daß "der Gegenstand des Streites nach dem Recht [Irlands] nicht auf schiedsrichterlichem Wege geregelt werden kann, oder ... [es] der öffentlichen Ordnung ... widersprechen würde".[733]

Der Versuch, allgemeine die Schiedsfähigkeit bestimmende Regeln zu identifizieren, ist bereits unternommen worden. Sofern sie den möglichen Rechtsschutzinhalt betreffen, sei darauf verwiesen. Die Schiedsfähigkeit hat ihre Grenzen, wo Rechte Dritter beeinträchtigt werden und (nach der herrschenden Literatur), wo versucht wird, eine Wirkung gegenüber Dritten zu erreichen. Im deutschen Zivilrecht wird zwischen Leistungs-, Feststellungs- und Gestaltungsklagen und den entsprechenden Urteilen unterschieden.[734] Nur innerhalb dieser Grenzen kann nach irischem Recht ein Schiedsspruch auf Leistung, Feststellung[735] und Rechtsgestaltung wirksam ausgerichtet sein.

bb) Rechtsschutzmittel nach ausländischem Recht

(1) Allgemeines

Im schiedsrichterlichen Verfahren können die Parteien nach Art. 28 ModellG die auf die Streitigkeit anzuwendenden Rechtsvorschriften bestimmen. Sollte beispielsweise deutsches Recht anzuwenden sein, müßte geprüft werden, wie die vom deutschen Recht vorgesehenen Rechtsschutzziele bei der Anerkennung und

---

732 Siehe Seite 76ff. dieser Arbeit.

733 Art. 36 I (b) ModellG.
Bei der Anerkennung nach s. 4 EinführungsG i.V.m. Art. 35 I ModellG ist im Gegensatz zur nationalen Regelung die unmittelbare Erfodernis, daß das Gericht ein Urteil "mit gleicher Wirkung" fällen kann nicht gegeben.

734 Siehe Zöller vor § 253 Rn. 2ff.; Thomas/Putzo Vorbem § 253 Rn. 2: "Nach dem Gegenstand, auf den sich das Rechtsschutzbegehren des Klägers bezieht, unterscheidet man Leistungs-, Feststellungs- und Gestaltungsklagen und entsprechende -Urteile".

735 Eine Bestimmung des Einführungsgesetztes zeigt, daß *declaratory*-Schiedsspruche erlassen werden können: s. 10(4) EinführungsG.

Vollstreckung durch den irischen *High Court* einzuordnen und zu behandeln sind.[736]

(2) Rechtsschutzziele im deutschen Recht

(a) Allgemeines

Zunächst muß die deutsche Rechtslage geschildert werden, wenn die Parteien in einem Rechtsstreit vor einem ordentlichen Gericht (bzw. einem von ihnen vereinbarten Schiedsgericht) ein Rechtsschutzziel durchsetzen wollen. Im deutschen Zivilrecht wird im ersten Rechtszuge, je nach angestrebtem Urteils- bzw. Schiedsspruchtenor, zwischen der Leistungs-, Feststellungs- und Gestaltungsklage unterschieden.[737]

(b) Leistungsurteil

Zur Leistungsklage des deutschen Rechts führt ein Kommentar folgendes aus:[738]

> "Die Leistungsklage dient der Durchsetzung eines materiellrecht[lichen] Anspruchs des Klägers, vom Beklagten ein Tun oder Unterlassen zu fördern. Die geschuldete Handlung kann dabei verschiedenster Art sein; am häufigsten ist die Zahlungspflicht. Weitere Beispiele: der Anspruch auf Erfüllung obligatorischer Verträge, ... der Anspruch auf Herausgabe von Sachen (§§ 883-885 [ZPO]), der Anspruch auf Vorname von physischen Handlungen (§§ 887-893 [ZPO]), auf Abgabe von Willenserklärungen (§§ 894-898 [ZPO]), auf Duldung ... oder Unterlassung.... Kein nötiges Merkmal der Leistungsklage ist die Durchsetzbarkeit des Anspruchs im Wege der Zwangsvollstreckung. Die Zwangsvollstreckung ist ausgeschlossen ... im Falle des § 888 II [ZPO "Dienstverträge"] und § 894 [ZPO "Abgabe einer Willenserklärung], obwohl auch hier wie bei allen Leistungsklagen das Urteil die Feststellung der Leistungspflicht (vrl § 241 BGB) und den Leistungsbefehl an den Beklagten enthält".

Bei Leistungsklage bzw. -Urteil nach der ZPO ist folgendes hervorzuheben:

- Bestehen im Hauptverfahren im ersten Rechtszug gemäß §§ 200 bis 510b ZPO die Prozeßvoraussetzungen und ist der Anspruch sachlich begründet,

---

736 Vergl. Lando Seite 526f.

737 Thomas/Putzo Vorbem § 253 Rn. 2ff.; vergl. Schütze/Tscherning/Wais Seite 193 Rn. 378ff.

738 Zöller vor § 253 Rn. 3f.

muß das Gericht ein Urteil fällen, welches die Feststellung der Leistungspflicht und einen Leistungsbefehl an den Beklagten enthält.[739]

- Die Durchsetzbarkeit des Anspruchs ist beim Hauptverfahren unerheblich. Damit befaßt sich das Vollstreckungsgericht nach den in §§ 704 bis 945 ZPO enthaltenen Regeln.[740]

(c) Feststellungsurteil

Zur Feststellungsklage führt der gleiche Kommentar folgendes aus:[741]

"Die Feststellungsklage begehrt die positive oder negative Feststellung des Bestehens oder Inhalts eines Rechtsverhältnisses oder Echtheit einer ein Rechtverhältnis bestimmenden Urkunde, § 256 [ZPO]. ... [Es] erschöpft sich in der deklaratorischen Feststellung; es ist daher ... der Zwangsvollstreckung nicht zugänglich, trotzdem aber ... als 'vollstreckbar' zu erklären."

Es muß weder der Schuldner/Beklagte mitwirken, noch auf ihn eingewirkt werden, um das gewährte Rechtsschutzziel bei dem Feststellungsurteil auch *de facto* zu verwirklichen. Die Rechtskraftwirkung besteht grundsätzlich nur zwischen den Parteien.[742]

(d) Gestaltungsurteil

Zur Gestaltungsklage wird folgendes ausgeführt:[743]

"Die Gestaltungsklage erstrebt die unmittelbare Änderung eines unter den Parteien bestehenden Rechtsverhältnisses. ... Die Gestaltungswirkung des Urteils macht eine Zwangsvollstreckung entbehrlich und ... unmöglich. Da das Urteil eine unmittelbare Änderung der Rechtsverhältnisse bewirkt, wirkt es im Gegensatz zum Leistungs- und Feststellungsurteil nicht nur unter den Parteien, sondern gegenüber jedermann. ... Wo der Streitgegenstand der Dispositionsfreiheit des Bekl[agten] untersteht, kann er durch Anerkennung, Verzicht oder rechtsgestaltende Willenserklärung die Hauptsache des Rechtsstreits ohne Urteil zur Erledigung ... bringen."

---

739 Vergl. Thomas/Putzo Vorbem § 253 Rn. 1.

740 Siehe unten.

741 Zöller vor § 253 Rn. 5f.

742 Thomas/Putzo Vorbem § 253 Rn. 4.

743 Zöller vor § 253 Rn. 8.

Bei dem Gestaltungsurteil ist hervorzuheben:

- Es ist nicht in der Hauptsache vollstreckungsfähig.
- Es entfaltet Wirkung für und gegen alle.
- Es kann nicht nur für die Zukunft Wirkung schaffen, sondern auch gegebenenfalls bis zu einem bestimmten Zeitpunkt zurück.[744]

(e) Vollstreckung

Zwangsvollstreckung erübrigt sich beim Feststellungs- und Gestaltungsurteil. Bei der erfolgreichen Leistungsklage hat der Staat festgestellt, daß der Schuldner leisten muß, und hat ihn zu dieser Leistung verurteilt. Es stellt sich aber die Frage, was der Staat unternehmen wird, um den Beklagten zur Leistung zu bringen. Sollte der Beklagte nicht leisten, muß der Kläger sich nochmals an die ordentlichen Gerichte wenden, diesmal an ein Vollstreckungsgericht. Das Vollstreckungsgericht hat grundsätzlich keine materiellrechtlichen Fragen zu prüfen. Die §§ 704ff. ZPO werden angewendet. Je nach Leistungsinhalt werden verschiedene Methoden der Zwangsvollstreckung angewandt, die in ihrer Gestaltung vom Gesetzgeber und in ihrer Anwendung vom Gericht als pragmatisch bezeichnet werden können. Beispielsweise kann Ersatzvornahme vorgenommen werden; § 887 ZPO. Die Kosten der Ersatzvornahme sind dann vom Beklagten zu tragen. Daß der Beklagte dann zur tatsächlichen Leistung gezwungen worden ist, ist eine Fiktion. Der Kläger hat aber durch diese Fiktion keinen Nachteil erlitten. Schwieriger sind die Fälle, wo die Leistung "ausschließlich vom Willen des Beklagten abhängt".[745] Dann steht es im Ermessen des Vollsteckungsgerichts Zwangsgeld oder Zwangshaft anzuordnen. Auch hier ist ein pragmatischer Ansatz zu erwarten.

Im Ergebnis kann folgendes für das deutsche Zivilrechtsystem festgehalten werden: Im Hauptverfahren gemäß §§ 253ff. ZPO wird vom Gericht geprüft, ob die geltend gemachten Ansprüche das in der Klage beantragte Rechtsschutzziel rechtfertigen. Ermessen ist in dieser Hinsicht nicht anzuwenden. Das Urteil muß zwar theoretisch "vollstreckbar" sein. Ob es angemessen ist, auf Naturalerfüllung statt Schadensersatz zu verurteilen, ist nicht in Erwägung zu ziehen.[746] Beim

---

744 Siehe Thomas/Putzo Vorbem § 253 Rn. 5.

745 § 888 ZPO.

746 Das deutsche materielle Recht berücksichtigt aber solche Erwägungen in seinen Bestimmungen, beispielsweise ob ein Anspruch auf Naturalerfüllung oder Schadensersatz gerichtet sein wird. Vergl. die Bestimmungen zu vertretbaren Sachen (§ 91 BGB) und zur Gattungsschuld (§ 243 II BGB) und den Unterschied zwischen den Gewährleistungsansprüchen aus dem Kaufvertrag und dem Werkvertrag im BGB.

Verfahren vor dem Vollstreckungsgericht kann das Gericht nach seinem Ermessen praktische Erwägungen im Rahmen der §§ 704ff. ZPO anstellen. Das Vollstreckungsgericht kann nach seinem eigenen Ermessen auch gegen den Willen des Klägers entscheiden, daß Ersatzvornahme vorgenommen werden soll. Soll die tatsächliche Erfüllung des Urteiltenors ausschließlich vom Willen des Beklagten abhängen, steht es im Ermessen des Vollstreckungsgerichts, welche und in wieweit Zwangsmaßnahmen angewandt werden sollen.

cc) Rechtsschutzziele im irischen Recht

(1) Allgemeines

Im *common law*-Rechtskreis ist die Behandlung anders. Eine konsequente Trennung zwischen materiellem Recht und Verfahrensrecht ist im irischen Rechtssystem nicht zu finden. Schon im Hauptverfahren entscheidet das Gericht nach seinem pflichtgemäßen Ermessen aufgrund pragmatischer Erwägungen, welche Form die Zwangsvollsteckung nehmen soll, ob z.B. bei einem Spezieskaufvertrag der Rechtsschutz auf Schadensersatz (*damages*) oder Herausgabe (*specific performance*) gerichtet sein soll.[747]

(2) Rechtshistorische Basis

Das heutige Gemeine Recht besteht aus einer Fusion des historischen *common law* und *equity*. Im *common law* wird grundsätzlich nur zur Zahlung von Geld verurteilt.[748] Eine Verurteilung zu anderen Leistungen ist nur im *equity* vorhanden.[749] *Common law*-Rechte sind absoluter Art, die einen Anspruch auf die im *common law* zu findenden Rechtsschutzziele begründen. Wenn ein material-

---

747 Siehe Treitel in *Remedies for Breach of Contract* 1988 mit Vergleich zur Rechtslage in Deutschland (Seite 18) und Frankreich (Seite 17); vergl. zur rechtlichen Weiterentwicklung Citty Seite 1197:
" ... *parties to a contract may themselves specify in their contract the remedy available to the innocent party following the others breach. ... In the absence of any such 'tailor made' clause on the remedy, the law on damages fills the gap* ...".

748 Vergl. Platto/Horton Seite 167.

749 Aus diesem Grund besteht beim sog. UN-Kaufvertrag kein Anspruch auf Naturalerfüllung; vergl. Honnold-Konnentar Seite 268 Rn. 192 zu Art. 28; Bianca Seite 232ff.; Honnold-Documentary History Seiten 67f., 90ff., 199, 245, 327, 335, 361, 384, 397, 417, 525, 672, 716, 741, 769, 525f., 646f; und Caemmerer/Schlechtriem Seite 233ff.

rechtlicher *common law*-Anspruch besteht, sei es als Hauptpflicht oder Schadensersatz, dann muß das Gericht in seinem Urteil den Beklagten zur Zahlungsleistung verurteilen. Je nach Sachlage werden verschiedene Methoden angewandt, um den zu zahlenden Betrag festzusetzen. Diese finden sich in den materiellrechtlichen Bestimmungen der §§ 241ff. BGB sowie den verfahrensrechtlichen Bestimmungen der §§ 704ff. ZPO.

Verurteilung nur auf Geldzahlung könnte aber für den Kläger unbefriedigend sein. So werden den Gerichten vom *equity* weitere Rechtsschutzmittel eingeräumt, nämlich *specific performance, declaritory judgements* und *rectification*. Diese leiten sich rechtshistorisch von der Macht der Krone ab, zur Verhinderung von Unrecht und zur sachgerechten Beurteilung in die Anwendung des *common law* einzugreifen.[750] Als Folge stehen sämtliche Rechtsinstitutionen, die vom *equity* abgeleitet sind, strikt im Ermessen des Gerichts.[751] Das moderne Gericht im *common law*-Rechtskreis übt in der Anwendung der Regeln und der Institutionen des *equity* die Macht des absolutistischen Monarchen aus, "das Recht" nach seinem Ermessen im Interesse der Gerechtigkeit zu beugen. Sollte ein Kläger ein Rechtsschutzziel verfolgen welches im *equity* aber nicht im *common law* vorhanden ist, muß er mit diesem Ermessen rechnen. Die Gerichte haben feste Grundsätze für die Ausübung dieses Ermessens entwickelt.

(3) Regelung

Es kann also festgehalten werden, daß es bei Klagen am *High Court* im Ermessen des Gerichts steht, ob der Beklagte zur *specific performance* verurteilt wird.[752] Die Parteien können dem Gericht dieses Ermessen nicht entziehen.[753] Die von den Gerichten bei der *specific performance* angewandten Grundsätze können wie folgt zusammengefaßt werden:

- Der historische Ausgangspunkt war die Fragestellung, ob Schadensersatz als Rechtsschutzziel genügt.[754] So wird *specific performance* nicht gewährt, wenn *damages* "adäquat" wären.

750 Siehe David Seite 340: "*... when the royal courts ... could not provide an adequate remedy ... then, according to the ideas of the Middle Ages, it was possible for individuals to request the king, by appealing to his conscience, to intervene and to render a decision that would make possible the proper course of justice ...*".

751 Vergl. auch Atiyah Seite 424ff.

752 *Scott v. Alvarez* [1895] 2 Ch. 603, 612.

753 *Quadrant Visual Communications Ltd. v. Hutchison Telephone (U.K.) Ltd.* [1993] BCLC 442.

754 *Harnett v. Yielding* (1805) 2 Sch. & Lef. 549, 553.

- Die Einstellung der Gerichte hat sich gewandelt, so daß das Gericht sich jetzt fragt, ob *specific performance* in den einzelnen Umständen das richtige Mittel ist,[755] oder ob "es billig ist, unter Berücksichtigung aller Umstände, den Beklagten auf Schadensersatz als Rechtsschutzziel zu beschränken".[756]

Jedoch findet die *specific performance*-Doktrin bei manchen vertraglichen Verpflichtungen keine Anwendung, z.B. beim *personal service*[757] oder wenn die andauernde Überwachung durch das Gericht[758] erforderlich wäre.[759] *Specific performance* wird in solchen Fällen nicht gewährt, nicht weil sie unnötig wäre, aber die Durchführung entweder nicht wünschenswert oder unpraktikabel ist.

Je nachdem wie die Entscheidung des *High Court* ausfällt, könnte ein Verhalten entgegen seiner Entscheidung nach den allgemeinen Regeln des *equity* sogenanntes *contempt of court* darstellen.[760] Die Folgen eines *contempt of court* können Haft- und Geldstrafen bis zur Erfüllung der Anordnung sein.[761] Jedoch werden Urteile und Anordnungen des *High Courts* gewöhnlich nach den *Order* 42 bis 47 *Rules of the Superior Courts*[762] vollstreckt. Nach *Order* 42 *rule* 1 muß der auf Geldzahlung oder Übergabe von Eigentum Verurteilte dem Urteil bzw. der Anordnung nach Zustellung "gehorchen".[763] Es folgen in den *Rules of the Superior Courts* Regeln, die sich mit der Vollstreckung der verschiedenen Urteilsarten befassen. Hier besonders hervorzuheben sind *Order* 42 *rule* 7 und 31, die sich mit der Vollstreckung von nicht auf Geldzahlung gerichteten Leistungsurteilen befassen. Das Gericht kann nach *Order* 42 *rule* 7 durch Haft- und Geldstrafen die Erfüllung zwingen, was das gesetzesrechtliche Äquivalent zu

---

755 *Beswick v. Beswick* [1968] A.C. 58, 88 90-91, 102.

756 *Evans Marshall & Co. Ltd. v. Bertola SA* [1973] 1 W.L.R. 349, 379.

757 *Scandinavian Tanker Trading Co. A.B. v. Flota Petrolera Ecuatoriana (The Scaptrade)* [1983] 2.A.C. 694 Seite 700f.

758 *Ryan v. Mutual Tontine Association* [1893] 1 Ch. 116.

759 Vergl. aber auch § 888 II ZPO nach dem im deutschen Recht die Leistung eines Dienstvertrags nicht zu erzwingen ist.

760 *Campus Oil Ltd. v. Minister for Industry and Energy (No. 2)* [1983] I.R. 88.

761 Vergl. Schweizer allgemein "Der Schutz der Rechtsverwirklichung im angelsächsischen Rechtskreis: Die Lehre vom Contempt of Court".

762 Im weiteren auch *RSC*.

763 *Order* 42: *"Execution"*
rule 1: *"Where any person is by judgement order directed to pay any money, or to deliver up or transfer any property real or personal to another, it shall not be necessary to make any demand thereof, but the person so directed shall be bound to obey such judgement or order upon being duly served with same without demand."*; vergl. Bunge 189ff.

contempt of court darstellt.[764] Alternativ kann der *High Court* nach seinem Ermessen veranlassen, daß die Leistung vom Gläubiger oder eines anderen vom Gericht ernannten Person ausgeführt werden solle. Die Kosten sind vom Verurteilten zu tragen.[765]

4) Ergebnis

Als Ergebnis kann festgehalten werden, daß die Rechtsschutzziele des deutschen Zivilrechts auch im irischen Recht bekannt sind, obwohl andere Regeln angewandt werden.

Sollte ein Schiedsgericht unter Anwendung ausländischen Rechts in seinem Schiedsspruch eine Partei zu einer Leistung verurteilen, bedeutet das nicht, das der *High Court* bei der Anerkennung und Vollstreckung unbedingt für Naturalerfüllung sorgen muß. Zwar wird, bevor ein Urteil im irischen Verfahren gefällt wird, in Erwägung gezogen, ob Schadenersatz ausreicht. In der weiteren Vollsteckungsphase nach *Order* 42ff. *RSC* kann das Gericht jedoch wieder nach eigenem Ermessen entscheiden, auf welche Art ein Leistungsurteil zu erfüllen ist. Somit sind in der Regel Schiedssprüche mit Leistungstenor möglich. Anders könnte es bei einem Schiedsspruch sein mit auf Abgabe einer Willenserklärung gerichteten Leitungstenor. Nach § 894 I ZPO "gilt die Erklärung als abgegeben, sobald das Urteil die Rechtskraft[766] erlangt hat". Die Wirkung des § 894 I ZPO wird nicht auf einen irischen Schiedsspruch Anwendung finden, auch wenn deutsches materielles Recht vom Schiedsgericht anzuwenden war.[767] Aber mit Anerkennung des Schiedsspruchs vom *High Court* wird diese Wirkung

---

764 *Order* 42 *r* 7: "*A judgement requiring any person to do any act other than the payment of money, or to abstain from doing anything, may be enforced by order of attachment or by committal*";
Zur englischen Regelung vergl. Goldrein Seite 321.

765 *Order* 42 *r* 31: "*If a mandamus, granted in an action or otherwise, or a manditory order, injunction, or judgement for the specific performance of any contract be not complied with, the Court, besides or instead of proceedings against the disobedient party for contempt, may direct that the act required to be done so far as practicable by the party by whom the judgement or order has been obtained, or some other person appointed by the Court, at the cost of the disobedient party, and upon the act being done, the expenses incurred may be ascertained in such manner as the Court may direct, and execution may issue for the amount so ascertained, and costs.*"

766 Siehe Thomas/Putzo § 704 Rn. 1: "Vollstreckungsfähig sind danach Endurteile (§ 300 [ZPO]) deutscher Gerichte".

767 Vergl. § 1056 ZPO: "Der Schiedsspruch hat unter den Parteien die Wirkung eines rechtskräftigen gerichtlichen Urteils".

herbeigeführt. Jedoch darf diese Willenserklärung keine Wirkung gegenüber der Allgemeinheit entfalten.

Schiedssprüche mit Feststellungstenor bedürfen nicht der Zwangsvollstreckung und sind auch aus dem Grund unbedenklich, da sie grundsätzlich nur zwischen den Parteien wirken. Deshalb erübrigt sich eine Einordnung ins irische Verfahrensrecht; es bleibt nur der Vermerk, daß die Erteilung als *equity*-Rechtsschutz im Ermessen des *High Court* gelegen hätte.

Obwohl ein auf Rechtsgestaltung gerichteter Schiedsspruch auch keiner Vollstreckung durch den *High Court* bedarf, ist große Vorsicht zu beachten, da ein Gestaltungsurteil eine unmittelbare Änderung der Rechtsverhältnisse bewirkt und zwar gegenüber jedermann. Ein Schiedsspruch darf aber nicht die Rechte Dritter beeinträchtigen, noch nach der herrschenden Literatur eine Wirkung gegenüber der Allgemeinheit entfalten. Aus diesem Grunde darf ein Schiedsspruch nur insoweit einen rechtsgestaltenden Tenor enthalten, solange er nur eine *inter parties* Wirkung anstrebt.[768]

e) Kosten

Das ModellG enthält keine Bestimmungen hinsichtlich der Kosten des schiedsrichterlichen Verfahrens.[769] So muß diese Lücke vom nationalen Recht gefüllt werden. Diese in s. 11 EinführungsG geregelte Frage wurde bereits in Hinblick auf die Befugnisse des Schiedsgerichts angesprochen. Hierzu muß ergänzt werden, daß, wenn das Schiedsgericht das von s. 11(4) oder s. 11(5) EinführungsG ausübt, die Entscheidung folgenden Inhalt haben muß:

- Begründung[770]
- Angabe der einzelnen zu erstattenden Kosten, Gebühren und Auslagen, je nach Sachlage, und die jeweiligen Beträge[771]
- Bestimmung, wer an wen diese Beträge zu zahlen hat.[772]

---

768 Vergl. Entwurf-Begründung Seite 35: "Grundsätzlich bestehen keine Bedenken dagegen, daß ein Schiedsgericht Entscheidungen mit rechtsgestaltender Wirkung erlassen kann, wie an dem einfachen Beispiel einer Rechtsstreitigkeit über die Wirksamkeit einer Vertragskündigung deutlich wird. Fraglich bleibt jedoch, inwieweit ein Schiedsspruch Rechtsgestaltung mit Wirkung für und gegen Dritte bewirken ... kann. Diese Problematik soll ... weiterhin der Lösung duch die Rechtssprechung unter Berücksichtigung der konkreten Umstände des Einzelfalls überlassen bleiben."

769 Vergl. Holzman Seiten 1123 und 1145.

770 S. 11(6)(a) EinführungsG.

771 S. 11(6)(b) EinführungsG.

Es besteht die Möglichkeit, eine Berufung am *High Court* gegen diese Entscheidung des Schiedsgerichts einzulegen.[773]

f) Wirkung und Bedeutung

Auch die Frage der Wirkung des Schiedsspruchs überschneidet sich mit der Problematik der Schiedsfähigkeit und der Problematik, welche Rechtsschutzmittel erteilt werden können. Nach Art. 35 I ModellG wird ein Schiedsspruch als bindend anerkannt und kann als Basis für einen Antrag für staatliche Vollstreckung dienen. Weiters enthält das ModellG in dieser Hinsicht keine Bestimmungen. Da der Schiedsspruch keine Wirkung gegenüber Dritten entfalten darf, kann er beispielsweise kein Eigentum übertragen.

Jedoch kann der Schiedsspruch in darauf folgenden Zivilverfahren zwischen den Parteien als unwiderlegbarer Beweis der darin festgestellten Tatsachen dienen. Bei einem späteren Verfahren vor ordentlichen Gerichten, wo eine Wirkung gegenüber jedermann angestrebt wird, kann sich eine Partei gegenüber einer anderen Partei aus dem schiedsrichterlichen Verfahren auf den Schiedsspruch verlassen.

7. Ordentliche Gerichte: Vor und während des Verfahrens

a) Allgemeines

Dieser Teil der Arbeit behandelt die Rolle der irischen Gerichte in der internationalen Handelsschiedsgerichtsbarkeit bis zur Beendigung des schiedsrichterlichen Verfahrens.[774] Das Leitprinzip ist in Art. 5 ModellG enthalten:

> "In den von diesem Gesetz geregelten Angelegenheiten darf ein Gericht nur tätig werden, soweit dieses Gesetz es vorsieht."[775]

Fraglich ist zunächst, welche Angelegenheiten als vom ModellG geregelt gelten. Hierzu bedarf es eines Rückgriffs auf die *travaux préparatoires*.[776]

---

772 S. 11(6)(c) EinführungsG.

773 S. 11(7) und (9) EinführungsG.

774 Vergl. Raghavan Seite 127f.

775 Übersetzung von Labis/Lörcher.

776 UN-Doc.-A/CN.9/263/Add.2 §§ 19-38; siehe Holzmann Seiten 224 bis 227.

Die gerichtliche Beteiligung bis zur Beendigung des schiedsrichterlichen Verfahrens wird vom ModellG ausschließlich in den folgenden Artikeln vorgesehen:[777]

- Art. 8 Schiedsvereinbarung und materieller Anspruch vor Gericht
- Art. 9 Schiedsvereinbarung und vorläufige gerichtliche Maßnahmen
- Art. 11 Bestellung der Schiedsrichter
- Art. 13 Ablehnungsverfahren
- Art. 14 Untätigkeit oder Unmöglichkeit der Aufgabenerfüllung
- Art. 15 Bestellung eines Ersatzschiedsrichters
- Art. 16 Befugnis des Schiedsgerichts zur Entscheidung über die eigene Zuständigkeit
- Art. 27 Gerichtliche Unterstützung bei der Beweisaufnahme[778]

Jedoch ist diese absolute Position des Art. 5 ModellG den Bestimmungen des EinführungsG unterstellt.[779] Solche Bestimmungen des EinführungsG, die ein zusätzliches Tätigwerden vorsehen, sind:

- *Section* 11(7) und (9) [Antrag an den *High Court*, erstattbare Kosten der Parteien untereinander bzw. bezüglich des Schiedsgerichts zu bestimmen]
- *Section* 13 [Nicht-Anwendung einer Frist bei Aufhebungsanträgen aufgrund der öffentlichen Ordnung]
- *Section* 14(1) [erlaubt dem *High Court* auf Antrag ein Urteil "in den Bestimmungen"[780] des Schiedsurteils aufzuzeichnen]
- *Section* 14(3) i.V.m. Art. 35 oder i.V.m. s. 14(1) und (2) [Anerkennung und Vollstreckung von Anordnungen vorläufiger Maßnahmen des Schiedsgerichts]
- *Section* 14(4) [sichert weitere Anwendbarkeit der Durchsetzung von Schiedssprüchen nach internationalen Übereinkommen]

Diese Bestimmungen werden unten in ihrem Kontext behandelt.

b) Verweis auf das schiedsrichterliche Verfahren

Es stellt sich die Frage, wie ein ordentliches Gericht sich zu verhalten hat, wenn bei ihm Klage in einer Angelegenheit erhoben wird, die Gegenstand einer Schiedsvereinbarung ist. Die einzige einschlägige Norm ist Art. 8 I ModellG. Sie

---

777 Vergl. Holzman Seite 218.

778 Art. 34 (Aufhebungsantrag ...) und 35 (Anerkennung und Vollstreckung ...) ModellG werden später behandelt.

779 S. 4 EinführungsG.

780 Engl. "*in the terms of the award*".

dient der Auslegung, die Bestimmung zunächst in sieben Elemente einzuteilen.[781] Sie sagt aus, daß

- ein Gericht
- vor dem Klage erhoben wird
- in einer Angelegenheit, die Gegenstand einer Schiedsvereinbarung ist
- die Parteien
- auf das schiedsrichterliche Verfahren verweisen muß,
- wenn eine Partei dies spätestens bei ihrer ersten Erklärung zur Substanz des Streits beantragt,
- es sei denn, daß das Gericht feststellt, daß die Schiedsvereinbarung nichtig, unwirksam oder undurchführbar ist.

aa) Definition des Begriffes "Gericht"

Fraglich ist, was ein Gericht i.S.d. Art. 8 I ModellG ist. Die Formulierung des Art. 8 I ModellG zeigt, daß es nicht auf die von Art. 6 ModellG angegebenen Gerichte beschränkt ist. Aus dem *travaux préparatoires* geht nur hervor, daß Art. II(3) NYÜ als Ausgangspunkt für die Formulierung des Art. 8 I ModellG diente. Diese Bestimmung wurde nur insoweit verändert, als daß die Formulierung "ein Gericht eines Vertragsstaates" auf "einem Gericht" reduziert wurde, um der Aufgabe eines Modellgesetzes im Gegensatz zu einem Staatsvertrag gerecht zu werden.[782] Somit kann auf die Rechtsprechung zur Umsetzungsnorm des Art. II(3) NYÜ ins irische Recht, und hilfsweise ins englische Recht, zurückgegriffen werden.

Es geht vom Wortlaut klar hervor, daß Art. 8 I ModellG bei Klagen vor den drei Zivilrechtsgerichten der ersten Instanz, nämlich dem *District Court*, *Circuit Court* und *High Court,* Anwendung findet.[783] Jedoch findet s. 5 Gesetz, 1980, und damit auch Art. 8 I ModellG, keine Anwendung bei anderen *fori*, z.B. administrativen oder quasi-justiziellen Tribunalen, vor denen Ansprüche verfolgt werden können.[784]

---

781 Vergl. Russel 21. Auflage § 7.021 zum *Channel Tunnel*-Fall [1993] A.C. 334.

782 UN-Doc.-A/CN.9/207 § 60, siehe Holzman Seite 310; und UN-Doc.-A/CN.9/SR.312 § 1-2, siehe Holzman Seite 324ff.

783 Vergl. Byrne & McCutcheon § 4.03.
Nach den Art. 34 bis 38 der Verfassung und den *Courts (Establishment and Constitution) Act*, 1961 und *Courts (Supplemental Provisions) Act*, 1961.

784 Siehe Mustill & Boyd Seite 469, vergl. auch Seite 30ff.; die Schiedsvereinbarung muß deshab nicht lehr laufen; ein Antrag an den *High Court* für eine *injunction* auf Grund Vertragsbruch wäre z.B. möglich.

bb) Klageerhebung

Auch hier diente Art. II(3) NYÜ als Ausgangspunkt, für die Formulierung, "vor dem Klage erhoben wird".[785] Mehr geben die *travaux préparatoires* zur Frage, was von der Klageerhebung umfaßt wird, nicht her. Jedoch ist aus der Formulierung "*seized of an action*" des Art. II(3) NYÜ in Art. 8(1) ModellG "*before which an action is brought*" geworden. Fraglich ist, ob diese Umwandlung, die schon im ersten Entwurf des ModellG vorkommt, eine Änderung der Bedeutung mit sich bringt?[786] Die Formulierung "*seized of*" ist ein *terminus technicus* des Gemeinen Rechts, mit dem umschrieben wird, daß ein Gericht zuständig ist. Dagegen erscheint die Formulierung "*before which*" lediglich sprachlich moderner und allgemein verständlicher. Den *travaux préparatoires* zufolge sollte nur eine ähnliche Regelung zu Art. II(3) NYÜ im ModellG eingefügt werden.[787] Gründe für die veränderte Formulierung sind nicht angegeben. Diese Umstände deuten darauf hin, daß nur in der Form, nicht aber die Substanz, geändert wurde.

Eine weitere Stütze für diese Annahme liegt in dem veränderten Anwendungsbereich des s. 5 Gesetz, 1980, welcher Art. II(3) NYÜ ins irische Recht umsetzen sollte.[788] S. 5 Gesetz, 1980 findet jetzt nach s. 16 EinführungsG im Regelungsbereich des ModellG keine Anwendung mehr. Hieraus kann entnommen werden, daß der Gesetzgeber seiner Auffassung nach, mit Art. 8 I ModellG seinen internationalen Verpflichtungen nach Art. II(3) NYÜ mit Art. 8 I ModellG Folge leistete.

Unklar ist, inwieweit die Rechtsprechung zu s. 5 Gesetz, 1980 mit seiner wiederum anderen Formulierung "*commences any proceedings in any court*" hilfreich sein kann, um Art. 8 I ModellG auszulegen. Die Form, in der der Anspruch bei Gericht geltend gemacht wird, ist unerheblich. So finden s. 5 Gesetz, 1980 und gleichfalls Art. 8(1) ModellG Anwendung, wenn der Anspruch auf dem Wege der Streitverkündung oder Widerklage anhängig wird.[789] Nach der Rechtsprechung des *common law*-Rechtskreises kann jedoch der Kläger nicht einen Beklagten nach Art. 8 I ModellG daran hindern, sich mit einer Angelegenheit zu verteidigen,

---

785 UN-Doc.-A/CN.9/207 § 60, siehe Holzman Seite 310.

786 UN-Doc.-A/CN.9/WG.II/WP.37, siehe Holzman Seite 312.

787 UN-Doc.-A/CN.9/216 § 35, siehe Holzman Seite 312.

788 Forde Seite 13f.

789 Auch unter den älteren Gesetzen war es bereits der Fall, vergl. *Chappel v. North* [1891] 2 Q.B. 252.

die Gegenstand einer Schiedsvereinbarung ist (im Gegensatz zu bei einer Widerklage).[790]

cc) Gegenstand einer Schiedsvereinbarung

Die Bedeutung des Wortes "Schiedsvereinbarung" wurde bereits im Zuge der Behandlung des Art. 7 ModellG definiert und muß nicht hier weiter ausgeführt werden. Wann eine Angelegenheit Gegenstand einer Schiedsvereinbarung ist, wurde im Abschnitt "Umfang" behandelt.

dd) Kein Ermessen

Damit Art. 8 I ModellG Anwendung findet, müssen sowohl Kläger als auch Beklagte Parteien zur Schiedsvereinbarung sein. Sollte es mehrere Kläger bzw. Beklagte geben, die nicht alle Partei der Schiedsvereinbarung sind, ist das Gericht dennoch verpflichtet, auf Antrag das Verfahren zwischen solchen Prozeßteilnehmern einzustellen, die Partei der Schiedsvereinbarung sind. Es steht dann im Ermessen des Gerichts, das Verfahren zwischen den anderen Parteien nach der Zuständigkeit im *Channel Tunnel*-Fall auch einzustellen.[791]

ee) Verweis

Das ModellG regelt nicht ausdrücklich in welcher Form eine Entscheidung nach Art. 8 I ModellG gefällt werden soll und welchen Status das Gerichtsverfahren danach einnimmt.[792] In Betracht käme ein *order staying proceedings* mit der damit verbundenen Wirkung.

Bei der Auslegung dieses Elements des Art. 8 I ModellG können zunächst nach s. 5(2) EinführungsG die *travaux préparatoires* herangezogen werden, um seine Wirkung zu bestimmen. Sollte eine Lücke bestehen, müßte sie vom nationalen

---

790 Vergl. Mustill & Boyd Seite 469; *Bulk Oil (Zug) AG v. Trans-Asiatic Oil Ltd. SA* [1973] 1 Lloyd's Rep 129 at 135.

791 Wie im Fall *Rousel-Uclaf v. G.D. Searle & Co. Ltd. and D.G. Searle & Co.* [1978] 1 Lloyd's Rep. 225 Seiten 229-230, vergl. Russel 21. Auflage § 7-021.

792 Nöcker gibt ohne weitere Begründung an, daß in den anglo-kanadischen Provinzen (d.h. im *common law*-Rechtskreis) die Entscheidung auf ein *order staying proceeding* gerichtet sein wird, Nöcker Seite 79.

Recht gefüllt werden.[793] Der in Art. 8 I ModellG enthaltene Ausdruck "auf das schiedsrichterliche Verfahren zu verweisen" ist dem Art. II(3) NYÜ entnommen.[794] Ursprünglich haben die Verfasser des ModellG in Erwägung gezogen, die Art der gerichtlichen Entscheidung durch zusätzliche Bestimmungen festzulegen, z.B. die Einstellung des Verfahrens, Klagezurückweisung bzw. Klageabweisung oder sogar die Parteien zum Schiedsverfahren zu zwingen.[795] Es wurde jedoch entschieden, daß die Art des Verweises auf das schiedsrichterliche Verfahren nach Art. 8 I ModellG "vom Gericht nach seinem eigenen Verfahrensrecht bestimmt werden" soll.[796] Die Verfasser waren sich bewußt, daß nach dem Verweis auf das schiedsrichterliche Verfahren weiterhin Anträge beim ordentlichen Gericht gestellt werden können, da der weitere Verlauf des Gerichtsverfahrens vom ModellG nicht behandelt wird und somit das Verfahren anhängig bleibt.[797] Somit besteht eine vom nationalen Recht zu füllende Lücke.

Es stellt sich dann die Frage, ob
(a) als Entscheidung i.S.d. Art. 8 I ModellG nach den nationalen Bestimmungen ein *order staying proceedings* in Frage käme und
(b) der irische *High Court* damit seiner Aufgabe, "die Parteien auf das schiedsrichterliche Verfahren zu verweisen", nachkommen würde.

Zu (a):
Der *High Court* besitzt eine inhärente Zuständigkeit, ein bei ihm anhängiges Verfahren einzustellen (*to stay*), welches einen Bruch einer Schiedsvereinbarung darstellt.[798] Diese Zuständigkeit kann nicht durch Art. 5 ModellG als ausgeschlossen erachtet werden, da es keine "Intervention"[799] und kein "tätig werden"[800] in einer vom ModellG geregelten Angelegenheit darstellt, nachdem die

793 Nöcker ist z.B. der Meinung, daß die Bestimmung des Art. 8(1) ModellG bedeutet, daß das staatliche Gericht über diesen Streitgegenstand nicht mehr sachlich entscheiden kann, Nöcker Seite 78.

794 UN-Doc.-A/CN.9/SR.312 § 1-2, siehe Holzman Seiten 302 und 324f.

795 UN-Doc.-A/CN.9/207 § 60, siehe Holzman Seite 310: "[*One could*] *attempt to specify the type of the court decision refering parties to arbitration, e.g. stay or dismissal of court proceedings. ...* [*or*] *one could also consider providing for an order to compel arbitration.*"

796 UN-Doc.-A/CN.9/216, siehe Holzman Seite 312: "*... should be left to be determined by the court according to its procedural law*".

797 UN-Doc.-A/CN.9/SR.312 § 12.

798 Urteil des Lord Mustill im Fall *Channel Tunnel Group Ltd. v. Balfour Beaty Construction Ltd.* [1993] A.C. 335 Seite 352: "*... inherent power of the court to stay proceedings brought before it in breach of an agreement to decide disputes in some other way ...*".

799 Wörtliche Übersetzung vom englischen Text des Art. 5 ModellG.

800 Übersetzung von Labis/Lörcher.

Verfasser diese Frage den nationalen Regeln überlassen haben.[801] Diese inhärente Zuständigkeit könnte entweder unmittelbar oder analog bei Fällen des Art. 8(1) ModellG angewandt werden.

Zu (b):
S. 5 Gesetz, 1980 wurde eingeführt, um Art. II(3) NYÜ ins irische Recht umzusetzen, obwohl es auch bei der nationalen Schiedsgerichtsbarkeit Anwendung findet.[802] Diese seit in Krafttreten des ModellG nur die nationale Schiedsgerichtsbarkeit regelnde Schwesternorm des Art. 8 I ModellG bestimmt ausdrücklich, daß beim Vorliegen einer wirksamen Schiedsvereinbarung auf Antrag vom Gericht ein *order staying proceedings* zu erlassen ist. Nach Auffassung des irischen Gesetzgebers ist somit mit der Klageseinstellung die Pflicht des Gerichts zum Verweis auf das schiedsgerichtliche Verfahren erfüllt. Weiters haben, wie bereits dargelegt, die Verfasser des ModellG bewußt ein *stay* des Gerichtsverfahrens als Entscheidung i.S.d. Art. 8 I ModellG anerkannt.[803] So würde das Gericht mit einem *order staying proceedings* im Einklang mit seiner bisherigen Praxis und der Absicht des Gesetzgebers seiner Pflicht gemäß Art. 8 I ModellG, "die Parteien auf das schiedsrichterliche Verfahren zu verweisen", nachkommen.

Fraglich bleibt dann, welcher Status das Verfahren in Folge einer *stay* nach Art. 8 I ModellG einnimmt. Hierbei muß

- zunächst auf die Wirkung des *order staying proceedings* (die ja vom Gemeinen Recht stammt) im nationalen Recht eingegangen werden und
- danach geprüft werden, ob diese Wirkung mit den Bestimmungen des ModellG vereinbar ist.[804]

Der *order staying proceedings* im nationalen Recht bewirkt, daß auf die Zuständigkeit des Gerichts nur vorübergehend verzichtet wird. Das Gericht behält seine grundlegende Zuständigkeit, welche unter Umständen wieder ausgeübt werden kann.[805] Der *stay* dient lediglich dazu, um der Schiedsvereinbarung

---

801 UN-Doc.-A/CN.9/216, siehe Holzman Seite 312.

802 Forde Seite 13f.

803 UN-Doc.-A/CN.9/207 § 60; Holzman Seite 310.

804 Insbesondere kommt Art. 5 ModellG in betracht.

805 In *O'Mahoney v. Lysaght* [1988] I.R. 29 hob das Gericht seine *stay*-Anordnung auf, weil eine Partei ihre Pflichten, das schiedsrichterliche Verfahren voran zu treiben, nicht nachkam; auch z.B. *Cameron v. Cuddy* [1914] A.C. 651 Seite 656, vergl. Mustill & Boyd Seite 156.

Wirkung zu geben, z.B. behält das Gericht diese Restzuständigkeit für den Zweck, Anordnungen zur Unterstützung des schiedsrichterlichen Verfahrens zu leisten.[806]

Art. 5 ModellG ist eindeutig in seinem Sinn. Die Gerichte können in den vom ModellG geregelten Angelegenheiten nur tätig werden, soweit das ModellG es vorsieht. Die im Gemeinen Recht verbleibende Restzuständigkeit nach einem *stay* muß dementsprechend im Anwendungsbereich des ModellG auf nicht-geregelte Angelegenheiten eingeschränkt werden. Obwohl diese Restzuständigkeit *de jure* vorliegt, verleiht sie dem Gericht keine Handlungskompetenz in der Hauptsache.

ff) Antrag einer Partei

Der Verweis kann nicht von Amts wegen geschehen.[807] Er muß von einer Partei der Schiedsvereinbarung beantragt werden.[808] Weiters muß die Partei, die sich auf den Schiedsvertrag bezieht, ihren Antrag auf Verweisung vor ihrer "ersten Erklärung zur Sache" an das Gericht stellen.[809]

Wie die irischen Gerichte Art. 8 ModellG trotz seines eindeutigen Wortlauts anwenden werden, bleibt abzuwarten. Im dem *common law*-Rechtskreis zugehörigen Kanada ist z.B. Art. 8 ModellG "mit unterschiedlichen Ergebnissen" gerichtlich ausgelegt worden.[810]

gg) Nichtig, unwirksam oder undurchführbar

Der Verweis an das schiedsrichterliche Verfahren erfolgt nicht, wenn das Gericht feststellt, daß die Schiedsvereinbarung "nichtig, unwirksam oder undurchführbar" ist. Diese Formulierung ist von Art. II(3) NYÜ bewußt ohne Änderung übernommen worden.[811] Nähere Anhaltspunkte, welche Bedeutung ihr zukommen soll, enthalten die *travaux préparatoires* nicht.[812] Das New Yorker Überein-

---

806 *The Tuyuti* [1984] Q.B. 838; *The Rena K* [1978] 1 Lloyd's Rep. 545.

807 UN-Doc.-A/CN.9/246 § 22, UN-Doc.-A/CN.9/264, Art. 8, § 3; Siehe Holzman Seiten 302, 320 und 324.

808 Auch vom Kläger, im Gegensatz zum nationalen Recht vergl. s. 5 Gesetz, 1980.

809 Vergl. O Floin Seite 415; Scottisch Advisory Committee-Bericht Seite 11.

810 Siehe Paterson Seite 168ff. zur Lage in Kanada.

811 Holzman Seite 303.

812 Holzman Seite. 305: "*The legislative history of Article 8 provides no other insights into the intended meaning of the terms 'null void, inoperative or incapable of being*

kommen ist mit dem Gesetz, 1980, ins irische Recht umgesetzt worden. Die Bestimmungen des Art. II(3) New Yorker Übereinkommen sind in s. 5 Gesetz, 1980 (und jetzt auch in s. 9 des englischen *Arbitration Act*, 1996) zu finden. So kann die irische Rechtsprechung zu dieser Norm für die Auslegung des ModellG herangezogen werden. Da keine veröffentlichte irische Rechtsprechung[813] sich mit dieser Auslegungsfrage befaßt, muß hilfsweise auf die Rechtsprechung anderer *common law*-Rechtssysteme, insbesondere England, zurückgegriffen werden.

Angebliche Schiedsvereinbarungen sind von den Gerichten als nichtig (*null and void*) behandelt worden, wenn sie (im Gegensatz zum Hauptvertrag) nie abgeschlossen wurden oder *ex tunc* als nichtig erklärt worden sind.[814] Jedoch wird das Gericht - wenn dies vertretbar ist - der Schiedsvereinbarung Wirkung verleihen.[815] Die Verfasser sahen davon ab, ausdrücklich in Art. 8 ModellG auf die Schiedsfähigkeit der Angelegenheit einzugehen, worauf sich die Schiedsvereinbarung bezieht, aus dem Grunde, daß in der Regel eine Schiedsvereinbarung über eine nicht schiedsfähige Angelegenheit nichtig ist.[816]

Der Ausdruck "*inoperative*" hat im *common law*-Rechtskreis keine feste Bedeutung. Ein Kommentar schlägt drei Gründe vor, weswegen eine Schiedsvereinbarung für die Zukunft keine Wirkung besitzt (bzw. untergegangen ist), jedoch nicht *ex tunc* nichtig war.[817] Zuerst, ein zuständiges Gericht hat angeordnet, daß die Schiedsvereinbarung keine weitere Wirkung entfalten soll. Zweitens, die Bestimmungen des Vertragsrecht im Gemeinen Recht wirken dahingehend.[818] Drittens, die Parteien haben durch Vereinbarung den (Schieds)vertrag aufgehoben.[819]

Mit dem Begriff "*incapable of being performed*" - undurchführbar - haben sich die Gerichte mehr befaßt. Er bedeutet mehr als eine schlichte Schwierigkeit, das schiedsrichterliche Verfahren durchzuführen.[820] Die Vereinbarung kann nicht

---

performed' ...In addition, the terms of the New York Convention have been rarely the subject of court decisions ...".

813 Sog. "*reported judgements*".

814 Beispielsweise wenn erfolgreich angefochten.

815 *Paul Smith Ltd. v. H&S International Holdings Inc.* [1978] 1 Lloyd's Rep. 225; vergl. auch *ABN Amro Bank Canada v. Krupp Mak Maschinenbau GmbH and Others* (1997) 6 A.D.R.L.J. 37 (Kanada).

816 UN-Doc.-A/CN.9/246 § 23; und UN-Doc.-A/CN.9/245 § 187; siehe Holzman Seiten 303, 318 und 320.

817 Mustill & Boyd Seite 464.

818 Vergl. *Bremer Vulkan*-Fall [1982] A.C. 909.

819 Beispielsweise im Fall *H Kruidenier (London) Ltd. Egyptian Navigation Co, The El Amia (No 2)* [1980] Lloyd's Rep 166 erfolglos vorgetragen.

820 Mustill & Boyd Seite 465.

ausgeführt werden, obwohl die Parteien dazu bereit und fähig sind.[821] Als Beispiel wird angeführt, daß ein namentlich nominierter Einzelschiedsrichter sich weigert, tätig zu werden.[822] Das Argument, die Einrede der Verjährung verhindere den Anspruch auf die Hauptobligation ist kein Umstand, der die Schiedsvereinbarung ohne weiteres undurchführbar macht.[823]

hh) Anwendbares Recht

Fraglich ist aber, welches Recht der (irische) *High Court* anwenden wird, wenn er sich mit einem Antrag gemäß Art. 8 I ModellG befassen muß. Art. 8 I ModellG läßt diese Frage ungeregelt.[824] Jedoch zeigen die *travaux préparatoires*, daß die Verfasser der Auffassung waren, daß die Gültigkeit des die Schiedsvereinbarung bestimmenden Rechts für die Zwecke des Art. 8 ModellG nicht *ipso jure* das *lex fori* ist.[825] Es wird aber in der Literatur darauf hingewiesen, daß nach Art. 34 II(a)(i) und 36 I(a)(i) ModellG zwecks Aufhebung, Anerkennung und Vollsteckung, das *lex arbitri* die Gültigkeit der Schiedsvereinbarung bestimmt, es sei denn, ein anderes Recht ist von den Parteien bestimmt worden und es wäre abnorm, zum Zeitpunkt des Verweises anderes Recht auf das schiedsrichterliche Verfahren anzuwenden.[826]

Insbesondere stellt sich die Frage, welches Recht anzuwenden wäre, wenn die Frage der Schiedsfähigkeit vor dem Verweis entschieden werden müßte, da dies die Gültigkeit der Schiedsvereinbarung beeinflussen könnte. Die Art. 34 II (a)(i) und 36 I (a)(i) ModellG bestimmen einerseits, daß die Gültigkeit der Schiedsvereinbarung vom *lex abritri* bestimmt werden soll, es sei denn die Parteien haben anderes vereinbart. Anderseits kann das Gericht nach Art. 34 II (b)(i) und 36 I (b)(i) ModellG den Schiedsspruch aufheben bzw. die Anerkennung und Vollsteckung verweigern, wenn die Streitangelegenheit nach dem *lex fori* nicht schiedsfähig ist. Bei der Anerkennung und Vollsteckung können *lex arbitri* und *lex fori* auseinanderfallen. In der Literatur herrscht Unstimmigkeit, welches Recht im Rahmen des Art. 8 ModellG anzuwenden ist. Die Lösung ist im ModellG nicht

---

821 *Paczy v. Haendler and Natermann GmbH* [1981] 1 Lloyd's Rep 302.

822 Mustill & Boyd Seite 465;
Im Anwendungsbereich des ModellG müßte zusätzlich aus der Parteienvereinbarung hervorgehen, daß kein Ersatzschiedsrichter nach Art. 15 ModellG zu bestellen ist.

823 *The Merak* [1964] 2 Lloyd's Rep 283 at 295.

824 Vergl. Holzman Seite 304.

825 Vergl. UN-Doc.-A/CN.9/232 § 51, Holzman Seiten 303 und 314.

826 Holzman Seite 303; Nöcker Seite 79.

zu finden.[827] Jedoch sind die Schwierigkeiten, die damit verbunden sind, wenn ein Gericht sich mit den Regeln der Schiedsfähigkeit einer anderen Rechtsordnung befassen muß, offenbar.[828] Deshalb ist bei der Anwendung des Art. 8 ModellG das *lex fori* vorzuziehen, wenn es um die Schiedsfähigkeit der Streitangelegenheit geht. Diese Frage bleibt jedoch offen, da keine Rechtssprechung vorhanden ist, aus der die Auffassung des irischen *High Court* zu dieser Frage hervorgeht.

ii) Verfahrensregeln

Bei einem am *High Court* anhängigen Verfahren wird der Antrag mit dem Verweis auf das schiedsrichterliche Verfahren gemäß Art. 8 I ModellG von den *Rules of the Superior Courts* geregelt werden.[829] Der Antrag wird sich auf eine eidesstattliche Erklärung stützen, um die erforderlichen Tatsachen darzulegen,[830] und ist den anderen Parteien zuzustellen.[831] Es bedarf deshalb im Regelfall keiner mündlichen Verhandlung. Die Erklärung sollte Hörensagen vermeiden.[832]

Gegen die Entscheidung des *High Court* nach Art. 8 I ModellG i.V.m. s. 4 EinführungsG steht der unterliegenden Partei als Rechtsmittel die Revision am *Supreme Court* nach Art. 34.4.3° der Verfassung offen.[833] Die Absicht Revision einzulegen, muß innerhalb von 21 Tagen nach Erlaß und der offiziellen Auf-

---

827 Vergl. Holzman Seite 304, v.d. Berg Seite 154 (zum NYÜ).

828 Siehe v.d. Berg Seite 152ff.

829 Zur Beweislast Mustill & Boyd Seite 464.

830 *Order* 40 *r* 1 *RSC:* "*Upon any petition, motion or other application, evidence may be given by affidavit, but the Court may, on the application of either party, order the attendence for cross-examination of the person making any such affidavit.*"

831 *Order* 52 *r* 16 *RSC*: "... *an affidavit shall not be used* ... *unless same shall have been filed and a copy thereof delivered to the opposite party or parties before the hearing of the application*".

832 *Order* 40 *r* 4: "*Affidavits shall be confined to such facts as the witness is able of his own knowledge to prove, and shall state his means of knowledge thereof, except on interlocutory motions, on which statements as to beliefs, with the grounds thereof, may be admitted.* ...".

833 Art. 34.4.3° der Verfassung: "*The Supreme Court shall, with such exceptions and subject to such regulations as may be prescribed by law, have appeallate jurisdiction from all decisions of the High Court,* ...". Keine Ausnahme ist im Falle des Art. 8 ModellG vom Gesetz vorgesehen (vergl. im Gegensatz Art. 16(3) ModellG). Die vom Gesetz vorgeschiebene Regelung ist in *Order 58 RSC* zu finden, die die Fristen und dergleichen festlegt.

zeichnung der Entscheidung, der anderen Partei zugestellt werden.[834] Die Revision findet in der Form einer neuerlichen Anhörung vor dem *Supreme Court* statt.[835] Der *Supreme Court* kann nach seinem eigenen Ermessen weitere Beweisaufnahme hinsichtlich Tatsachen erlauben, sei es durch mündliches Verhör oder eidesstattliche Versicherung (*affidavit*).[836] Bei vorläufigen Entscheidungen, zu deren Kategorie in der Praxis Entscheidungen nach Art. 8 I ModellG gehören, bedarf es keiner besonderen Erlaubnis, um weitere Beweise zu erheben. Wenn es sich bei der Revision vor dem *Supreme Court* um eine Tatsache handelt, muß die relevante Beweisaufnahme vor dem *High Court* in folgender Form beim höheren Gericht dargelegt werden (a) Beweisaufnahme durch eidesstattliche Versicherung, - durch Vorlage der eidesstattliche Versicherung,[837] (b) mündliche Beweisaufnahme, - durch Vorlage des richterlichen Protokollbuchs, oder anderer Materialien, die der *Supreme Court* für richtig hält.[838] Wenn vorhanden wird der *Supreme Court* das Protokoll des Verfahrens heranziehen.[839] Es muß aber festgehalten werden, daß es die überwiegende Praxis des *Supreme Court* ist, eine neuerliche Anhörung nur insoweit durchzuführen, als nur solche Dokumente herangezogen werden und können, die die Substanz der mündlichen Anhörung und Beweisaufnahme vor dem *High Court* schriftlich festhalten.[840]

c. Verfahrensbegleitung

aa) Allgemeines

Innerhalb des Anwendungsbereichs des ModellG kann ein Gericht nur in der Weise tätig werden, wie es vom ModellG bestimmt wird (Art. 5 ModellG). Die vom ModellG bestimmten Beteiligungs- oder Eingriffsbefugnisse des Gerichts vor der Beendigung eines vom ModellG geregelten schiedsrichterlichen Verfahren vor seiner Beendigung, werden unten nach ihrer Reihenfolge im ModellG, behandelt. Diese betreffen:

- Anordnung vorläufiger sichernder Maßnahmen
- Bestellung und Ablehnung von Schiedsrichtern

---

834 *Order* 58 *r* 3(1) *RSC*; der *Supreme Court* kann jedoch diese Frist nach seinem eigenen Ermessen erweitern (*Order* 58 *r* 3(4) *RSC*).

835 *Order 58 r* 1 Satz 1 *RSC*.

836 *Order* 58 *r* 8 Satz 1 *RSC*.

837 *Order* 58 *r* 14(a) *RSC*.

838 *Order* 58 *r* 14(b) *RSC*.

839 Beispielsweise *Superwood v. Sun Alliance* [1995] I.R.

840 Beobachtung des Mr. Justice Henchy im Fall *Northern Bank Finance v. Charlton* [1979] I.R. 149.

- Bestimmung der Zuständigkeit
- Beweisaufnahme.

Weiters können nach dem EinführungsG auch während des schiedsrichterlichen Verfahrens Art. 17-Anordungen des Schiedsgerichts auf vorläufige sichernde Maßnahmen und Zwischenschiedssprüche von der ordentlichen Gerichtsbarkeit vollstreckt werden.[841]

bb) Vorläufige sichernde Maßnahmen

(1) Allgemeines

Art. 9 ModellG bestimmt ausdrücklich, daß eine Partei im Einklang mit einer Schiedsvereinbarung vor und während des schiedsrichterlichen Verfahrens bei "einem Gericht" vorläufige sichernde Maßnahmen[842] beantragen, und "ein Gericht" solche Maßnahmen anordnen kann.[843] Obwohl das ModellG nicht vorsieht, daß nur besondere Gerichte für Anträge i.S.d. Art. 9 ModellG zuständig sein sollen,[844] wird diese Zuständigkeit auf den *High Court* von s. 6(1) EinführungsG für "die Zwecke" des Art. 9 beschränkt.[845]

Fraglich ist, was unter vorläufigen sichernden Maßnahmen zu verstehen ist.[846] Die Verfasser des ModellG beabsichtigten, die Zuständigkeit des Gerichts nicht auf bestimmte Arten vorläufiger Maßnahmen zu beschränken.[847] Zumindest sollten Maßnahmen zur Erhaltung des Streitgegenstands, zum Schutz von Geschäftsgeheimnissen sowie der Arrest zur Streitwertsicherung, der sich auch an Drittpersonen richten kann, umfaßt werden.[848]

---

841 S. 14 EinführungsG.

842 Engl. "*interim measures of protection*"; vergl. Übersetzung Labis/Lörcher: "vorläufige oder sichernde Maßnahmen".

843 Vergl. *Delphi Petroleum Inc. Derin Shipping and Trading Ltd.* (1996) 5 A.D.R.L.J. 18 (Federal Court of Canada).

844 Vergl. Art. 6 ModellG.

845 Siehe Paterson Seite 164f. zu Schwierigkeiten mit der kanadischen Rechtsprechung.

846 Vergl. *Katran Shipping Co. Ltd. v. Kenven Transportation Ltd.* [1992] A.D.R.L.J. 235 (Hong Kong).

847 Siehe Holzman Seite 332.

848 Vergl. UN-Doc.-A/CN.9/245 § 188, Holzman Seite 340; UN-Doc.-A/CN.9/246 § 26, Holzman Seite 341f.; UN-Doc.-A/CN.9/264, Art. 9, § 4, Holzman Seite 343.; UN-Doc.-A/40/17, § 96, Holzman Seite 345f.

Es geht aus dem Wortlaut und den *travaux préparatoires* eindeutig hervor, daß Art. 9 ModellG dem *High Court* keine Befugnis verleiht, vorläufige sichernde Maßnahmen anzuordnen. Auch die *travaux préparatoires* bestätigen, daß lediglich sichergestellt ist, daß wenn eine Partei eine solche Zuständigkeit in Anspruch nimmt bzw. ein Gericht es ausübt, dies nicht als Verzicht auf die Schiedsvereinbarung zu behandeln ist bzw. nicht von Art. 5 ModellG unterbunden wird.[849] Sollte also eine solche Zuständigkeit bestehen, müßte ihre Quelle außerhalb des ModellG zu finden sein.[850]

(2) Quelle

Diese Quelle ist wahrscheinlich in s. 7(1) EinführungsG zu finden. Sie bestimmt, daß

> "um den Zwecken des Art. 9 [ModellG]... Wirkung zu verleihen, kann der *High Court*, auf Antrag ... hinsichtlich eines internationalen Handelsschiedsverfahrens, jede Anordnung erlassen, bezüglich [(a) bis (f)][851], welche er für den Zweck und bezüglich eines Verfahrens oder einer anderen Angelegenheit beim *High Court* verfügen könnte."

Die Formulierung "um den Zwecken des Art. 9 [ModellG] ... Wirkung zu verleihen" ist in dieser Norm unverständlich. Die Wirkung des Art. 9 ModellG ist, wie bereits dargestellt, zweierlei. Er stellt erstens fest, daß eine Partei durch Antrag an ein Gericht auf vorläufige sichernde Maßnahmen nicht auf ihr Recht

---

849 Vergl. Holzman Seite 332.

850 Beispielsweise nach ss. 47ff. *Patents Act*, 1992

851 Diese Anordnungen betreffen:
- (a) Erhaltung, vorläufige Besitznahme oder Verkauf von steitgegenständlichen Objekten
- (b) Sicherung der Streitsumme
- (c) Sicherheit für Kosten
- (d) Maßnahmen des einstweiligen Rechtsschutzes
- (e) Bestellung eines Zwangsverwalters
- (f) Beschlagnahme, Erhaltung oder Untersuchung allen streitgegenständlichen Eigentums oder Sachen
- (g) Zu diesen Zwecken kann es
  - (i) den Zugang zu Grundstücken oder Gebäuden, die sich im Bestiz einer Partei befinden, oder
  - (ii) die Entnahme von Proben, die Durchführung von Untersuchungen oder Experimenten, um

  Information oder Beweise vollständig zu erhalten, erlauben.

zur Implementierung der Schiedsvereinbarung verzichtet. Zweitens, daß im Regelungsbereich des ModellG das angerufene Gericht trotz Art. 5 ModellG tätig werden kann. Diese zwei Wirkungen sind an und für sich völlig ausreichend, um den gewünschten Regelungseffekt zu erzielen. Der irische Gesetzgeber scheint die Bedeutung des Art. 9 ModellG verkannt zu haben, es sei denn, er wollte einem nicht ausdrücklich genannten Zweck des Art. 9 ModellG Wirkung verleihen. Für die Möglichkeit einer Fehlauslegung des Art. 9 ModellG spricht der Inhalt des s. 7(3)(a) EinführungsG, welcher bestimmt: " ... nichts in dieser Norm beeinträchtigt die Allgemeinheit des Art. 9 [ModellG] ...". Die Existenz dieser Bestimmung ist nur zu verstehen, wenn davon ausgegangen wird, daß Art. 9 ModellG dem *High Court* eine Zuständigkeit einräumen würde, anstatt anzunehmen, daß eine sonst bestehende Zuständigkeit trotz Art. 5 ModellG nicht ausgeschlossen wird, was jedoch der Fall ist.

Trotz der unerklärlichen Elemente der Formulierung des s. 7 EinführungsG müßte es unstreitig sein, daß der Gesetzgeber dem *High Court* die Zuständigkeit verleihen wollte, vorläufige sichernde Maßnahmen, nach Art von Art. 9 ModellG, auf Antrag anordnen zu können. Es ist unvorstellbar, daß der *High Court* diesen gesetzgeberischen Willen wegen der unbefriedigenden Formulierung nicht Wirkung verleihen würde.

Fraglich ist, ob diese vom Gesetzgeber vorgesehene Zuständigkeit des *High Court*, vorläufige sichernde Maßnahmen anzuordnen, durch Parteienvereinbarung ausgeschlossen werden kann. Im ModellG ist die Lösung nicht zu finden. Obwohl die Verfasser sich einig waren, daß eine Vereinbarung der Parteien, keine vorläufige Maßnahmen beim Gericht zu ersuchen, von Art. 9 ModellG unberührt bleiben sollte, ist die Frage, welche Wirkung eine solche Vereinbarung besitzt, vom ModellG nicht geregelt.[852] So muß auf das nationale Recht zurückgegriffen werden.[853] Es findet die allgemeine Regel Anwendung, daß eine Vereinbarung, die Zuständigkeit des Gerichts auszuschließen, aus Gründen der öffentlichen Ordnung wirkungslos ist.[854] Da aber die Ausübung dieser Zuständigkeit im Ermessen des Gerichts steht, schlägt ein Kommentar vor, daß der Inhalt der sonst unwirksamen Vereinbarung beim Ausüben dieses Ermessens Einfluß haben könnte.[855]

---

852 UN-Doc.-A/40/17§ 97; UN-Doc.-A/CN.9/SR.312 § 42ff.; siehe Holzman Seiten 333, 344ff.

853 Vergl. Russel 21. Auflage § 7-111.; und Mustill & Boyd Seiten 57, 92 und 268.

854 Grundsatz im Fall *Doleman & Sons v Osset Corpn* [1912] 3 K.B. 257; vergl. Mustill & Boyd Seite 57 zum alten englischen Recht.

855 Mustill & Boyd Seite 57.

(3) Verfahrensweise

Anträge auf vorläufige sichernde Maßnahmen können nur beim *High Court* gestellt werden.[856] Der Antrag kann in summarischer Art erfolgen.[857] Das hat die Folge, daß Tatsachen in erster Linie mit eidesstattlicher Erklärung bewiesen werden können.[858] Sollte der Antrag angenommen werden, kann die Anordnung des *High Court* mit Haft- und Geldstrafen vollstreckt werden.[859] Es steht die Berufung an den *Supreme Court* offen, da dies nicht gesetzlich ausgeschlossen ist.[860]

cc) Bestellung und Entfernung von Schiedsrichtern

(1) Allgemeines

In Kapitel III des ModellG wird als Ausnahme zu Art. 5 ModellG die gerichtliche Tätigkeit erlaubt, um bei besonderen Umständen Schiedsrichter

- zu bestellen,[861]
- wegen mangelnder oder fehlender Voraussetzungen zu entfernen,[862]
- wegen Untätigkeit oder Unmöglichkeit der Aufgabenerfüllung zu entfernen,[863] oder
- als Ersatz zu bestellen.[864]

(2) Bestellung

Wie im Regelfall Schiedsrichter zu ernennen sind, wurde bereits dargelegt. Die Bestellung folgt nach Art. 11 II ModellG zunächst nur den Bestimmungen der Parteienvereinbarung, dann hilfsweise nach Art. 11 III bzw. IV ModellG ohne gerichtliche Beteiligung, und schließlich als letzte Maßnahme, auf Antrag gemäß Art. 11 III bzw. IV ModellG durch gerichtliche Ernennung.[865] Nur die Parteien

856 S. 6(2) EinführungsG.
857 S. 6(3) EinführungsG.
858 *Order* 37 *r* 1 *RSC*.
859 *Order* 42ff. *RSC*.
860 Art. 34.4.3° der Verfassung; *Order* 58 *r* 1 *RSC*.
861 Art. 11 ModellG.
862 Art. 13 ModellG.
863 Art. 14 ModellG.
864 Art. 15 i.V.m. Art. 11 ModellG.
865 Die Verfasser stellen klar, daß die Formulierung "die Anordnung der erforderlichen Maßnahmen" in Art. 11 IV ModellG bedeuten soll, daß das Gericht den Schiedsrichter selbst ernennt; siehe UN-Doc.-A/CN.9/246 § 32; Holzman Seite 378.

sind antragsberechtigt.[866] Als Gericht ist alleine der *High Court* bestellungsberechtigt.[867]

In Art. 11 V ModellG werden die vom *High Court* bei der Bestellung zu beachtenden Aspekte aufgeführt. Diese umfassen die von den Parteien vereinbarten Eigenschaften der Schiedsrichter und das Sicherstellen ihrer Unabhängigkeit und Unparteilichkeit. Fraglich ist jedoch, welche praktische Auswirkung diese Bestimmung für die Entscheidung des *High Court* haben wird.[868] Gegen die Entscheidung des *High Court* steht kein Rechtsmittel zur Verfügung.[869]

(3) Entfernung aufgrund mangelnder Eigenschaften

Die abschließenden Gründe, warum ein Schiedsrichter abgelehnt werden kann, wurden bereits dargelegt. Auch ist bereits dargelegt worden, daß die Parteien frei sind, ein Verfahren für die Ablehnung eines Schiedsrichters zu vereinbaren. Hilfsweise gilt ein vom ModellG vorgeschriebenes Verfahren, welches keine gerichtliche Tätigkeit beinhaltet, sondern nur die der Parteien, des betroffenen Schiedsrichters und des Schiedsgerichtes.[870]

Eine Partei muß sich aber nicht mit dem Ergebnis dieser außergerichtlichen Mechanismen abfinden. Allerdings erst nach deren Erschöpfung eröffnet Art. 13 III i.V.m. Art. 6 ModellG und s. 6 EinführungsG der ablehnenden Partei die Möglichkeit, die Ablehnung des Schiedsrichters innerhalb eines Monats, nach Kenntnis der mangelnden Eigenschaften, beim *High Court* zu beantragen. Der *High Court* ist bei seinen Erwägungen auf den Vorwurf beschränkt, daß berechtigte Zweifel an der Unparteilichkeit oder Unabhängigkeit des Schiedsrichters bestehen, oder er die von den Parteien vereinbarten Eigenschaften nicht erfüllt. Gegen die Entscheidung des *High Court* ist kein Rechtsmittel zulässig.[871] Der Antrag an den *High Court* beeinflußt den Verlauf des schiedsrichterlichen Verfahrens nicht. Das Schiedsgericht kann sogar einen Schiedsspruch fällen.[872]

---

866 Siehe Wortlaut des Art. 11 III und IV ModellG.

867 Art. 11 III und IV i.V.m Art. 6 ModellG und s. 6(1) EinführungsG.

868 Vergl. Paterson zu Schwierigkeiten in der Praxis in Kanada.

869 Art. 11 V Satz 1 ModellG.

870 Art. 13 I ModellG.

871 Art. 13 III Satz 1 a. E. ModellG.

872 Art. 13 III a. E. ModellG.

(4) Entfernung aus weiteren Gründen

(a) Allgemeines

Die Gründe nach Art. 14 ModellG, die zur Beendigung des Mandats eines Schiedsrichters führen können, wurden bereits geschildert. Sie sind die Unmöglichkeit, *de jure* oder *de facto* seine Aufgaben zu erfüllen, oder aus anderen Gründen seinen Aufgaben in angemessener Frist nicht nachzukommen.[873] Das Mandat endet dann, wenn der Schiedsrichter von seinem Amt zurücktritt oder wenn die Parteien die Beendigung vereinbaren. Sollte aber der betroffene Schiedsrichter nicht zurücktreten und sollten die Parteien sich nicht einigen können, weil Meinungsverschiedenheiten[874] über einen dieser Gründe bestehen, kann eine Partei nach Art. 14 I Satz 2 i.V.m. Art. 6 ModellG und s. 6 EinführungsG beim *High Court* eine Entscheidung über die Beendigung des Mandats beantragen. Gegen die Entscheidung des *High Court* ist nach Art. 14 I Satz 2 a.E. ModellG kein Rechtsmittel zulässig.

(b) Ausschluß der Zuständigkeit

Es stellt sich die Frage, ob diese Zuständigkeit des *High Court* durch Parteienvereinbarung ausgeschlossen bzw. umgangen werden kann. Im Gegensatz zur Zuständigkeit nach Art. 13 ModellG und im Falle der Ablehnung nach den in Art. 12 ModellG festgelegten Gründen, ist diese Frage für die von Art. 14 ModellG geregelten Umstände nicht ausdrücklich geregelt. Fraglich ist, ob es sich um eine vom ModellG geregelte Angelegenheit handelt. Auch aus den *travaux préparatoires* geht keine eindeutige Antwort hervor.[875]

Die unzufriedene Partei ist aber nur antragsberechtigt, wenn "Meinungsverschiedenheiten" bestehen. Als Umkehrschluß könnte behauptet werden, der *High Court* erhalte nur ab Vorliegen einer Meinungsverschiedenheit seine Zuständigkeit. Weiters müssen zwei Bestimmungen des ModellG in Betracht gezogen werden. Erstens Art. 2 (d) ModellG, welcher den Parteien das Recht einräumt, Entscheidungen an Drittpersonen (einschließlich einer Einrichtung) zu delegieren. Zweitens Art. 14 I Satz 1 ModellG, welcher ausdrücklich den Parteien

873 Art. 14 I Satz 1 ModellG.

874 Engl. "*controversy*",

875 Vergl. Holzman Seite 441.

zu entscheiden erlaubt, ob das Mandat zu beendigen ist.[876] Aus diesen drei Elementen schließt ein Kommentar[877] überzeugend die folgenden Schlüsse:

- Die Parteien können einen Dritten bzw. einer Einrichtung die Aufgabe erteilen, über die von Art. 14 ModellG geregelten Angelegenheiten zu entscheiden, indem sie das in Art. 14 I Satz 1 ModellG enthaltene Recht, das schiedsrichterliche Mandat durch gemeinsame Entscheidung zu beenden, mit der von Art. 2(d) ModellG eingeräumten Befugnis, Entscheidungen zu delegieren, verbinden.
- Durch die Delegationsentscheidung der Parteien kann die unzufriedene Partei nicht behaupten, es bestehe eine Meinungsverschiedenheit i.S.d. Art. 14 I Satz 2 ModellG. Somit bestehen keine Umstände, die eine Zuständigkeit des *High Court* gemäß Art. 14 ModellG begründen.
- Dieser Ansatz hat den Vorteil, daß er die Regel des Gemeinen Rechts beachtet, nach der die Zuständigkeit eines Gerichts nicht durch Vereinbarung ausgeschlossen werden kann. Es steht den Parteien offen, Umstände zu vereinbaren, unter denen die gerichtliche Zuständigkeit nicht eintritt.[878]

(c) Bestellung eines Ersatzschiedsrichters

Die Umstände für die Ernennung eines Ersatzschiedsrichters wurden bereits geschildert sowie die Frage, welche Mechanismen das ModellG dafür vorsieht. Der Ersatzschiedsrichter ist nach den selben Regeln wie für die Bestellung der Schiedsrichter zu ernennen.[879] Eine Beteiligung des *High Court* wird sich dann nur insoweit ergeben, als die Parteienvereinbarung i.V.m. Art. 11 ModellG es vorsieht.

(d) Verfahrensweise

Die Anträge an die ordentliche Gerichtsbarkeit auf Bestellung und Entfernung von Schiedsrichtern können nur an den *High Court* gestellt werden.[880] Der Antrag kann summarisch erfolgen,[881] so daß Tatsachen zunächst mit eidesstattlicher

---

876 So die Verfasser des ModellG: UN-Doc.-A/CN.9/263 § 1,2 und Add.1 § 2; Holzman 451ff.; und UN-Doc.-A/40/17 § 136, Holzman Seite 462.

877 Holzman Seite 440ff.

878 Vergl. *Scott v. Avery* (1856) 5 H.L.Cas. 811.

879 Art. 15 a.E. ModellG.

880 S. 6(1) EinführungsG.

881 S. 6(3) EinführungsG.

Versicherung bewiesen werden können.[882] Gegen die Entscheidung des *High Court* sind keine Rechtsmittel offen.[883]

d) Zuständigkeit und Vollstreckung

aa) Allgemeines

Im Kapitel IV ModellG i.V.m. dem EinführungsG sind die folgenden Ausnahmen zu Art. 5 ModellG zu finden:

- Über die Zuständigkeit des Schiedsgerichts auf Antrag während des schiedsrichterlichen Verfahrens zu entscheiden[884]
- Anerkennung und Vollstreckung der vom Schiedsgericht angeordneten vorläufigen sichernden Maßnahmen[885]
- Anerkennung und Vollstreckung von Zwischenschiedssprüchen[886]

bb) Zuständigkeit des Schiedsgerichts

Es wurde bereits dargelegt, daß das Schiedsgericht nach Art. 16 I ModellG befugt ist, über alle Einreden hinsichtlich des Bestehens seiner Zuständigkeit zu entscheiden.[887] Die Art und Weise solcher Einreden beim Schiedsgericht, werden in Art. 16 II ModellG festgelegt. Art. 16 III Satz 1 ModellG erlaubt dem Schiedsgericht, solche Einreden entweder als Vorfrage oder in einem Schiedsspruch zur Sache zu entscheiden.

(1) Vorfrage

Wählt das Schiedsgericht den Weg der Entscheidung als Vorfrage, eröffnet das ModellG gemäß Art. 16 III Satz 2 (i.V.m. s. 6 EinführungsG) eine sofortige Zuständigkeit des *High Court*, auf Antrag die Zuständigkeitseinrede zu entscheiden. Antragsberechtigt ist jede Partei binnen dreißig Tagen, nachdem sie von dem

---

882 *Order* 37 *r* 1 *RSC.*

883 Art. 11 V Satz 1 a.E. ModellG; Art. 13 III ModellG.

884 Art. 16 III Satz 2 ModellG.

885 Art. 17 ModellG über s. 14(3) EinführungsG i.V.m Art. 35 ModellG.

886 Art. 35 ModellG, s.3(1) EinführungsG.

887 Vergl. *Private Company "Triple V" Inc. v. Star (Universal) Co. Ltd. and Another* (1996) 5 A.D.R.L.J. 196 (Hong Kong).

Beschluß Kenntnis erlangt hat.[888] Der Antrag kann summarisch sein,[889] so daß zunächst Tatsachen mit eidesstattlicher Versicherung bewiesen werden können.[890] Gegen die Entscheidung des *High Court* ist gemäß Art. 16 III Satz 2 a.E. ModellG kein Rechtsmittel zulässig.

(2) Schiedsspruch

Sollte das Schiedsgericht entschließen, die Zuständigkeitseinrede in Form eines Schiedsspruchs zu entscheiden, erhält der *High Court* nur im Rahmen eines Aufhebungsantrags nach Art. 34 ModellG oder als Versagungsgrund der Anerkennung oder Vollstreckung nach Art. 36 ModellG eine Zuständigkeit, diese Entscheidung zu überprüfen. Im Falle eines Zwischenschiedsspruches stände diese Zuständigkeit des *High Court* auch während des Schiedsverfahrens zur Verfügung.[891] Der Antrag kann summarisch sein.[892] Tatsachen können mit eidesstattlicher Versicherung bewiesen werden.[893] Gegen die Entscheidung des *High Court* wäre dann Berufung an den *Supreme Court* zulässig, da dies nicht gesetzlich ausgeschlossen ist.[894]

cc) Vorläufige sichernde Maßnahmen

Nach Art. 17 ModellG kann das Schiedsgericht vorläufige sichernde Maßnahmen anordnen.[895] Ob eine Anordnung des Schiedsgerichts nach Art. 17 ModellG vom Staat anerkannt oder vollstreckt werden kann, wird vom ModellG nicht ausdrücklich behandelt. Aus den *travaux préparatoires* geht hervor, daß dies eine vom ModellG bewußt nicht geregelte Angelegenheit ist, die von den nationalen Bestimmungen zu ordnen ist.[896] Die Frage wird aber von s. 14(3) EinführungsG ausdrücklich behandelt. Es bestimmt, daß Art. 35 und 36 ModellG auf Art. 17-

---

888 Art. 16 III Satz 2 ModellG.
889 S. 6(3) EinführungsG.
890 *Order* 37 *r* 1 *RSC*.
891 Siehe s. 3 EinführungsG zum Zwischenschiedsspruch.
892 S. 6(3) EinführungsG.
893 *Order* 37 *r* 1 *RSC*.
894 Art. 34.4.3° der Verfassung, *Order* 58 *r* 1 *RSC*.
895 Siehe allgemein ICC Veröffentlichung: "Conservatory and Provisional Measures in International Arbitration".
896 Siehe Holzman Seite 531; UN-Doc.-A/CN.9/WG.II/WP.40, Art. XIV, Holzman Seite 538; UN-Doc.-A/CN.9/232 § 122, Holzman Seite 537; UN-Doc.-A/CN.9/245 § 72, Holzman Seite 539f.

Anordnungen des Schiedsgerichts Anwendung finden sollen, wie sie auf einen Schiedsspruch Anwendung finden.[897] Weiters können solche Anordnungen unmittelbar nach den Bestimmungen des s. 14(1) und (2) EinführungsG in gleicher Weise als eine Anordnung des *High Court* vollstreckt werden. Diese Möglichkeiten können aber ausdrücklich durch Parteienvereinbarung ausgeschlossen werden.[898] Der Antrag kann summarisch sein.[899] Tatsachen können mit eidesstattlicher Versicherung bewiesen werden.[900] Gegen die Entscheidung des *High Court* ist Berufung am *Supreme Court* zulässig.[901] Obwohl dem *High Court* eine Anerkennungs- und Vollstreckungszuständigkeit eingeräumt wird, besitzt er keine Zuständigkeit eine Art. 17-Anordnung aufzuheben.[902]

e) Beweisaufnahme

Nach Art. 27 ModellG kann das Schiedsgericht oder eine der Parteien "ein zuständiges Gericht dieses Staates"[903] um Unterstützung bei der Beweisaufnahme bitten. Dieses Gericht kann diesem Begehren innerhalb seiner eigenen Kompetenzen und nach seinen eigenen Beweisregeln nachkommen.[904] "Gericht" wird in Art. 2 (c) ModellG als "eine Behörde oder Organ der Gerichtsbarkeit des Staates" definiert. Die tatsächlich in Betracht kommenden Gerichte sind jedoch beschränkter als die von Art. 9 ModellG vorgesehenen.[905] Das EinführungsG räumt dem *High Court* die alleinige Zuständigkeit für Anträge nach Art. 27 ModellG ein.[906] Die Befugnisse des *High Court* auf Antrag gemäß Art. 27 ModellG i.V.m. s. 6(3) EinführungsG sind die gleichen wie die, die er hinsichtlich einer bei ihm anhängenden Klage oder Angelegenheit besitzt. Sie sind in s. 7 EinführungsG zu finden.[907] Diese betreffen:

- Sicherung der Anwesenheit von Zeugen beim schiedsrichterlichen Verfahren, um Aussage zu leisten oder Dokumente vorzulegen

---

897 Weiter findet auch die zusätzliche Anerkenungs- und Vollstreckungsweise des s. 14(1) und (2) bei Anordungen gemäß Art. 17 ModellG (s. 14(3) a.E. EinführungsG) Anwendung.

898 S. 14(3) a.E. EinführungsG.

899 S. 6(3) EinführungsG.

900 *Order* 37 *r* 1 *RSC.*

901 Art. 34.4.3° der Verfassung; *Order* 58 *r* 1 *RSC.*

902 Siehe Sanders Seite 16 zur Rechtslage in anderen Staaten.

903 Engl.: "*a competent Court of this State*"; vergl. Übersetzung Labis/Lörcher: "das zuständige Gericht".

904 Art. 27 Satz 2 ModellG.

905 Vergleiche Wortlaut.

906 S. 6(1) EinführungsG.

907 Bereits oben behandelt.

- Verhör auf Eid von Zeugen vor einem Gerichtsbeamten oder anderen Personen
- Erlaß eines Antrags für das Verhör eines Zeugen außerhalb des Staates
- Offenbarung und Untersuchung von Dokumenten[908] und schriftliche Beantwortung von Fragen auf Eid[909]

Der Antrag kann summarisch erfolgen.[910] Tatsachen können mit eidesstattlicher Versicherung bewiesen werden.[911] Gegen die Entscheidung des *High Court* ist Berufung an den *Supreme Court* zulässig.[912]

8. Ordentliche Gerichte: Nach dem Schiedsspruch

a) Allgemeines

Dieser Teil der Arbeit behandelt die Funktion der ordentlichen Gerichte nachdem das schiedsrichterliche Verfahren beendet worden ist.[913] Auch hier ist das Gebot des Art. 5 ModellG zu beachten. In den vom ModellG geregelten Angelegenheiten darf ein Gericht nur tätig werden, insoweit es das ModellG vorsieht. Die Behandlung beginnt mit den vom ModellG vorgesehenen Anerkennungs- und Vollstreckungsmöglichkeiten unter Berücksichtigung des EinführungsG. Danach werden die Möglichkeiten, einen defekten Schiedsspruchs aufzuheben bzw. zurückzuverweisen behandelt.

b) Anerkennung und Vollstreckung

aa) ModellG und EinführungsG

Die Anerkennung und Vollstreckung von Schiedssprüchen wird im ModellG von Art. 35 geregelt und im EinführungsG von s. 14.[914] Nach s. 4 EinführungsG findet Art. 35 ModellG als Bestandteil des ModellG im irischen Staat, vorbehaltlich Teil II des Einführungsgesetzes, Anwendung. Fraglich ist, wie die Bestimmungen des

---

908 Sog. "*discovery*".

909 Sog. "*interrogatories*".

910 S. 6(3) EinführungsG.

911 *Order* 37 *r* 1 *RSC.*

912 Art. 34.4.3° der Verfassung; *Order* 58 *r* 1 *RSC.*

913 Vergl. Caron/Reed Seite 429ff.

914 Es wird aber in Art. 35(1) a.E. ModellG auf die in Art. 36 ModellG enthaltenen Versagungsgründe verwiesen.

Teil II EinführungsG die Regelung des ModellG in Sachen der Wirkung allgemein und Anerkennung und Vollstreckung im besonderen, beeinflussen. Im EinführungsG befassen sich nur s. 14(1) und (2) mit der Wirkung eines Schiedsspruchs im Sinne des ModellG.[915] Sie sind aber nicht so formuliert, daß sie Art. 35 ModellG verdrängen oder gar in seine Regelung eingreifen.[916] Im irischen Staat findet deshalb Art. 35 ModellG über s. 4 EinführungsG unverändert Anwendung. Es wird sich zeigen, daß die Rolle des s. 14 EinführungsG lückenfüllend ist, insoweit Lücken zu füllen sind, und erweiternd, insoweit es eine weitere Wirkung für einen Schiedsspruch vorsieht als das ModellG. Deshalb erscheint es sinnvoll, zuerst die Wirkung des Art. 35 ModellG zu behandeln und dann getrennt auf die Wirkung des s. 14(1) und (2) EinführungsG einzugehen.

Die Verfasser des ModellG haben bewußt in Art. 35 I ModellG zwischen Anerkennung und Vollsteckung unterschieden.[917] Aus der Formulierung des Art. 35 I ModellG geht hervor, daß die Anerkennung unabhängig von der Vollstreckung geschehen kann.[918] Im Gegensatz zur Vollstreckung bedarf es zur Anerkennung nicht unbedingt besonderer Schritte, nachdem der Schiedsspruch gefällt wurde.[919]

bb) Art. 35 ModellG - Zweite Alternative

(1) Anerkennung

Der Schiedsspruch ist, vorbehaltlich den in Art. 35 ModellG enthaltenen Versagungsgründen, als "bindend anzuerkennen".[920] Obwohl es nicht ausdrücklich formuliert wird, kann er nur zwischen den Parteien bindend sein.[921] Wie bereits angesprochen, bedarf es hierzu nicht unbedingt besonderer Schritte, nachdem der Schiedsspruch gefällt wurde, denn die Anerkennung ist ein "abstraktes Rechtsergebnis, welches automatisch eintreten kann, ohne daß es unbedingt von

915 S. 14(3) EinführungsG befaßt sich mit Anordnungen vorläufiger sichernder Maßnahmen nach Art. 17 ModellG und bringt auch s. 14(1) und (2) EinführungsG bei Art. 17-Anordnungen zur Anwendung. S. 14(4) EinführungsG sichert lediglich die weitere Möglichkeit der Anerkennung und Vollstreckung nach internationalen Verträgen.

916 Siehe Wortlaut.

917 Siehe Wortlaut und UN-Doc.-A/CN.9/264 § 146, Holzman Seite 1033; und UN-Doc.-A/CN.9/264 § 4, Holzman Seite 1040.

918 Verg. Holzman Seite 1011.

919 UN-Doc.-A/CN.9/246 § 146, Holzman Seite 1033.

920 Art. 35 I ModellG.

921 UN-Doc.-A/CN.9/264, Art. 35, § 4, Holzman Seite 1040.

einer Partei beantragt werden muß".[922] Beispielsweise heben die Verfasser des ModellG hervor, daß die Anerkennung allein stehend (ohne Vollstreckung) sein könnte, wenn bei "anderen Verfahren auf den Schiedsspruch berufen wird".[923] Obwohl die Verfasser meinten, daß seine Anerkennung auch ohne weitere Schritte geschieht,[924] bestimmt Art. 35 II ModellG ausdrücklich, daß eine sich auf den Schiedsspruch berufende Partei die beglaubigte Ur- oder Abschrift des Schiedsspruchs und der Schiedsvereinbarung vorzulegen hat.[925] Obwohl es nicht ausdrücklich aus dem Text des Art. 35 ModellG hervorgeht, sind für die Anerkennung diese Anforderungen nicht als eine Vorbedingung, sondern als Höchstanforderung in Beweisangelegenheiten zu betrachten. Das Argument hierfür ist in den *travaux préparatoires* zu finden, denn Art. 35 I ModellG soll sichern, daß sich eine bindende Wirkung zwischen den Parteien bereits ab dem Erlaß des Schiedsspruchs entfaltet.[926]

Was dieses automatische und anzuerkennende Rechtsergebnis ist, außer "bindend" zu sein, geht weder vom Text des ModellG, noch aus den *travaux préparatoires* hervor. Somit besteht eine Lücke, die vom nationalen Recht gefüllt werden kann. Es kann auf die Wirkung des s. 14 EinführungsG, welche parallel zu Art. 35 ModellG besteht und ihn nicht verdrängt, und hilfsweise auf die Regelung des Gemeinen Rechts zurückgegriffen werden.

(2) Vollstreckung

Nach Art. 35 ModellG soll ein Schiedsspruch i.S.d. ModellG nicht nur als bindend anerkannt werden, sondern darüber hinaus vollstreckt werden, und zwar auf schriftlichen Antrag an ein zuständiges Gericht, vorbehaltlich der Bestimmungen der Art. 35 und 36 ModellG.

Wie der Schiedsspruch nach dem Antrag zu vollstrecken ist, geht weder aus dem Text des ModellG noch aus den *travaux préparatoires* hervor. Es besteht eine Regelungslücke, die vom nationalen Recht zu füllen ist. Das zuständige Gericht

922 UN-Doc.-A/CN.9/246 § 146, Holzman Seite 1033: "*The Working Group was agreed that a distinction should be drawn between recognition standing alone and enforcement. While an award would be enforced upon application by a party, recognition was an abstract legal effect which could obtain automatically without necessarily being requested by a party*".

923 UN-Doc.-A/CN.9/264 § 4, Holzman Seite 1040.

924 UN-Doc.-A/CN.9/264 § 4, Holzman Seite 1040.

925 Vergl. Holzman Seite 263 Fußnote 31 zu welcher Unterlagen es bedarf.

926 UN-Doc.-A/CN.9/264 § 4, Holzman Seite 1040; UN-Doc.-A/CN.9/246 § 148, Holzman Seite 1033.

ist nach s. 6(1) EinführungsG der *High Court*. Gemäß s. 6(3) EinführungsG kann der Antrag in summarischer Form erfolgen. Der Antrag nimmt deshalb die Form eines *summary summons* i.S.d. *Order* 2 *RSC* an. Tatsachen können per eidesstattlicher Versicherung bewiesen werden.[927] Gegen die Entscheidung des *High Court* ist Berufung an den *Supreme Court* zulässig.[928] Wie es aber zur praktischen Vollstreckung kommt, bleibt ungeregelt. Im Gegensatz zu den Normen, die für die nationale Schiedsgerichtsbarkeit und für den Regelungsbereich des New Yorker Übereinkommen gelten (s. 41 Gesetz, 1954 und s. 7 Gesetz, 1980), stehen hier dem *High Court* keine Anleitungen zur Verfügung. Jedoch ist das Gericht vom Gesetzgeber nach Art. 35 ModellG verpflichtet, die Vollstreckung des Schiedsspruchs herbeizuführen. Als Lösung bietet sich an, daß der *High Court*, analog zu s. 7 Gesetz, 1980 anordnet, den Schiedsspruch in gleicher Weise wie ein Urteil oder eine Anordnung des *High Court* zu vollstrecken. Diese Anordnung des *High Court* könnte dann als Basis für weitere Zwangsvollstreckungsmaßnahmen nach *Order* 42ff. *RSC* dienen.

(a) Voraussetzungen

Die Bestimmungen des Art. 35 II ModellG sind eindeutig. Die die Vollstreckung beantragende Partei muß

- originale oder beglaubigte Kopien des Schiedsspruchs und der zugrundeliegenden Schiedsvereinbarung vorlegen, und
- sollten diese Dokumente nicht in einer der offiziellen Amtssprachen verfaßt sein, zusätzlich beglaubigte Übersetzungen in einer der offiziellen Sprachen vorlegen.

Die zwei offiziellen Sprachen des irischen Staates sind Irisch[929] (Gälisch) und Englisch.[930] Sonst bestehen in der Umsetzung ins irische Recht keine Besonderheiten.

(b) Versagungsgründe

Die Bestimmungen des Art. 36 ModellG sind aus Art. V New Yorker Übereinkommen übernommen[931] und sollen zu einem großen Teil eine

927 *Order* 37 *r* 1 *RSC*.

928 Art. 34.4.3° der Verfassung; *Order* 58 *r* 1 *RSC*.

929 Art. 8.1. der Verfassung.

930 Art. 8.2. der Verfassung.

931 Vergl. Sanders Seite 23.

einheitliche Anwendung sichern.[932] Art. 36 ModellG zählt erschöpfend die Gründe auf, warum die Anerkennung oder Vollstreckung verweigert werden kann. Diese Gründe sind in zwei Gruppen aufgeteilt. Wenn es der unterlegenen Partei gelingt, Gründe der ersten Gruppe erfolgreich darzulegen, oder das Gericht Gründe der zweiten Gruppe feststellt, kann das Gericht die Anerkennung und Vollstreckung verweigern. Sonst muß der Schiedsspruch anerkannt und vollstreckt werden. Es geht aber aus dem Wortlaut der Norm hervor, daß das Gericht bei Vorliegen eines Verweigerungsgrundes einen Ermessen besitzt, den Antrag nicht zu verweigern.

Die Gründe der ersten Gruppe sind nur auf Antrag einer Partei zu beachten.[933] Der Antragsgegner trägt die Beweislast.[934] Diese Gründe sind bei einem schiedsrichterlichen Verfahren mit Sitz in Irland:

- mangelnde subjektive Schiedsfähigkeit einer Partei
- fehlende Gültigkeit der Schiedsvereinbarung nach dem Recht, dem die Parteien sich unterunterworfen haben, oder hilfsweise nach dem Recht Irlands
- die Partei, gegen die der Schiedsspruch geltend gemacht wird, wurde von der Bestellung eines Schiedsrichters oder vom schiedsrichterlichen Verfahren nicht gehörig in Kenntnis gesetzt oder was auf sonstige Weise verhindert, ihre Seite darzulegen
- der Schiedsspruch betrifft eine Streitigkeit, die nicht von der Schiedsvereinbarung erfaßt ist, oder enthält Entscheidungen, welche die Grenzen der Parteienvereinbarung überschreiten[935]
- die Bildung des Schiedsgerichts oder das schiedsrichterliche Verfahren entsprach nicht der Vereinbarung der Parteien oder, mangels einer solchen Vereinbarung, dem Recht Irlands
- der Schiedsspruch ist für die Parteien noch nicht verbindlich oder wurde von einer zuständigen Behörde Irlands aufgehoben oder in seinen Wirkungen einstweilen gehemmt.

Die Gründe der zweiten Gruppe sind vom Gericht von Amts wegen zu beachten.[936] Art. 36 I (b) ModellG bestimmt, daß die Anerkennung und Vollstreckung auch versagt werden darf, wenn das Gericht feststellt,

---

932 Holzman Seite 1040; vergl. Nöcker Seite 169.

933 Art. 36 I (a) ModellG.

934 Engl. "... *furnishes ... proof that ...* ".

935 Läßt sich jedoch der Teil des Schiedsspruchs, der von der Parteienvereinbarung gedeckt ist, vom Rest trennen, kann diese anerkannt und vollstreckt werden.

936 Engl. Wortlaut: "... *if the court find that ...*";
Viele Staaten haben bei der Umsetzung des ModellG es für die Vollsteckung bei dem NYÜ belaßen; siehe Sanders Seite 24;

- daß der Gegenstand des Streits nach dem Recht dieses Landes (hier Irland) nicht auf schiedsrichterlichem Wege geregelt werden kann, oder
- daß die Anerkennung oder Vollstreckung des Schiedsspruchs der öffentlichen Ordnung dieses Landes (wieder Irland) widersprechen würde.

cc) *Section* 14 EinführungsG

(1) Allgemeines

Section 14 EinführungsG befaßt sich mit der Wirkung eines Schiedsspruchs. Weder der Begriff "Anerkennung" noch "anerkennen" wird verwendet. Jedoch sieht *Section* 14 EinführungsG im *subsection* (2), ähnlich zur Anerkennung i.S.d. Art. 35 ModellG, eine automatische Wirkung des Schiedsspruchs vor, ohne daß es weiterer Schritte bedarf. *Section* 14(2) EinführungsG bestimmt folgendes für einen Schiedsspruch im Sinne des ModellG:[937]

"*An award ... shall be treated as binding for all purposes on the parties between whom it was made ... .*"

Die Auslegung des Wortes "*binding*" (bindend) wird sich als ein im irischen Gesetz enthaltener Begriff nur nach der irischen Rechtsprechung richten. Somit hat die oben wiedergegebene Formulierung die gleiche Bedeutung wie die bereits behandelten Elemente des Art. 35 ModellG, nämlich "ist ... als bindend anzuerkennen".[938]

Zur Klarstellung führt s. 14(2) EinführungsG weiter aus, daß wegen der bindenden Wirkung folglich jeder dieser Parteien sich auf den Schiedsspruch zur Verteidigung, Aufrechnung oder in anderer Weise in jedem Rechtsverfahren im Staat "berufen"[939] kann. Der Ausdruck "berufen" wird mit gleicher Bedeutung in Art. 35 II ModellG verwendet.

---

vergl. DAC-1989 § 87 (Seite 24): "*It is doubtful whether the court's power of summary enforcement of an award, which is invaluable where there is no real ground of defence, is consistant with the Article*".

937 Der Schiedsspruch muß von einem Schiedsgericht stammen, welches seine Zuständigkeit auf der Basis einer Schiedsvereinbarung i.S.d. ModellG bezieht; siehe Wortlaut s. 14(1) und (2), s. 3(1) EinführungsG, Art. 1 III ModellG.

938 Vergl. Berger/Aufrechnung Seite 426ff.

939 Engl. "*rely*".

(2) Voraussetzungen

Fraglich ist, welche Voraussetzungen die berufende Partei zu erfüllen hat, um sich auf die Wirkung des Schiedsspruchs bei, beispielsweise, einem Rechtsverfahren verlassen zu können. Weil das EinführungsG diese Frage nicht behandelt, finden die Verfahrensregeln allgemein und die Beweisregeln im besonderen des in Frage kommenden Tribunals Anwendung.[940]

Eine Partei kann sich aber nicht nur defensiv auf die bindende Wirkung des Schiedsspruchs "berufen". Nach s. 14(2) a.E. EinführungsG kann man sich auch aktiv auf den Schiedsspruch berufen. S. 14(2) a.E. EinführungsG besagt folgendes:

"*[A]ny reference in this section to the enforcement of an award shall be construed as including a reference to the reliance on such an award.*"

S. 14(1) EinführungsG, welcher auch die Vollstreckung des Schiedsspruchs regelt, wird unten weiter behandelt.

(3) Vollstreckbarkeit

S. 14(1) EinführungsG eröffnet drei weitere Möglichkeiten, einen Schiedsspruch i.S.d. ModellG zu vollstrecken. Diese Möglichkeiten bestehen parallel zur Vollstreckung nach Art. 35 ModellG.

Die Judikatsklage ist die erste Alternative. Mit dieser Regelung bestätigt s. 14(1) EinführungsG lediglich die Lage im Gemeinen Recht, daß der Erlaß des Schiedsspruchs einen Anspruch zwischen den Parteien auf Herbeiführen seines Inhalts begründet. Dieser Anspruch ist im Regelungsbereich des ModellG nach s. 14(1) 1.Alt. EinführungsG in gleicher Weise wie andere Ansprüche bei einem Gericht einklagbar. Die Voraussetzungen sind die gleichen wie für alle anderen Schiedssprüche.

Die zweite Alternative bestimmt, daß der Schiedsspruch "in gleicher Weise wie ein Urteil oder eine Anordnung des [*High Court*] mit gleicher Wirkung" im Staat vollstreckbar ist. Hierzu bedarf es der "Genehmigung" des *High Court*.[941] Der Antrag kann die Form eines *summary summons* i.S.d. *Order* 2 *RSC* nehmen.[942]

940 Siehe Tapper Seite 16ff. und Fennel Seite 9ff.

941 Engl. "*by the leave of the High Court*"; vergl. Russel 19. Auflage Seite 403: "*... but section 36 refers back to section 26 and this probably reintroduces judicial discretion ...*".

942 S. 6(3) EinführungsG.

Tatsachen können mit eidesstattlicher Versicherung bewiesen werden.[943] Gegen die Entscheidung des *High Court* ist Berufung an den *Supreme Court* zulässig.[944]

(4) Ermessen

Fraglich ist, ob (i) dem Gericht ein Ermessen bei der Erteilung der Genehmigung eingeräumt wird, und (ii) welche Voraussetzungen erfüllt werden müssen. Es sind keine Gründe im EinführungsG enthalten, wann dem Schiedsspruch die Vollstreckung zu versagen oder zu erlauben ist. Die in Art. 36 ModellG enthaltenen Gründe könnten höchstens analog angewandt werden.

Durch die Verwendung der Formulierung "mit Genehmigung des *High Court*" liegt es nahe anzunehmen, so ausgelegt zu werden, daß der *High Court* ein Ermessen besitzt, ob der Schiedsspruch vollstreckbar sein wird.[945] Gegen die Einräumung eines Ermessens spricht die imperative Formulierung, daß der Schiedsspruch im Staat vollstreckbar "sein wird" und nicht "sein kann".

Da noch keine Rechtsprechung zu s. 14(1) EinführungsG vorhanden ist, muß auf die Auslegung anderer Normen, die gleich oder ähnlich formuliert sind, zurückgegriffen werden. Eine ähnliche Formulierung ist in s. 7 Gesetz, 1980 zu finden. Sie dient der Umsetzung der Anerkennungs- und Vollstreckungselemente des NYÜ ins irische Recht. Sie bestimmt, daß ein ausländischer Schiedsspruch vollstreckbar "sein wird", und zwar (unter Verweis auf s. 41 Gesetz, 1954) "in gleicher Weise wie ein Urteil oder eine Anordnung des [*High Court*] mit gleicher Wirkung" mit "Genehmigung" des *High Court.* Die für diese Zwecke gleichlautenden Formulierungen des s. 14(1) EinführungsG und s. 7 Gesetz, 1980 sind bei der Rechtsprechung zu s. 7 Gesetz, 1980 konsequent von den Gerichten so ausgelegt worden, daß dem *High Court* kein Ermessen eingeräumt wird.

Jedoch ist die Aufgabe des *High Court* bei einem Genehmigungsantrag gemäß s. 7. Gesetz, 1980 nicht mit einem Genehmigungsantrag nach s. 14 EinführungsG unmittelbar vergleichbar. Die richtige Auslegung des Regelungswerks des Gesetz, 1980 ist daher, daß, obwohl mit dem Begriff "*by leave of the High Court*" dem Gericht ein Ermessen eingeräumt wird, dieses jedoch gleichzeitig so eingeengt wird, daß von einer mandatorischen Vollstreckung die Rede sein kann. Nach s. 9

943 *Order* 37 *r* 1 *RSC*.

944 Art. 34.4.3° der Verfassung, *Order* 58 *r* 1 *RSC*.

945 Vergl. Russel 19. Auflage Seite 403.

Gesetz, 1980 darf der *High Court* nur wegen der dort aufgeführten Gründe die Vollstreckung verweigern.[946]

Die Folge für die Auslegung von s. 14(1) 2.Alt. EinführungsG muß sein, daß dem *High Court* ein Ermessen eingeräumt wird, ob er die Vollstreckung genehmigen soll. Dieses Ermessen ist im Gegensatz zur Zuständigkeit gemäß s. 7 Gesetz, 1980 nicht ausdrücklich einschränkt.

Es stellt sich dann die Frage, wie der *High Court* das Ermessen ausüben wird. Zunächst käme die Rechtsprechung zu s. 41 Gesetz, 1954 in Frage. Sie regelt die Vollstreckung inländischer - nicht internationaler - Schiedssprüche. Ihre Formulierung ist für diese Zwecke das Gleiche. Jedoch wird der Begriff "kann vollstreckt werden" statt "wird vollstreckt werden" verwendet. Es kann hieraus entnommen werden, daß das Ermessen beim *section*-14-Antrag dementsprechend eingeschränkt, aber dennoch vorhanden ist.

dd) Dritte Alternative

Als weitere Vollstreckungsmethode bietet sich nach s. 14(1) 3.Alt. EinführungsG die Aufzeichnung eines Gerichtsurteils mit dem gleichen Inhalt wie der Schiedsspruch. Vorbedingung hierfür ist ausdrücklich der Erhalt der Genehmigung gemäß s. 14(1) 2.Alt. EinführungsG. Die Möglichkeit eines eventuellen Aufzeichnung ergibt sich aus der Formulierung, daß der *High Court* die Aufzeichnung vornehmen "kann", aber nicht muß. Diese Möglichkeit besteht auch in s. 41 Gesetz, 1954 mit der gleichen Formulierung. So kann ohne Vorbehalt auf die Rechtsprechung zu dieser Norm zurückgegriffen werden, um diesen Aspekt des s. 14(1) 3.Alt. EinführungsG auszulegen.

ee) *Section* 14(2) a.E. EinführungsG

Fraglich ist, welche Aufgabe s. 14(2) a.E. EinführungsG hat. Er bestimmt, daß im s. 14 EinführungsG der Begriff "Vollstreckung eines Schiedsspruchs" auch als die Berufung auf diesen Schiedsspruch auszulegen ist. Diese Formulierung ist auch in s. 7(2) Gesetz, 1980 zu finden,[947] scheint aber keine Rechtsprechung verursacht zu haben.

---

946 Diese spiegeln die in Art. V NYÜ enthaltenen Gründe; vergl. Schwartz-New York Seite 227f.

947 Jedoch nicht in s. 41 Gesetz, 1954.

Es könnte z.B. dazu dienen, einen Schiedsspruch, welcher in Zuge einer Feststellungsklage erlassen wurde und der sonst vom *High Court* als nicht vollstreckungsfähig beurteilt werden würde, als Gerichtsurteil mit gleichem Inhalt aufzeichnungsfähig zu machen.

c. Aufhebung

aa) Allgemeines

Es stellt sich die Frage, welche aktiven Schritte eine (eventuell vermeintliche) Partei zu einer Schiedsvereinbarung gegen einen bereits gefällten Schiedsspruch ergreifen kann. Die Regel nach Art. 5 ModellG ist wieder, daß in den vom ModellG geregelten Angelegenheiten ein Gericht nur tätig werden kann, soweit dies vom ModellG vorgesehen wird. Die zur Verfügung stehenden Rechtsbehelfe gegen einen Schiedsspruch sind eine vom ModellG geregelte Angelegenheit.[948] Somit sind alle im *common law* und *equity* zu findenden Rechtsbehelfe gegen den Schiedsspruch ausgeschlossen. Folglich kann nur im ModellG für die Begründung einer solchen Zuständigkeit eines Gerichts gesucht werden.

Art. 34 I ModellG begründet eine solche Zuständigkeit. Diese ist auf Aufhebung des Schiedsspruchs gerichtet.[949] Die Zuständigkeit wird ausschließlich dem *High Court* eingeräumt.[950] Die Zuständigkeit ist zum Teil befristet, denn nach Art. 34 IV ModellG kann der Aufhebungsantrag nicht später als drei Monate nachdem der Antragsteller den Schiedsspruch erhalten hat, oder falls ein Antrag nach Art. 33 ModellG gestellt worden ist, nach dem dieser Antrag vom Schiedsgericht erledigt worden ist, gestellt werden. Jedoch bestimmt s. 13 EinführungsG, daß die Befristung bei Anträgen, die auf Gründe der öffentlichen Ordnung gestützt sind, keine Anwendung findet.

---

948 Siehe Kapitel VII des ModellG.

949 Siehe Wortlaut des Art. 34 I ModellG, wörtlich übersetzt: "Rückgriff zu einem Gericht gegen einen Schiedsspruch kann nur durch einen Antrag auf Aufhebung nach den Absätzen 2 und 3 dieses Artikels erfolgen", vergl. Übersetzung von Labis/Lörcher "Gegen einen Schiedsspruch kann beim Gericht nur Aufgebungsklage nach den Absätzen 2 und 3 erhoben werden."

950 Art. 6 ModellG i.V.m. s. 6 EinführungsG.

bb) Gründe

In Art. 34 II ModellG sind die abschließende Gründe enthalten, warum der *High Court* einem Aufhebungsantrag stattgeben darf. Diese Gründe sind vom NYÜ mit einigen Änderungen übernommen worden.[951] Daß diese Gründe abschließend sind, geht aus dem Wortlaut eindeutig hervor. Eines Rückgriffs auf die *travaux préparatoires* bedarf es nicht.[952] Diese Gründe sind in zwei Gruppen aufgeteilt. Die erste findet sich in Art. 35 II (a) ModellG, welcher dem Antragssteller die Beibringungs- und Beweislast auferlegt, während die zweite in Art. 34 II (b) ModellG enthalten ist welcher dem Gericht erlaubt, von Amts wegen die Gründe zu berücksichtigen.

Die im Art. 34 II (a) ModellG enthaltenen Gründe sind:

- mangelnde subjektive Schiedsfähigkeit einer Partei
- fehlende Gültigkeit der Schiedsvereinbarung nach dem Recht, dem die Parteien die Vereinbarung unterstellt haben, oder hilfsweise nach dem Recht dieses Staates
- die Partei, gegen die der Schiedsspruch geltend gemacht wird, ist von der Bestellung eines Schiedsrichters oder vom schiedsrichterlichen Verfahren nicht gehörig in Kenntnis gesetzt worden oder auf sonstige Weise verhindert worden, ihre Seite darzulegen
- der Schiedsspruch betrifft eine Streitigkeit, die nicht von der Schiedsvereinbarung erfaßt ist, oder enthält Entscheidungen, welche die Grenzen der Parteienvereinbarung überschreiten
- die Bildung des Schiedsgerichts oder des schiedsrichterlichen Verfahrens entspricht nicht der Vereinbarung der Parteien, es sei denn, daß die Vereinbarung ihrerseits einer zwingenden Bestimmung des ModellG widersprochen hat oder sofern eine Vereinbarung nicht getroffen wurde, daß die Bildung des Schiedsgerichts oder des schiedsrichterlichen Verfahrens diesem Gesetz widersprochen hat.

Die in Art. 34 II (b) ModellG enthaltenen, vom Gericht auch von Amts wegen zu beachtenden Gründe sind,

- daß der Gegenstand des Streits nach dem Recht Irlands nicht auf schiedsrichterlichem Weg geregelt werden kann, oder
- daß die Anerkennung oder Vollstreckung des Schiedsspruchs der öffentlichen Ordnung Irlands widersprechen würde.[953]

---

951 Vergl. Holzman Seite 911 ins besondere.

952 Wörtlich vom englishen übersetzt:
"Ein Schiedsspruch kann vom [*High Court*] aufgehoben werden, <u>nur</u> wenn: ... ".

953 Vergl. hierzu Mulcahy Seite 210f.

Diese in Art. 34 II ModellG enthaltenen Gründe, dem Aufhebungsantrag stattzugeben, entsprechen den Gründen nach Art. 36 I ModellG, warum ein Schiedsspruch nicht anerkannt bzw. vollstreckt werden kann.

Nach Art. 34 IV ModellG ist das Gericht berechtigt, das Verfahren zeitweilig auszusetzen, um dem Schiedsgericht die Möglichkeit zu geben, entweder das Schiedsverfahren fortzusetzen oder andere Maßnahmen zu ergreifen, die nach der Meinung des Schiedsgerichts die Aufhebungsgründe beseitigen würden.[954]

cc) Verfahrensweise

Für Aufhebungsanträge ist nach s. 6(1) EinführungsG ausschließlich der *High Court* zuständig. Nach s. 6(3) EinführungsG kann der Antrag in summarischer Form sein. Der Antrag dann deshalb die Form eines *summary summons* i.S.d. *Order* 2 *RSC* nehmen. Tatsachen können per eidesstattlicher Versicherung bewiesen werden.[955] Gegen die Entscheidung des *High Court* ist Berufung beim *Supreme Court* zulässig.[956]

d) Zurückverweisung

aa) Allgemeines

Eine besondere Ausnahme zur in Art. 5 ModellG enthaltene Regel ist von Art. 34 IV ModellG vorgesehen, nach dem der *High Court* ausdrücklich das (ehemalige) Schiedsgericht ermächtigen kann, sich mit der Angelegenheit auch nach Beendigung des schiedsrichterlichen Verfahrens weiter zu befassen. Der Begriff "Zurückverweisung" wird im ModellG nicht verwendet, dafür aber in den *travaux préparatoires*.[957] Im Rahmen eines Aufhebungsantrags kann der *High Court*

- auf Antrag einer Partei
- in geeigneten Fällen das Aufhebungsverfahren für einen vom *High Court* zu bestimmenden Zeitraum aussetzen,

---

954 Vergl. auch Sanders Seite 21, zur Verwendung des Begriffs "*remission*", und Seite 22 "*... questions raised to which there are no answers ...* "; siehe Holzman Seite 967: "*... continuing mandate is thereby affirmed ...*".

955 *Order* 37 *r* 1 *RSC*.

956 Art. 34.4.3° der Verfassung; *Order* 58 *r* 1 *RSC*.

957 Siehe beispielsweise UN-Doc.-A/CN.9/WG.II/WP.46, Art. XXX(3), Holzman Seite 939.

- um dem Schiedsgericht Gelegenheit zu geben, das schiedsrichterliche Verfahren wiederaufzunehmen oder andere Maßnahmen zu treffen, die nach Auffassung des Schiedsgerichts die Gründe für die Aufhebung beseitigen.

bb) Antrag einer Partei

Aus dem Wortlaut des Art. 34 IV ModellG geht eindeutig hervor, daß nur die Parteien antragsberechtigt sind. Der *High Court* kann nicht von Amts wegen die Zurückverweisung veranlassen.

cc) Geeignete Fälle

Eine nähere Bedeutung ist den *travaux préparatoires* nicht zu entnehmen. Die Verfasser waren der Meinung, daß keine genauere Formulierung dem großen Spektrum der Umstände, unter denen zurückverwiesen (bzw. nicht zurückverwiesen) werden sollte, gerecht werden konnte.[958] Die Zurückverweisung müßte im freiem Ermessen des *High Court* liegen.

dd) Aussetzen

Entscheidet sich der *High Court*, daß das Schiedsgericht wieder tätig werden soll, ist das Gerichtsverfahren auszusetzen. Da der *High Court* die Aussetzungsfrist zu bestimmen hat, könnte die Entscheidung entweder auf ein *order staying proceedings with liberty to re-enter* oder eine Vertagung[959] auf ein bestimmtes Datum gerichtet sein. Auf jeden Fall bleibt der Aufhebungsantrag beim *High Court* anhängig.

ee) Gelegenheit

Die Verfasser des ModellG haben es bewußt unterlassen, dem Gericht die Aufgabe zu erteilen, dem Schiedsgericht bei der Zurückverweisung Anweisungen zu geben, wie es Mängel zu beseitigen hat.[960] Obwohl es nicht aus dem Art. 34 IV

---

958 UN-Doc.-A/CN.9/WG.II/WP.46, Art. XXX(3), Holzman Seite 939.

959 Engl. "*ajournment*".

960 UN-Doc.-A/CN.9/245 §§ 154-55, Holzman Seite 940.

ModellG ausdrücklich hervorgeht, führt die Entscheidung des Gerichts, das Verfahren auszusetzen, nicht zum Wiederaufleben der Zuständigkeit des Schiedsgerichts. Vielmehr bleibt die Zuständigkeit nach Art. 32 III ModellG auch nach Beendigung des schiedsrichterlichen Verfahrens weiter bestehen. Dem Wortlaut nach steht es nach der gerichtlichen Aussetzungsentscheidung dann im Ermessen des Schiedsgerichts, ob es durch Wiederaufnahme des schiedsrichterlichen Verfahrens oder andere Maßnahmen dieser Gelegenheit nachgeht. Aus den *travaux préparatoires* geht nicht hervor, wie dieses Ermessen auszuüben ist.[961]

961 Vergl. Patterson Seite 166 zur Praxis in Kanada.

Vierter Teil: Ausländische Schiedsverfahren

I. Allgemeines

Dieser Teil der Arbeit befaßt sich mit Angelegenheiten, die die Schiedsgerichtsbarkeit betreffen, wenn der Sitz des schiedsrichterlichen Verfahrens nicht in Irland ist oder sein wird.[962] Die Rechtslage wird sich danach richten, um welche Art der Schiedsgerichtsbarkeit es sich handelt. Es kommen drei Regelungswerke in Betracht:

- Das Gemeine Recht
- Die Gesetze, 1954 und 1980[963]
- Das EinführungsG i.V.m. dem ModellG

II. Verfahrensbegleitung

1. Aussetzung

Zunächst stellt sich die Frage, welche Möglichkeiten bestehen, wenn bei einem ordentlichen irischen Gericht Ansprüche über Angelegenheiten, die einer Schiedsvereinbarung unterstehen, geltend gemacht werden und Irland nicht als Sitz des schiedsrichterlichen Verfahrens vorgesehen ist. Sollte die Zuständigkeit des Gerichts nach den allgemeinen irischen Verfahrensregeln gegeben sein, kann diese Zuständigkeit nach der *public policy*-Doktrin des Gemeinen Rechts nicht vertraglich ausgeschlossen werden.[964] Jedoch könnte das Gericht trotzdem befugt sein, das Verfahren aufgrund einer Schiedsvereinbarung auszusetzen.

a) Gemeines Recht

Seit dem *Channel Tunnel* Urteil ist es unstreitig der Fall, daß das Gericht eine inhärente Befugnis besitzt, Verfahren über Klagen, die gemäß seiner allgemeinen Zuständigkeit anhängig gemacht werden, nach seinem Ermessen auszusetzen, wenn dies einer Vereinbarung widerspricht nach der Streitigkeiten in einer

---

962 Nach Holzman Seite 37 Fußnote 59 ist die Frage der gerichtlichen Beteiligung vor der Bestimmung des Schiedsortes einer der vom ModellG nicht geregelten Angelegenheiten.

963 Vergl. Mustill & Boyd Seite 423.

964 *Scott v. Avery* (1856) 5 H.L.Cas. 811.

alternativen Weise zu lösen sind.[965] Die Anwendung dieser inhärenten Befugnis kommt nur zur Anwendung, wenn die Vereinbarung weder eine Schiedsvereinbarung im Sinne der Gesetze, 1954 und 1980 noch nach dem ModellG ist. Dies ist eine Folge der Tatsache, daß die Aussetzung sowohl bei Schiedsvereinbarungen i.S.d. s. 2 Gesetz, 1980 gemäß s. 5 Gesetz, 1980 als auch i.S.d. Art. 7 ModellG gemäß Art. 8 I ModellG i.V.m. s. 4 EinführungsG zwingend ist, es sei denn, daß die Schiedsvereinbarung nichtig, unwirksam oder undurchführbar ist.

b) ModellG

Zunächst müßte geprüft werden, ob es sich um eine vom ModellG geregelte Angelegenheit handelt. Art. 1 ModellG regelt den Anwendungsbereich, der auf die "internationale Handelsschiedsgerichtsbarkeit" beschränkt ist. Es muß sich um eine Schiedsvereinbarung i.S.d. Art 7 ModellG handeln, die zu einem schiedsrichterlichen Verfahren führt, das i.S.d. Art. 1 III international ist und sich i.S.d. Art 1 I ModellG mit Handel befaßt.

Sollte es sich um eine vom ModellG geregelte Schiedsvereinbarung handeln, finden nach s. 16 EinführungsG 1998 die Gesetze, 1954 und 1980 keine Anwendung.[966] Art. 8 ModellG i.V.m. s. 4 EinführungsG regelt Klagen vor einem ordentlichen irischen Gericht. Nach Art. 2 ModellG findet er auch Anwendung, wenn der Ort des schiedsrichterlichen Verfahrens außerhalb des irischen Hoheitsgebietes liegt. Art. 8 ModellG bestimmt, daß ein ordentliches Gericht auf zeitigen Antrag einer Partei die Parteien auf das schiedsrichterliche Verfahren zu verweisen hat, es sei denn, das Gericht stellt fest, daß die Schiedsvereinbarung nichtig, unwirksam oder undurchführbar ist. Somit hat ein irisches Gericht ein bei ihm anhängiges Verfahren auszusetzen, wenn es sich um eine wirksame und relevante Schiedsvereinbarung i.S.d. Art. 1, 7 und 8 ModellG handelt.

c) Gesetze, 1954 und 1980

Außerhalb des Regelungsbereiches des ModellG regelt die gleiche Norm, s. 5 Gesetz 1980, das Aussetzen von Gerichtsverfahren bei Schiedsvereinbarungen, die zu einem ausländischen sowie inländischen Schiedsverfahren führen. Es wird

965 *Channel Group v. Balfour Beaty Ltd.* [1993] A.C. 334 Seite 352.

966 Ausgenommen die hier nicht relevante Bestimmung zur Anerkennung und Vollstreckung.

nicht zwischen ausländischer und inländischer Schiedsgerichtsbarkeit unterschieden. Es muß sich aber um eine Schiedsvereinbarung i.S.d. s. 2 Gesetz, 1980 handeln. Es muß eine schriftliche Vereinbarung sein, die auch in einem Brief- oder Telegrammwechsel enthalten sein kann, daß bereits entstandene oder zukünftige Streitigkeiten, die schiedsfähig sind, einem schiedsrichterlichen Verfahren zu unterbreiten sind. Das Gericht hat kein Ermessen.[967] Die gleiche Ausnahme des s. 39(2) Gesetz, 1954 findet jedoch auch Anwendung. Der *High Court* ist nach s. 5(2) Gesetz, 1980 i.V.m. s. 39(2)(b) Gesetz, 1954 nach seinen Ermessen befugt, eine Schiedsvereinbarung hinsichtlich zukünftiger Streitigkeiten aufzuheben bzw. dem Schiedsgericht seine Zuständigkeit zu entziehen, sollte eine der Streitigkeiten das Vorliegen eines Betrugs betreffen.[968]

Der Art. 8 ModellG wird aber nach der Anwendung des s. 5 Gesetz, 1980 ausländische Schiedsverfahren immer ausschließen, es sei denn die Angelegenheit:

- ist nicht vom Begriff Handel umfaßt (Art. 1 I ModellG) oder
- nicht international (Art. 1 III ModellG).

2. Unterstützung

a) Allgemeines

Als nächstes stellt sich die Frage, welche Unterstützung die irischen Gerichte während eines ausländischen Schiedsverfahrens leisten können. Hierbei handelt es sich beispielsweise um die Beweisaufnahme und Sicherheit für Kosten.[969]

b) Gemeines Recht

Die Gerichte haben im Gemeinen Recht keine Kontrollaufgabe bei einem Schiedsverfahren, sei es inländisch oder ausländisch.[970] Jedoch besteht nach den allgemeinen Prinzipen des Gemeinen Rechts die Möglichkeit, vom High Court Rechtsschutz, welches *de facto* ein Schiedsverfahren unterstützt, zu erhalten.[971]

---

967 Russel 19. Auflage Seite 188; vergl. Paulsson Seite 227f.

968 S. 39(2) Gesetz, 1954: "*Where ... a dispute which so arises involves the question whether any party has been guilty of fraud*".

969 Vergl. Beechey Seite 242ff.; Blackaby Seite 431ff., Levit & Harvard Seite 180ff.

970 *Bremer Vulkan*-Fall [1982] A.C. 909.

971 *Channel Tunnel*-Fall [1993] A.C. 334.

c) ModellG

Diese Zuständigkeiten nach dem Gesetz bzw. nach dem Gemeinen Recht könnten vom ModellG in seinem Regelungsbereich ausgeschlossen sein. Die allgemeine Regel sei nocheinmal hervorgehoben. In vom ModellG geregelten Angelegenheiten darf ein Gericht nur tätig werden, soweit das ModellG es vorsieht.[972] Art. 9 ModellG sichert aber, daß es nicht mit einer Schiedsvereinbarung unvereinbar ist, wenn eine Partei bei einem Gericht vorläufige sichernde Maßnahmen beantragt, oder das Gericht solche Maßnahmen gewährt. Nach Art. 1 II ModellG findet Art. 9 ModellG auch Anwendung, wenn der Ort des schiedsrichterlichen Verfahrens außerhalb irischer Hoheitsgebiete liegt. Die von Art. 9 ModellG erlaubte Zuständigkeit der ordentlichen Gerichte, vorläufige sichernde Maßnahmen zu gewähren, wird dem *High Court* von s. 7(1)(a)-(f) EinführungsG ausdrücklich eingeräumt.[973]

Fraglich bleibt, ob die im s. 7(1) EinführungsG enthaltene Zuständigkeit des *High Court*, vorläufige sichernde Maßnahmen anzuordnen, abschließend ist, oder weitere sonst begründete Zuständigkeiten dieser Art weiter zur Verfügung stehen. Die Frage ist zu bejahen, denn der Zweck und die Wirkung des Art. 9 ModellG ist es, solche Zuständigkeiten trotz Art. 5 ModellG nicht auszuschließen. In Frage kommen die gesetzlichen Zuständigkeiten, wie z.B. nach dem *Patents Act*, 1992.

d) Beweisaufnahme

Fraglich ist, ob bei einem ausländischen Schiedsverfahren Unterstützung bei der Beweisaufnahme durch die ordentliche irische Gerichtsbarkeit möglich ist.[974] S. 7(1) EinführungsG räumt dem *High Court* "für die Zwecke ... Art. 27 [ModellG] Wirkung zu verleihen" die gleichen Befugnisse ein, Anordnungen zu erlassen, welche er für die Zwecke und hinsichtlich eines Verfahrens oder einer anderen Angelegenheit im *High Court* verfügen könnte. Beispielsweise kann "die Anwesenheit von Zeugen vor dem Schiedsgericht um Auszusagen oder Dokumente vorzulegen", oder der "Zeugenverhör auf Eid vor einem Gerichtsbeamten oder einer anderen Person" angeordnet werden. Jedoch ist die Anwendung von Art. 27 ModellG, welcher sich mit gerichtlicher Unterstützung

---

972 Art. 5 ModellG.

973 Vergl. Mustill-ICC Seite 118ff.

974 Siehe Behandlung in Holzman Seite 35 Fußnote 49:
"*Assistance in taking evidence for use in a foreign arbitration can be provided by any rules of the law of the state.*";
Siehe auch Eijsvoogel Seite 18; Rivkin/Legum Seite 213ff.; Schwartz Seite 53ff.

bei der Beweisaufnahme befaßt, nach Art. 1 II ModellG ausgeschlossen, wenn der Ort des schiedsrichterlichen Verfahrens nicht im Hoheitsgebiet Irlands liegt.

Somit können im Rahmen der Zuständigkeit des s. 7 EinführungsG ausländische Schiedsverfahren vom *High Court* nicht unterstützt werden, insofern sie den Zweck haben, Art. 27 ModellG Wirkung zu verleihen. Der Antrag müßte über ein ausländisches ordentliches Gericht erfolgen.[975]

e) Gesetze, 1954 und 1980

Es stellt sich die Frage welche Zuständigkeit irische Gerichte besitzen, im Zusammenhang mit einem schiedsrichterlichen Verfahren, vorläufige sichernde Maßnahmen anzuordnen, welches weder inländisch ist noch im Regelungsbereich des ModellG liegt, jedoch auf einer Schiedsvereinbarung i.S.d. s. 2 Gesetz, 1980 beruht. Dem Wortlaut nach, scheint s. 22 Gesetz, 1954 einschlägig zu sein. Es räumt dem *High Court* die gleiche Zuständigkeit ein, bestimmte Anordnungen zu erlassen, die er für die Zwecke und hinsichtlich eines bei ihm anhängigen Verfahrens oder eines anhängigen Angelegenheit hat. Die englische Rechtsprechung hat aufgrund des Werdegangs des engl. *–Arbitration Act, 1950* geurteilt, daß diese Norm[976] bei ausländischen schiedsrichterlichen Verfahren keine Anwendung findet.[977] Es gibt keine Anhaltspunkte dafür, daß die irischen Gerichte anders entscheiden würden.[978] Jedoch sind andere Zuständigkeiten nicht ausgeschlossen und nach ihren Regeln zu behandeln.[979]

III. Anerkennung und Vollstreckung

1. Allgemeines

Fraglich ist, welche Anerkennungs- und Vollstreckungsmöglichkeiten der obsiegenden Partei bei einem ausländischen Schiedsverfahren zur Verfügung stehen.

---

975 *Foreign Tribunals Evidence Act*, 1856; siehe s. 15(1)(b) Gesetz, 1980.

976 Die für diese Zweck gleich lautende Norm ist s. 12(6) des englischen *Arbitration Act*, 1950.

977 *Channel Tunnel Group v. Balfour Beatty Ltd.* [1993] A.C. 334.

978 Der Richter im *Channel Tunnel*-Fall hatte seine Meinung bereits in der Literatur zum Ausdruck gebracht, vergl. Mustill & Boyd Seite 92.

979 *Channel Tunnel Group v. Balfour Beatty Ltd.* [1993] A.C. 334.

2. Gemeines Recht

Der ausländische Schiedsspruch kann in gleicher Weise wie ein inländischer Schiedsspruch durch eine Judikatsklage vollstreckt werden.[980] Voraussetzung hierfür ist, daß die Zuständigkeit des ordentlichen Gerichtes durch die normalen Regeln begründet wird, z.B. weil der Beklagte seinen Sitz in Irland hat.[981]

3. ModellG i.V.m. EinführungsG

Nach Art. 1 II ModellG gelten Art. 35 und 36 ModellG, welche die Anerkennung und Vollstreckung von Schiedssprüchen im Anwendungsbereich des ModellG regeln, auch dann, wenn der Ort des schiedsrichterlichen Verfahrens nicht im Hoheitsgebiet des Staates, hier Irland, liegt. Somit kann ein ausländischer Schiedsspruch, welcher den Anforderungen des Art. 36 ModellG gerecht wird, nach Art. 35 ModellG i.V.m. s. 4 EinführungsG anerkannt und vollstreckt werden.

Das EinführungsG sieht eine weitere Möglichkeit vor, einen Schiedsspruch im Sinne des ModellG zu vollstrecken. Nach s. 14(2) EinführungsG ist ein von einem Schiedsgericht gefällter Schiedsspruch im Regelungsbereich des ModellG im Staat vollstreckbar, entweder durch gewöhnliche Judikatsklage oder mit Genehmigung des *High Court* in der gleichen Weise wie ein Urteil oder eine Anordnung des Gerichts mit gleichem Inhalt. Wenn eine solche Genehmigung erteilt wird, kann ein Urteil mit den Bestimmungen des Schiedsspruchs erlassen werden. Es liegen keine Anhaltspunkte vor um anzunehmen, daß s. 14(2) EinführungsG sei nur anzuwenden, wenn der Ort des schiedsrichterlichen Verfahrens im irischen Hoheitsgebiet liegt. Die Vollstreckung nach Art. 35 ModellG i.V.m. s. 4 EinführungsG konkurriert mit Vollstreckung nach s. 14(1) EinführungsG.

4. Gesetz, 1954

Die Norm, nach der ein inländischer Schiedsspruch nach dem Ermessen des *High Court* summarisch vollstreckt werden kann, ist auch auf ausländische Schiedssprüche anwendbar, solange diese auf einer schriftlichen Schieds-

---

980 Siehe Mustill & Boyd Seite 415:
"*A valid award of a foreign arbitrator which is final and conclusive on the merits is at common law conclusive of issues and fact in the same way as an award of an English arbitrator*".

981 Vergl. Ó Floinn zu *Order* 11 *r* 3 und *Order* 11 *r* 5 *RSC*.

vereinbarung i.S.d. s. 2 Gesetz, 1954 beruhen.[982] Die gleichen Regeln als bei einem inländischen Schiedsspruch finden Anwendung und die entsprechenden Tatsachen sind zur Unterstützung und zur Abwehr vom Antragssteller bzw. vom Antragsgegner zu beweisen. Gültigkeit und Wirkung des Schiedsspruchs werden sich aber nach dem Recht der Schiedsvereinbarung richten. Hierbei handelt es sich um die materiellrechtlichen Regeln des Rechts der Schiedsvereinbarung und nicht um Regeln, die nur verfahrensrechtlicher Art sind.[983]

Nach s. 16 EinführungsG ist die Anwendung dieser Norm ausgeschlossen, wenn es sich um ein schiedsrichterliches Verfahren im Regelungsbereich des ModellG handelt.

5. Teil III Gesetz, 1980 (NYÜ)

Teil III Gesetz, 1980 setzt das NYÜ ins irische Recht um. Er bestimmt, daß ein Schiedsspruch,

> "der gemäß einer Schiedsvereinbarung im Hoheitsgebiet eines Staates [außer Irland] erlassen ist, welcher eine Partei zum NYÜ ist"[984] ... ," vollstreckbar ist, entweder durch Judikatsklage oder in der gleichen Weise wie der Schiedsspruch eines Schiedsgerichts auf Grund s. 41 [Gesetz, 1954]."[985]

Hierbei wird eine "Schiedsvereinbarung" als eine "schriftliche Vereinbarung [einschließlich einer im Brief- oder Telegrammwechsel enthaltenen Vereinbarung] bereits entstandener oder zukünftiger Streitigkeiten, die schiedsfähig sind, einem schiedsrichterlichen Verfahren zu unterbreiten" definiert.[986]

Nach s. 59 Gesetz, 1980 bleiben alle anderen Anerkennungs- und Vollstreckungsmöglichkeiten weiter anwendbar. Auch im Regelungsbereich des ModellG bleibt Vollstreckung nach Teil V Gesetz, 1954 gemäß s. 14(4)(a) und s. 16 EinführungsG offen. Im allgemeinen lassen die Bestimmungen des Teil III Gesetz, 1980 (nach s. 11 Gesetz, 1980) alle anderen Rechte einer Person, sich auf einen Schiedsspruch zu berufen oder ihn zu vollstrecken, unberührt. Jedoch ist Teil V Gesetz, 1954 nicht auf solche Schiedssprüche anwendbar, die ein Schiedsspruch i.S.d. Teil III Gesetz, 1980 sind.

---

982 Siehe Mustill & Boyd Seite 423.

983 *Kianta v Britain and Overseas Trading* [1954] 1 Lloyd's Rep 247.

984 S. 6 Gesetz, 1980.

985 S. 7(1) Gesetz, 1980.

986 Siehe s. 2(1) Gesetz, 1980.

Die in s. 41 Gesetz, 1980 enthaltene Vollstreckungsmethoden erlauben, den Schiedsspruch mit Genehmigung des *High Court*, "in gleicher Weise wie ein Urteil oder eine Anordnung mit gleicher Wirkung zu vollstrecken, und wenn diese Genehmigung erhalten wird, kann ein Urteil mit dem Inhalt des Schiedsspruchs aufgezeichnet werden."[987]

Nach dem kombinierten Wortlaut der s. 7(1) Gesetz, 1980 und s. 41 Gesetz, 1954 bleibt es offen, ob dem *High Court* bei der Anerkennung ein Ermessen eingeräumt wird. Jedoch bestimmt s. 9 (1) Gesetz, 1980 ausdrücklich, daß die "Vollstreckung eines Schiedsspruchs[988] nicht zu verweigern ist" außer bei Beweis bestimmter in s. 9(2) Gesetz, 1980 festgelegter Verweigerungsgründe. Auch wenn ein Antragsteller die Judikatsklage als Vollstreckungsmethode wählt, sind die klagebegründenden Elemente und die Verteidigungsmöglichkeiten vom Gesetz 1980 bestimmt und nicht vom Gemeinen Recht. Jedoch kann sich der *High Court* weigern, den Schiedsspruch im summarischen Verfahren nach s. 41 Gesetz, 1954 anzuerkennen, wenn die erhobenen Verweigerungsgründe nicht ohne ein Plänarverfahren behandelt werden können. Es handelt sich dann nicht um eine Weigerung, den Schiedsspruch zu vollstrecken, sondern lediglich um eine Weigerung, ihn in einer bestimmten Weise zu vollstrecken.[989]

Die ausschließlichen Verweigerungsgründe sind nach s. 9(2) Gesetz, 1980 zunächst, wenn der Antragsgegner beweisen kann, daß

- eine Partei zur Schiedsvereinbarung (nach dem Recht, das für sie persönlich maßgebend ist) nicht fähig war, oder
- die Schiedsvereinbarung nach dem Recht des Staates, dem die Parteien die Vereinbarung unterstellt haben, oder falls die Parteien hierüber nichts bestimmt haben, nach dem Recht des Staates, wo der Schiedsspruch erging, nicht gültig war, oder
- er von der Bestellung eines Schiedsrichters oder von dem schiedsrichterlichen Verfahren nicht gehörig in Kenntnis gesetzt wurde, oder daß er aus einem anderen Grund Angriffs- oder Verteidigungsmittel nicht hat geltend machen könnte, oder
- der Schiedsspruch eine Streitigkeit betrifft, die nicht in der Schiedsabrede erwähnt ist oder nicht unter die Bestimmungen der Schiedsklausel fällt, oder daß er Entscheidungen enthält, welche die Grenzen der Schiedsabrede oder Schiedsklausel überschreiten,[990] oder

987 Siehe Hascher-1996 Seite 233ff. und Hascher-1997 Seite 33ff.

988 S. 6(1) Gesetz, 1980: "... der gemäß einer Schiedsvereinbarung im Hoheitsgebiet eines Staates [außer Irland] ergangen ist, welcher eine Partei zum NYÜ ist".

989 *Dalmia Cement Ltd. v. National Bank of Pakistan* [1974] 2 Lloyd's Rep 98.

990 Kann jedoch der Teil des Schiedsspruchs, der sich auf Streitpunkte bezieht, die dem schiedsrichterlichen Verfahren unterworfen waren, von dem Teil, der Streitpunkte

- die Bildung des Schiedsgerichts oder das schiedsrichterliche Verfahren der Vereinbarung der Parteien oder mangels einer solchen Vereinbarung dem Recht des Staates, in dem das schiedsrichterliche Verfahren stattfand, nicht entsprochen hat, oder
- der Schiedsspruch für die Parteien noch nicht verbindlich geworden ist bzw. daß er aufgehoben oder in seiner Wirkung einstweilen gehemmt worden ist.[991]

Zweitens und letztens kann die Vollstreckung des Schiedsspruchs nach s. 9(3) Gesetz, 1980 verweigert werden, wenn
- es sich um eine Angelegenheit handelt, welche nach irischem Recht nicht schiedsfähig ist, oder
- es gegen die öffentliche Ordnung verstoßen würde, den Schiedsspruch zu vollstrecken.[992]

Im Gegensatz zu den in s. 9(2) Gesetz, 1980 enthaltenen Gründen liegt in der Formulierung des s. 9(3) Gesetz, 1980 keine ausdrückliche Beweislast auf dem Antragsgegner.

Auch im Regelungsbereich des ModellG findet nach s. 16 i.V.m. s. 14(4) EinführungsG, Teil III (ss. 6 bis 11) des Gesetz, 1980 (welches die Vollstreckung sogenannter NYÜ-Schiedssprüche regelt), weiter Anwendung. Problematisch ist aber, daß Teil III Gesetz, 1980 nicht als allein stehend konzipiert worden ist. Teil I des Gesetzes enthält in s. 2 die notwendige Definition des in Teil III verwendeten Begriffs "Schiedsvereinbarung". Es ist davon auszugehen, daß das Ausklammern dieser Definition durch s. 16 EinführungsG versehentlich geschah. Aus der Formulierung der s. 14(4) und s. 16 EinführungsG geht eindeutig hervor, daß die Vollstreckung von Schiedssprüchen nach dem NYÜ unverändert weiter möglich sein soll. Es ist deshalb anzunehmen, daß trotz des eindeutigen Wortlauts des s. 16, seine Anwendung auszuschließen, der *High Court* die in s. 2 Gesetz, 1980 enthaltene Definition bei der Handhabung des Teil III des Gesetzes verwenden wird.

6. Teil V Gesetz, 1954

Teil V Gesetz, 1954 setzt das Genfer Abkommen zur Vollstreckung ausländischer Schiedssprüche 1927 ins irische Recht um. Er bestimmt, daß ein "ausländischer

---

betrifft, die ihm nicht unterworfen waren, getrennt werden, so kann nach s. 9(4) Gesetz, 1980 der erstgenannte Teil des Schiedsspruchs anerkannt und vollstreckt werden.

991 Die Verweigerungsgründe entsprechen Art V(1) NYÜ.

992 Vergl. Merkt Seite 137f.; Mulcahy Seite 210ff.

Schiedsspruch[993] im Staat vollstreckbar ist, entweder durch Judikatsklage oder in der gleichen Weise wie der Schiedsspruch eines Schiedsgerichts auf Grund s. 41 [Gesetz 1954]".[994] Ein "ausländischer Schiedsspruch" ist ein Schiedsspruch

- gemäß einer Schiedsvereinbarung, auf die das Protokoll von 1923 Anwendung findet,[995]
- zwischen einer Person, die der Gerichtsbarkeit eines Staates, welcher Partei zum Abkommen ist unterliegt, und einer Person, die der Gerichtsbarkeit eines anderen Staates unterliegt, welcher auch Partei zum Abkommen ist,[996] und
- in einem Hoheitsgebiet erging, in dem das Abkommen Anwendung findet.[997]

Ein "ausländischer Schiedsspruch" nach Teil V Gesetz, 1954 kann vollstreckbar sein, wenn er

- auf Grund einer Schiedsabrede oder einer Schiedsklausel, die nach dem auf sie anzuwendenden Recht gültig ist, erfolgte,
- von einem Schiedsgericht gefällt wurde, das in der Vereinbarung vorgesehen oder in der von den Parteien vereinbarten Weise gebildet worden ist,[998]
- nicht gegen das Recht, dem das schiedsrichterliche Verfahren unterlag, verstößt,[999]
- in dem Land, indem er gefällt wurde, endgültig geworden ist,[1000]
- sich nur mit Angelegenheiten befaßt, welche nach irischem Recht einem schiedsrichterlichen Verfahren unterworfen werden können,[1001] und
- in seiner Vollstreckung nicht zu einem Verstoß gegen die öffentliche Ordnung oder gegen irisches Recht führen würde.[1002]

Jedoch ist ein "ausländischer Schiedsspruch" nach Teil V Gesetz, 1954 nicht zu vollstrecken, wenn das Gericht überzeugt ist, daß

- der Schiedsspruch in dem Land, in dem er ergangen ist, für nichtig erklärt worden ist,
- die Partei, gegen die der Schiedsspruch geltend gemacht wird, nicht zeitig genug von dem schiedsrichterlichen Verfahren Kenntnis erlangt hat, um ihre Angriffs- und Verteidigungsmittel geltend machen zu können, oder daß sie im Falle ihrer Prozeßunfähigkeit nicht ordnungsgemäß vertreten war, oder

---

993 Engl. "*foreign award*".
994 S. 55(1) Gesezt, 1954
995 S. 54(2)(a) Gesetz, 1954.
996 S. 54(2)(b) Gesetz, 1954.
997 S. 54(2)(c) Gesetz, 1954.
998 S. 56(1)(b) Gesetz, 1954.
999 S. 56(1)(c) Gesetz, 1954.
1000 S. 56(1)(d) Gesetz, 1954.
1001 S. 56(1)(d) Gesetz, 1954.
1002 S. 56(1) a.E. Gesetz, 1954.

- der Schiedsspruch nicht alle vorgelegten Fragen betrifft[1003] oder Entscheidungen enthält, welche die Grenzen der schiedsrichterlichen Vereinbarung überschreiten.[1004]

Sollte eine Partei einen weiteren Grund vorbringen (neben dem Nicht-Vorhandensein bzw. dem Vorhandensein eines der oben dargelegten Umstände), welche sie berechtigt, die Gültigkeit des Schiedsspruchs zu bestreiten, kann der *High Court* nach seinem Ermessen gemäß s. 56(4) Gesetz, 1954 sich entweder weigern, den Schiedsspruch zu vollstrecken, oder das Verfahren für einen gewissen Zeitraum aussetzen, in dem diese Partei beim zuständigen Gericht den Ausspruch der Nichtigkeit bewirken kann.

Die gemäß Teil V Gesetz, 1954 auf den "ausländischen Schiedsspruch" verweisende Partei muß nach s. 57(1), Gesetz, 1954 folgendes vorlegen:[1005]

- die Urschrift des Schiedsspruchs oder eine Abschrift nach den Regeln des Landes, in dem er ergangen ist,[1006]
- den Beweis, daß der Schiedsspruch in dem Lande, in dem er ergangen ist, endgültig ist,[1007] und
- jene Beweise, die erforderlich sind, um darzulegen, daß die in s. 56(1)(a) bis (c) verlangten Erfordernisse erfüllt sind.

1003 In diesem Fall kann der *High Court* nach s. 56(3) Gesetz, 1954 nach seinem Ermessen die Vollstreckung aussetzen oder sie von einer Sicherheitsleistung abhängig machen.

1004 S. 56(2)(c) Gesetz, 1954.

1005 Nach s. 57(2) Gesetz, 1954 sind Dokumente die nicht in englisch oder irisch abgefaßt sind, mit beglaubigter Übersetzung vorzulegen.

1006 S. 57(1)(a) Gesetz, 1954.

1007 Nach s. 58 Gesetz, 1954 ist ein Schiedsspruch nicht als endgültig zu behandeln, wenn in dem Land, in dem er gefällt wurde, noch ein Verfahren zur Gültigkeitsbestreitung anhängig ist.

Fünfter Teil: Unterschiede zum deutschen Recht

I. Allgemeines

Die Bundesregierung hat, um u.a. das Ansehen der Bundesrepublik Deutschland als Austragungsort internationaler Schiedsstreitigkeiten zu fördern, eine grundlegende Änderung des Schiedsverfahrensrechts herbeigeführt.[1008] Grundlage der Neuordnung ist die Übernahme des von der Kommission der Vereinten Nationen für Handelsrecht (UNCITRAL) empfohlenen UNCITRAL-Modellgesetzes über die internationale Handelsschiedsgerichtsbarkeit in das deutsche Recht; und zwar für alle Schiedsverfahren in Deutschland.[1009] Es stellt sich die Frage, in wieweit Vertrautheit mit dem ModellG auch Vertrautheit mit der deutschen Regelung, und wiederum mit der irischen Regelung (die ja auch auf dem ModellG basiert)[1010] mit sich bringt.[1011] In diesem Teil der Arbeit werden wesentliche Unterschiede zwischen der deutschen Neuordnung und der irischen Übernahme des ModellG hervorgehoben.

II. Schiedsfähigkeit

Die Schiedsfähigkeit wird im Modellgesetz nur insoweit angesprochen, als solche Bestimmungen des übernehmenden Staates, die in anderen Gesetzen die Schiedsfähigkeit einschränken, unberührt bleiben.[1012] Diese Bestimmung findet sich in § 1030 III ZPO wieder. Nach § 1030 I Satz 1 ZPO kann jeder vermögensrechtliche Anspruch Gegenstand einer Schiedsvereinbarung sein. Bei nicht vermögensrechtlichen Ansprüchen gilt das Kriterium der Vergleichsfähigkeit.[1013] Bei der irischen Schiedsgerichtsbarkeit wird die Frage der objektiven Schiedsfähigkeit von dem Grundsatz des Gemeinen Rechts bestimmt, daß Verträge, die gegen die öffentliche Ordnung verstoßen, unwirksam sind. Insbesondere würde es gegen die öffentliche Ordnung verstoßen, wenn Rechte Dritter beeinträchtigt würden, aber auch nach der führenden Literatur (mangels

---

1008 Entwurf-Begründung S. 1.

1009 Schloßer-RIW Seite 725.

1010 Siehe 3. Teil dieser Arbeit.

1011 Vergl. Berger-UNCITRAL Seite 121:
"*Germany has implemented the UNCITRAL Model Law with only very few modifications ... those who know the Model Law also know the new German arbitration law*"; und Lörcher-Reform Seite 392.

1012 Art. 1 V ModellG.

1013 § 1030 I Satz 2 ZPO.

Rechtssprechung), wenn ein Schiedsspruch versuchen würde, gegenüber der Allgemeinheit eine Wirkung zu entfalten.

Beide Rechtsordnungen haben gemeinsam, daß grundsätzlich auf Rechte Dritter nicht eingewirkt werden darf.[1014] Wie eine deutsche Reformkommission festgestellt hat, bedarf das Gesetz eines klaren Abgrenzungskriteriums.[1015] Jedoch will der deutsche Gesetzgeber diese "Problematik ... der Lösung durch die Rechtsprechung unter Berücksichtigung der konkreten Umstände des Einzelfalls überlassen ...".[1016] Auch der englische Gesetzgeber hat eine Formel vermieden; in seinen Regierungsberichten wird schlicht ausgeführt:

"*Such matters as are not arbitrable in England (eg civil status, liability for criminal offences, etc) lie almost wholly outside the commercial field ... .*"[1017]

Und weiter:

"*Some matters are simply not susceptible to this form of dispute resolution (eg certain cases concerning status or family matters) ... .*"[1018]

Lord Mustill, der ehemalige Vorsitzende der englischen Regierungskommission, vertritt weiter die folgende Auffassung in der Literatur:

"[*T*]*he types of remedies which the arbitrator can award are limited by considerations of public policy ... . It would be wrong, however, to draw from this any general rule that criminal, admiralty, family or company matters cannot be referred to arbitration ...* ".[1019]

Die dem Commonwealth *common law*-Rechtskreis zugehörigen australischen Gerichte haben auch bewußt eine klare Regelung vermieden und vertrauen auf das Ermessen, welches dort (wie in England und Irland in der nationalen Schiedsgerichtsbarkeit) den Gerichten bei der Anerkennung eines Schiedsspruchs eingeräumt wird:

"*It might be expected that the court, in considering whether or not to grant such leave, would have regard to the nature of the relief given in the arbitrator's award.*"[1020]

Die Überlegungen finden beim Bericht des englischen Reformkomitees vom Januar 1997 Widerklang:

"[*W*]*e concluded that it would be preferable ... to have no list ... instead relying on the fact ... that the opening words of the provision do not require the Court to order enforcement, but only give it a discretion to do so.*"[1021]

1014 Vergl. § 1055 ZPO: "Der Schiedsspruch hat unter den Parteien die Wirkung eines rechtskräftigen gerichtlichen Urteils."; siehe Mustill & Boyd Seite 149.

1015 Diskussions-Entwurf Seite 91.

1016 Entwurf-Begründung Seite 35

1017 DAC-1989 Seite 49. (Der Vorsitzende der Kommision war Lord Mustill).

1018 DAC-1996 § 19 (Der Vorsitzende der Kommision war Lord Saville).

1019 Mustill/Boyd Seite 179f.

1020 Kirby P. im *IBM*-Fall *ob cit.* Seite 371.

Es sind keine Anhaltspunkte dafür ersichtlich, daß die Rechtslage in Irland von den näher verwandten Commonwealth *common law*-Rechtssystemen abweicht. Jedoch ist im Regelungsbereich des ModellG das richterliche Ermessen weitgehend entzogen.

In beiden Rechtsordnungen sind die Grenzen der Schiedsfähigkeit vom Gesetzgeber nicht klar definiert worden. Gemeinsam herrscht der Grundsatz, daß die Rechte Dritte nicht beeinträchtigt werden dürfen. Die im deutschen Zivilrecht zu findenden Leistungs-, Feststellungs- und Gestaltungsklagen müßten, vorbehaltlich eines Versuchs eine Wirkung gegenüber der Allgemeinheit zu entfalten, in beiden Rechtsordnungen zum gleichen Maß schiedsfähig sein.

III. Formerfordernisse

Die an die Schiedsvereinbarung zu stellenden Formerfordernisse nach Art. 7 II ModellG sind in § 1031 I u. II ZPO zu finden. Diese sind in Irland unverändert übernommen. Jedoch enthält § 1031 IV ZPO eine zusätzliche Besonderheit. Danach wird eine Schiedsvereinbarung auch durch die Begebung eines Konnossements, in dem ausdrücklich auf die in einem Chartervertrag enthaltene Schiedsklausel Bezug genommen wird, begründet.[1022] Nach den Bestimmungen des Art. 7 II ModellG, welcher in Irland geltendes Recht ist, würde eine allgemeine Verweisung auf die Bedingungen des Chartervertrages im Konnossement nicht genügen, um eine wirksame Schiedsvereinbarung zu begründen.[1023] Bei Streitigkeiten, die sich aus einem Seefrachtvertrag ergeben, stellt die Sonderregelung des § 1031 IV ZPO einen Vorteil der deutschen Schiedsgerichtsbarkeit gegenüber der irischen dar.

IV. Haftung

Die Haftung der in einem schiedsrichterlichen Verfahren Beteiligten wird vom ModellG nicht behandelt. Die deutsche Neuordnung enthält keine ausdrücklichen Bestimmungen, weshalb auf das sonstige deutsche Gesetzesrecht zurückgegriffen

---

1021 DAC-1997 § 32.

1022 Vergl. Warnung im englishen Regierungsbericht DAC-1989 Seite 52:
"*In particular, the Model Law requires a signature on the document containing the contract. This could leave most bills of lading, many brokers' contract notes and other important categories of contracts outside the scope of the Model Law.*"

1023 Vergl. Entwurf-Begründung Seite 37.

werden muß.[1024] Die Haftung der Schiedsrichter (*subsection* 1), der von ihnen ernannten Sachverständigen (*subsection* 2), der Schiedsorganisationen (*subsection* 3), der Zeugen im Verfahren (*subsection* 5) und der Prozeßbevollmächtigten (*subsections* 7 und 8) sind im irischem Recht in s. 12 EinführungsG ausdrücklich geregelt.

V. Klage vor Gericht

Bei erfolgreicher Einrede der Schiedsvereinbarung hat das ordentliche Gericht nach Art. 8 I ModellG "die Parteien auf das schiedsrichterliche Verfahren zu verweisen". Die Verfasser des ModellG haben es bewußt vermieden, die Form dieser Anordnung des Gerichts näher zu beschreiben. Der irische Gesetzgeber hat bei der Übernahme des ModellG keine Konkretisierung unternommen. Obwohl in dieser Hinsicht Rechtsunsicherheit herrscht, kann angenommen werden, daß die Anordnung auf eine *stay of proceedings* gerichtet sein wird. Der § 1032 I ZPO enthält eine ausdrückliche Regelung, daß in solchen Fällen "die Klage als unzulässig abzuweisen" ist. Die ausdrückliche Regelung im deutschen Recht ist besonders für ausländische Parteien wünschenswert und dient dazu, klare Verhältnisse zu schaffen.[1025]

VI. Feststellungsantrag

Bis zur Bildung des Schiedsgerichts kann nach § 1032 II ZPO ein "Antrag auf Feststellung der Zulässigkeit oder Unzulässigkeit eines schiedsrichterlichen Verfahrens gestellt werden". Diese Bestimmung ist von § 1046 ZPO-alte Fassung übernommen worden, und ist nicht im ModellG zu finden.[1026] Zwar besteht allgemein eine vergleichbare im *equity* zu findende Zuständigkeit des irischen *High Court*, welche aber auf Grund Art. 5 ModellG im Regelungsbereich des ModellG ausgeschlossen ist. Da nach § 1032 III ZPO ein schiedsrichterliches Verfahren trotz des anhängigen Feststellungsverfahren beim ordentlichen Gericht

---

1024 Siehe Schütze-NJW Seite 34; vergl. Böckstiegel-UNCITRAL Seite 31: "*The Act contains all provisions dealing with arbitration so that no research is required into other branches of German law in order validly to conduct the arbitral procedure*"; bei der Haftung handelt es sich nicht um eine Frage, wie das schiedsrichterliche Verfahren auszuführen ist, sondern um eine der Konsequenzen, sollte es nicht ordnungsgemäß ausgeführt werden;
Siehe Behandlung in Kreindler Seite 76; und Schütze-NJW Rn. 60, 68.

1025 Vergl. Entwurf-Begründung Seite 38.

1026 Siehe Entwurf-Begründung Seite 38.

i.S.d. § 1032 II ZPO eingeleitet bzw. fortgesetzt werden kann, ist dieses im Zusatz zu den Bestimmungen des ModellG erlaubte Tätigwerden der deutschen ordentlichen Gerichtsbarkeit nicht zu beanstanden.

VII. Streitigkeiten zwischen mehreren Parteien

Das ModellG enthält keine Bestimmungen, die sich mit den besonderen Schwierigkeiten, von Mehrparteien-Streitigkeiten, befassen.[1027] Mit s. 9 EinführungsG hat der irische Gesetzgeber lediglich bestätigt, daß die Parteien zwar vereinbaren können, Verfahren zu verbinden oder Verhandlungen gleichzeitig abzuhalten, das Schiedsgericht ist aber dazu nicht ermächtigt. Damit sind keine der praktischen oder rechtlichen mit Mehrparteienverfahren verbundenen Probleme angesprochen.[1028] Besonders bei schiedsrichterlichen Verfahren mit mehreren Parteien ist es denkbar, daß eine Partei oder eine Gruppe von Parteien, ein Übergewicht bei der Bestellung der Schiedsrichter erhält.[1029] Nach § 1034 II ZPO kann eine in diesem Zusammenhang benachteiligte Partei, bei Gericht einen Antrag stellen, um die Besetzung des Schiedsgerichts auch entgegen der Parteienvereinbarung zu verändern.[1030] Der Vorteil dieser Bestimmung ist, daß dadurch die Gefahr entschärft wird, daß der Schiedsspruch später wegen Verstoß gegen die öffentliche Ordnung wertlos ist.[1031]

IIX. Bestellung der Schiedsrichter

Die Bestellung der Schiedsrichter wird von § 1035 ZPO geregelt und übernimmt im wesentlichen die Vorschriften des Art. 11 ModellG.[1032] Abweichend zum ModellG bestimmt § 1035 II ZPO nicht zwingend, daß "eine Partei an die durch sie erfolgte Bestellung eines Schiedsrichters gebunden [ist], sobald die andere Partei die Mitteilung über die Bestellung empfangen hat".[1033] Wann die

1027 Vergl. Schloßer Seite 724.
1028 Vergl. Weigland-Model Law Seite 400.
1029 Vergl. Entwurf-Begründung Seite 39.
1030 Vergl. Böckstiegel-UNCITRAL Seite 24.
1031 Siehe auch Kreindler/Mahlich Seite 81.
1032 Vergl. Entwurf-Begründung Seite 39;
Nicht übernommen ist Absatz 1 des Art. 11 ModellG, der sich mit der Nationalität der Schiedsrichter befaßt.
1033 Von § 1030 ZPO-alte Fassung übernommen;
Vergl. Lionner Seite 164 zur Bedeutung.

Bestellung vollkommen ist, wird nicht vom ModellG geregelt.[1034] Es muß deshalb in der irischen Schiedsgerichtsbarkeit auch im Regelungsbereich des ModellG auf das Gemeine Recht zurückgegriffen werden. Die Regeln sind dem Fall *Tradox Exports* zu entnehmen.[1035] Es bedarf:

- Benachrichtigung der anderen Parteien
- Benachrichtigung des zu Bestellenden
- Zustimmung des zu Bestellenden.

Die irische Regelung scheint weitreichender zu sein, da sie auch die Zustimmung des als Schiedsrichter zu Bestellenden verlangt. Jedoch bindet diese nicht nur die bestellende Partei, sondern alle Parteien einschließlich der Schiedsrichter. Der Vorteil der deutschen ausdrücklichen Regelung ist, daß die Rechtslage aus dem Gesetzestext hervorgeht.

Im Gegensatz zum ModellG wird nach § 1025 III ZPO den deutschen Gerichten eine ausdrückliche Zuständigkeit eingeräumt, auf Antrag einer Partei die Bestellung, Ablehnung und Entfernung der Schiedsrichter nach §§ 1034, 1035, 1037 und 1038 ZPO auch dann auszuüben, wenn der Ort des schiedsrichterlichen Verfahrens noch nicht bestimmt ist. Weder das ModellG noch das EinführungsG enthält eine ausdrückliche Regelung in dieser Hinsicht.

IX. Kompetenz-Kompetenz und Rechtsmittel

§ 1040 ZPO, welcher die Frage der sogenannten Kompetenz-Kompetenz regelt, entspricht im wesentlichen Art. 16 ModellG.[1036] Aus dogmatischen Gründen wird aber in der deutschen Regelung ausdrücklich von einem "Zwischenentscheid" des Schiedsgerichts zur Frage seiner Zuständigkeit gesprochen.[1037] Weiters ist diese Art von Zwischenentscheid "in der Regel" zu verwenden (§ 1040 III Satz 1 ZPO). Anderseits kann in der irischen Regelung nach Art. 16 III ModellG das Schiedsgericht die Einrede seiner Unzuständigkeit "als Vorfrage oder in einem Schiedsspruch zur Sache entscheiden". Beide Rechtsordnungen haben gemeinsam, daß bei dem Zwischenentscheid nach § 1040 III ZPO und beider bei der Entscheidung als Vorfrage nach Art. 16 III ModellG der Rechtsweg an die ordentliche Gerichtsbarkeit offen bleibt und das schiedsrichterliche Verfahren dadurch aber nicht gehemmt wird (§ 1040 III Satz 3 ZPO und Art. 16 III

1034 Vergl. Holzman Seite 358ff.

1035 *Tradax Export SA v. Volkswagenwerke AG* [1970] 1 Lloyd's Rep. 62, 64.

1036 Siehe Entwurf-Begründung Seite 43.

1037 Siehe Entwurf-Begründung Seite 43: "Als 'Zwischenschiedsspruch' kann der Entscheid nicht bezeichnet werden, da es sich nicht um eine Entscheidung in der Sache handelt."

Satz 3 ModellG). Jedoch ist der Rechtsweg in Irland, wie vom ModellG vorgesehen, auf nur eine Instanz beschränkt (Art. 16 III Satz 2 a.E. ModellG). Nach § 1065 I Satz 1 ZPO gibt es aber für die Schiedsgerichtsbarkeit in Deutschland eine zweite Instanz: nach der gerichtlichen Entscheidung des zuständigen Oberlandesgerichts gemäß § 1040 III Satz 2 ZPO ist Revision an den Bundesgerichtshof möglich.[1038]

X. Maßnahmen des einstweiligen Rechtsschutzes

Nach Art. 17 ModellG kann das Schiedsgericht, sofern die Parteien nichts anderes vereinbart haben, auf Antrag vorläufige sichernde Maßnahmen anordnen. Diese Regelung ist "[i]n ihrem Kern"[1039] in § 1041 I ZPO wiederzufinden.[1040] Ob eine Anordnung des Schiedsgerichts nach Art. 17 ModellG vom Staat anerkannt oder vollstreckt werden kann, wird vom ModellG nicht ausdrücklich behandelt. Aus den *travaux préparatoires* geht hervor, daß dies eine vom ModellG bewußt nicht geregelte Angelegenheit ist, die von den nationalen Bestimmungen zu behandeln ist.[1041]

Nach der deutschen Regelung steht es "im pflichtgemäßen Ermessen des Gerichts"[1042], ob auf Antrag eine vom Schiedsgericht angeordnete Maßnahme des einstweiligen Rechtsschutzes als vollstreckbar zu erklären ist (§ 1041 II Satz 1 ZPO).[1043] Weiter besitzt das ordentliche Gericht eine Möglichkeit, nach § 1041 II Satz 2 ZPO "die vom Schiedsgericht angeordnete Maßnahme abweichend zu fassen, soweit dies im Hinblick auf die Typologie des deutschen Zwangsvollstreckungsrechtes zur Durchführung der Zwangsvollstreckung - z.B. im Hinblick auf den Bestimmtheitsgrundsatz - erforderlich ist"[1044] und gemäß § 1041 III ZPO danach seinen Beschluß auf Antrag aufzuheben oder zu ändern, "wenn der Grund für die vom Schiedsgericht angeordnete Maßnahme ganz oder teilweise entfallen ist oder veränderte Umstände eingetreten sind"[1045]. Weiter sieht

---

1038 Vergl. Entwurf-Begründung Seite 66;
siehe insbesondere § 546 ZPO für die Voraussetzungen.

1039 Ausdruck von der Entwurf-Begründung Seite 44.

1040 Vergl. Kronke Seite 264.

1041 Siehe Holzman Seite 531; UN-Doc.-A/CN.9/WG.II/WP.40, Art. XIV, Holzman Seite 538; UN-Doc.-A/CN.9/232 § 122, Holzman Seite 537; UN-Doc.-A/CN.9/245 § 72, Holzman Seite 539f.

1042 Entwurf-Begründung Seite 45

1043 Verg. Böckstiegel-UNCITRAL Seite 25.

1044 Siehe Entwurf-Begründung Seite 45.

1045 In der Entwurf-Begründung Seite 46.; siehe § 927 I ZPO zum Vorliegen veränderter Umstände und Nordemann Seite 389 Rn. 619b.

§ 1041 IV ZPO im Gegensatz zum ModellG ausdrücklich vor, daß der Schaden, der durch ungerechtfertigte vorläufige oder sichernde Maßnahmen verursacht wird, im anhängigen schiedsrichterlichen Verfahren geltend gemacht werden kann.

Die irische Regelung zur Vollstreckung von Maßnahmen des einstweiligen Rechtsschutzes ist in s. 14(3) EinführungsG zu finden. Danach sind Art. 35 und 36 ModellG (Anerkennung und Vollstreckung bzw. Versagung dergleichen) auf Art. 17-Anordnungen anzuwenden.[1046] Weiter können solche Anordnungen unmittelbar nach den Bestimmungen des s. 14(1) und (2) EinführungsG in gleicher Weise wie eine Anordnung des *High Court* vollstreckt werden. Diese Vollstreckungsmöglichkeiten sind ausdrücklich durch Parteienvereinbarung abwählbar.[1047] Obwohl dem *High Court* eine Anerkennungs- und Vollstreckungszuständigkeit eingeräumt wird, besitzt er keine Zuständigkeit, eine Art. 17-Anordnung aufzuheben oder abzuändern.[1048]

Das fehlende Ermessen und die mangelnde Flexibilität, die den irischen Gerichten bei den Vollstreckungsmaßnahmen des einstweiligen Rechtsschutzes eingeräumt werden, könnte im Ergebnis zur völligen Versagung der Implementierung des Schutzes führen. Deshalb ist die deutsche Regelung in dieser Hinsicht vorzuziehen.

Jedoch hat ein Schiedsgericht nach deutschem Recht keine Möglichkeit zur Abnahme eidesstattlicher Versicherungen, welche als Mittel der Glaubhaftmachung in Verfahren über einstweilige Maßnahmen von besonderer Bedeutung sein können.[1049] Im Gegensatz kann nach s. 8 EinführungsG das Schiedsgericht nach irischem Recht die Parteien sowie Zeugen vereidigen.

XI. Vom Schiedsgericht bestellter Sachverständiger

Der Inhalt des Art. 26 ModellG über die vom Schiedsgericht zu bestellenden Sachverständigen ist in § 1049 I und II ZPO unverändert wiederzufinden. Jedoch enthält die deutsche Neuordnung eine nicht im ModellG zu findende Regelung über die Ablehnung der vom Schiedsgericht bestellten Sachverständigern.[1050]

1046 Weiter findet auch die zusätzliche Annerkenungs- und Vollsteckungsweise der s. 14(1) und (2) bei Anordungen gemäß Art. 17 ModellG (s. 14(3) a.E. EinführungsG) Anwendung.

1047 S. 14(3) a.A. EinführungsG.

1048 Siehe Sanders Seite 16 zur Rechtslage in anderen Staaten.

1049 Vergl. Entwurf-Begründung Seite 44; siehe auch Borros Seite 97; Roth Seite 391.

1050 Siehe Böckstiegel-UNCITRAL Seite 26.

Nach § 1049 III ZPO sind die Vorschriften für die Ablehnung eines Schiedsrichters auf Grund von Befangenheit wegen mangelnder Unabhängigkeit oder Unparteilichkeit auch auf einen vom Schiedsgericht bestellten Sachverständigen anzuwenden, ausgenommen der Möglichkeit eines Antrags an das ordentliche Gericht nach § 1037 III ZPO.

XII. Im schiedsrichterlichen Verfahren anwendbares Recht

Die deutsche Regelung zur Frage des im schiedsrichterlichen Verfahrens anzuwendenden Rechts weicht nur in einer Hinsicht von Art. 28 ModellG ab. Wenn die Parteien das anzuwendende Recht nicht bestimmt haben kann im irischen Recht nach Art. 28 II ModellG "das Schiedsgericht das Recht anwenden, welches das von ihm für anwendbar erachtete Kollisionsrecht bestimmt". Der deutsche Gesetzgeber hat sich aber bezüglich des auf den Hauptvertrag anzuwendenden materiellen Rechts für die Anwendung des Kriteriums des EG-Übereinkommens entschieden.[1051] Damit hat nach § 1051 II ZPO "das Schiedsgericht das Recht des Staates anzuwenden, mit dem der Gegenstand des Verfahrens die engsten Verbindungen aufweist".[1052]

XIII. Vergleich

Nach Art. 30 I ModellG führt ein Vergleich der Parteien zur Beendigung des schiedsrichterlichen Verfahrens. Der Vergleich kann auf Antrag der Parteien "in der Form eines Schiedsspruchs" festgehalten werden, wenn "das Schiedsgericht nichts dagegen einzuwenden hat". Diese Formulierung ist als "zu weitgehend und zu unbestimmt" verurteilt worden.[1053] In der deutschen Neuordnung ist deshalb diese Bestimmung mit der Veränderung übernommen worden, daß das Schiedsgericht sich nur dann weigern kann, den Vergleich als Schiedsspruch festzuhalten, wenn dies gegen die öffentliche Ordnung (ordre public) verstoßen würde (§ 1053 I Satz 2 a.E. ZPO).

1051 Siehe Entwurf-Begründung Seite 53.

1052 Siehe Böckstiegel-UNCITRAL Seite 27f.

1053 In der Entwurf-Begründung Seite 55.

XIV. Kosten des schiedsrichterlichen Verfahrens

Eine Kostenregelung ist im ModellG nicht enthalten.[1054] Nach der deutschen Neuordnung hat das Schiedsgericht nach § 1057 I Satz 1 ZPO vorbehaltlich einer anderweitigen Parteienvereinbarung im Zusatz zur Hauptsache im Schiedsspruch nach ihrem pflichtgemäßen Ermessen darüber zu entscheiden, zu welchem Teil die Parteien die Kosten des schiedsrichterlichen Verfahrens zu tragen haben, und zwar nach dem in § 1057 I Satz 2 ZPO enthaltenen Grundsatz.[1055] Weiter hat das Schiedsgericht die von den Parteien zu tragenden Kosten nach § 1057 II Satz 1 ZPO auch der Höhe nach festzusetzen.[1056] Nach der Begründung des Bundestags kann es aber nicht die Gebühren der Schiedsrichter erfassen, "weil das Schiedsgericht andernfalls in eigener Sache entscheiden würde".[1057]

Die vom irischen Gesetzgeber vorgesehene Regelung ist anders. Sollten die Parteien keine vorherige Vereinbarung zur Frage der erstattbaren Kosten der Parteien getroffen haben, kann nach s. 11(4) EinführungsG das Schiedsgericht nur mit dem Einverständnis der Parteien in einem Schiedsspruch eine diesbezügliche Kostenentscheidung nach seinem Ermessen treffen.[1058] Sollten die Parteien keine vorherige Vereinbarung zur Frage der Gebühren und der Auslagen der Parteien getroffen haben, "darf" nach s. 11(5) EinführungsG das Schiedsgericht in einem Schiedsspruch eine Entscheidung über seine Gebühren und Auslagen nach seinem Ermessen fällen. Damit kann das Schiedsgericht "in eigener Sache entscheiden".[1059] Die Entscheidung des Schiedsgerichts ist aber nicht endgültig, da nach s. 11(4) und (5) EinführungsG innerhalb von 30 Tagen der Rechtsweg an den *High Court* für eine unzufriedene Partei offen steht.[1060]

XV. Aufhebungsantrag

Für die irische Schiedsgerichtsbarkeit im Anwendungsbereich des ModellG regelt Art. 34 ModellG die Aufhebungsklage als ausschließlichen Rechtsbehelf gegen den Schiedsspruch. Seine Bestimmungen sind zwar weitgehend in der Vorschrift § 1059 ZPO wiederzufinden, welche "in ihrer Struktur" mit Art. 34 ModellG

1054 Siehe Holzman Seiten 1123 und 1145.
1055 Vergl. Trapp Seite 4.
1056 Vergl. Böckstiegel-UNCITRAL Seite 28.
1057 Vom Entwurf-Begründung Seite 58
1058 S. 11(3) EinführungsG: "... *as it thinks fit* ..."; vergl. DAC-1996 § 271
1059 Vergl. Entwurf-Begründung Seite 58.
1060 S. 11(7) und (9) EinführungsG.

übereinstimmt.[1061] Vom deutschen Gesetzgeber unternommene Änderungen in der Übernahme von Art. 34 ModellG in der Form von § 1059 ZPO betreffen folgendes:

- Art. 34 II(a)(i) ModellG enthält keine Kollisionsregel hinsichtlich der subjektiven Schiedsfähigkeit. Die "Lücke" ist mit Übernahme des Inhalts des Art. V (1) NYÜ geschlossen worden.[1062] Damit ist das Recht anzuwenden, welches "für [die Partei] persönlich maßgebend ist".[1063] Obwohl nicht ausdrücklich geregelt, ist davon auszugehen, daß der *High Court* die gleiche Regel anwenden wird.
- Art. 34 II(a)(iv) ModellG behandelt Mängel in der Bildung des Schiedsgerichts. Die deutsche Vorschrift (§ 1059 II Nr.1 lit. d ZPO) ist "straffer gefaßt",[1064] und führt ausdrücklich nur dann zur Aufhebung, wenn sich der Mangel "auf den Schiedsspruch ausgewirkt hat". Der irische *High Court* kann aus den in Art. 34 ModellG aufgeführten Gründen einen Schiedsspruch aufheben. Da die Entscheidung in seinem Ermessen steht, ist davon auszugehen, daß der *High Court* in seiner Rechtsprechung das gleiche Kriterium anwenden wird und sich damit in der Praxis kein Unterschied zur deutschen Regelung findet.
- Nach Art. 34 III ModellG muß die Aufhebungsklage innerhalb von drei Monaten nach Empfang des Schiedsspruchs oder ein Antrag zur Berichtigung, Auslegung und Ergänzung des Schiedsspruchs gemäß Art. 33 ModellG erhoben werden. Es sei angemerkt, daß diese Frist für die Gründe unter § 1059 II Nr.1 (dispositive Gründe) sowie unter Nr.2 (zwingende Gründe) ZPO gilt. Die deutsche Bestimmung unterscheidet sich vom ModellG insofern, als die Entscheidung auf Antrag auf Berichtigung, Auslegung und Ergänzung des Schiedsspruchs (§ 1058 ZPO) diese Frist um höchstens einen Monat erweitern kann, wobei die Frist aber erst ab Empfang der Entscheidung läuft (§ 1059 III Satz 3 ZPO). Weiter gelten in der deutschen Regelung die Fristen bei der Aufhebung wegen sämtlicher Aufhebungsgründe, einschließlich der der ordre public, aus der Erwägung, "weil die Nichtaufhebung des Schiedsspruchs als solches für den Schuldner noch keine unmittelbaren Nachteile mit sich bringt".[1065] Im Gegensatz bestimmt s. 13 EinführungsG, daß die Frist des Art. 34 III ModellG bei einem Aufhebungsantrag auf Grund Verstoß gegen die öffentliche Ordnung keine Anwendung findet.[1066]

1061 Entwurf-Begründung Seite 58.
1062 Entwurf-Begründung Seite 59.
1063 § 1059 II Nr.1 lit.d ZPO.
1064 Entwurf-Begründung Seite 59.
1065 Entwurf-Begründung Seite 61.
1066 Siehe auch Anglade Seite 129.

Nach § 1059 V ZPO hat im Zweifel die Aufhebung des Schiedsspruchs die Folge, daß wegen des Streitgegenstandes die Schiedsvereinbarung wiederauflebt.[1067] Ein neues Schiedsgericht wäre aber zu bestellen auf Grund des § 1056 III ZPO, da das Amt des Schiedsgerichts mit der Beendigung des schiedsrichterlichen Verfahrens geendet hat. Eine Vorschrift dieser Art ist im ModellG nicht enthalten,[1068] noch wird es von dem irischen EinführungsG vorgesehen. Zu einem Wiederaufleben der Schiedsvereinbarung kommt es nach irischem Gemeinen Recht nicht. Es ist nur denkbar, daß ein Schiedsgericht nach einem erfolgreichen Aufhebungsantrag wirksam gebildet werden kann, weil die Schiedsvereinbarung unter bestimmten Umständen überhaupt nicht "verbraucht" wurde.

XVI. Anerkennung und Vollstreckung von Schiedssprüchen

Das ModellG unterscheidet bei seinen Bestimmungen zur Anerkennung und Vollstreckung nicht zwischen inländischen und ausländischen Schiedssprüchen. Die deutsche Neuregelung folgt einer anderen Systematik, weil für ausländische Schiedssprüche generell das NYÜ maßgebend sein soll.[1069] Jedoch sind die Verweigerungsgründe für inländische Schiedssprüche mit Art. 36 ModellG und Art. V NYÜ "nahezu identisch".[1070] Abweichend vom ModellG sind nach Ende der Frist gemäß § 1059 III ZPO nur die Aufhebungsgründe unter § 1059 II Nr.2 ZPO (zwingende Gründe) zu berücksichtigen, wegen objektiver Schiedsunfähigkeit nach deutschem Recht oder Gründen der ordre public.[1071] Eine Einschränkung dieser Art ist im irischen EinführungsG nicht vorgesehen.

1067 Siehe Böckstiegel-UNCITRAL Seite 28.

1068 Auch gegenüber dem alten deutschen Recht stellt es eine Neuerung dar; siehe Entwurf-Begründung Seite 60; und Kommisions-Bericht Seite 201.

1069 Siehe Entwurf-Begründung Seite 60; hierzu kritisch Kreindler Seite 87.

1070 Entwurf-Begründung Seite 61.

1071 Vergl. Böckstiegel-UNCITRAL Seite 28.

Schlußwort

Mit Übernahme des UNICITRAL-Modellgesetzes hat Irland im Bereich der internationalen Schiedsgerichtsbarkeit einen Wandel von einer unüberschaubaren Regelung, in der vor allem über die Rolle der ordentlichen Gerichtsbarkeit Rechtsunsicherheit herrschte, zu einer modernen Regelung in einem weitgehend international verständlichen Rahmen unternommen.

Die Rechtsstruktur der internationalen Schiedsgerichtsbarkeit in Irland ist jetzt als zugänglich und befriedigend zu beurteilen. Es bleiben aber Aspekte, die besonders für Parteien aus dem kontinental-europäischen Rechtskreis Schwierigkeiten bereiten könnten. Diese betreffen vor allem:

- Rechtsschutzinhalt des Schiedsspruchs
- Kostenfestlegung für die Parteien und für das Schiedsgericht unter eventueller Beteiligung der ordentlichen Gerichtsbarkeit
- Haftung von Schiedsinstitutionen, von Schiedsrichtern und ihrer Erfüllungsgehilfen.

Die gesetzlichen Regelungen greifen aber prinzipiell nur bei Fehlen eines Parteiwillens ein. Durch vorbeugende Regelungen der Parteien können diese Schwierigkeiten ausgeschlossen oder zumindest erheblich gemindert werden.

Anhang A

Number 26 *of* 1954.

ARBITRATION ACT, 1954.

AN ACT TO MAKE FURTHER AND BETTER PROVISION IN RESPECT OF ARBITRATIONS.

[19*th December*, 1954.]

BE IT ENACTED BY THE OIREACHTAS AS FOLLOWS:—

PART I
PRELIMINARY AND GENERAL

Short title and commencement.

1.—(1) This Act may be cited as the Arbitration Act, 1954.

(2) This Act (except subsection (2) of section 12 and Part V) shall come into operation on the 1st day of January, 1955.

(3) Subsection (2) of section 12 and Part V of this Act shall come into operation on such day as may be fixed for that purpose by order of the Government.

Interpretation generally.

2.—(1) In this Act—

"arbitration agreement" means a written agreement to refer present or future differences to arbitration, whether an arbitrator is named therein or not;

"the Convention of 1927" means the Convention on the Execution of Foreign Arbitral Awards done at Geneva on the 26th day of September, 1927, set out in the Second Schedule to this Act;

"the Court" means the High Court;

"the operative date" means the 1st day of January, 1955;

"the Protocol of 1923" means the Protocol on Arbitration Clauses opened at Geneva on the 24th day of September, 1923, set out in the First Schedule to this Act;

"State authority" means any authority being—

(*a*) a Minister of State,

(*b*) the Commissioners of Public Works in Ireland,

(*c*) the Irish Land Commission, or

(*d*) the Revenue Commissioners;

"the statutes of limitation" includes any enactment limiting the time within which any particular proceedings may be commenced.

(2) References in this Act to an award include references to an interim award.

Commencement of arbitration.

3.—(1) For the purposes of this Act and for the purpose of the statutes of limitation as applying to arbitrations and of section 496 of the Merchant Shipping Act, 1894, as amended by section 46 of this Act, an arbitration shall be deemed to be commenced when one party to the arbitration agreement serves on the other party or parties a written notice requiring him or them to appoint or concur in appointing an arbitrator or, where the arbitration agreement provides that the reference shall be to a person named or designated in the agreement, requiring him or them to submit the dispute to the person so named or designated.

(2) (*a*) A notice under subsection (1) of this section may be served—

(i) by delivering it to the person to whom it is to be served,

(ii) by leaving it at the place in the State at which that person ordinarily resides or carries on business,

(iii) by sending it by registered post in an envelope addressed to that person at the place in the State at which he ordinarily resides or carries on business,

(iv) in any other manner provided in the arbitration agreement.

(*b*) For the purposes of this subsection, a company registered under the Companies Acts, 1908 to 1924, shall be deemed to carry on business at its registered office in the State and every other body corporate and every unincorporated body shall be deemed to carry on business at its principal office or place of business in the State.

State authorities to be bound.

4.—This Part, Part II (except subsection (2) of section 12) and Part III of this Act shall apply to an arbitration under an arbitration agreement to which a State authority is a party.

Exclusion of certain arbitrations.

5.—Notwithstanding anything contained in this Act, this Act does not apply to—

(*a*) an arbitration under an agreement providing for the reference to, or the settlement by, arbitration of any question relating to the terms or conditions of employment or the remuneration of any employees, including persons employed by or under the State or local authorities, or

(*b*) an arbitration under section 70 of the Industrial Relations Act, 1946 (No. 26 of 1946).

Operation of Parts II and III.

6.—(1) Part II of this Act shall not affect any arbitration under an arbitration agreement which has commenced before the operative date, but shall apply to any arbitration commenced on or after the operative date under an arbitration agreement made before the operative date.

(2) Part III of this Act shall not affect any arbitration under any other Act which has commenced before the operative date, but shall apply to any arbitration commenced on or after the operative date under any other Act passed before, on, or after the operative date.

Penalty for giving false evidence.

7.—Any person who, upon any examination upon oath or affirmation before an arbitrator or umpire or in any affidavit in proceedings before an arbitrator or umpire, wilfully and corruptly gives false evidence or wilfully and corruptly swears or affirms anything which is false, being convicted thereof, shall be liable to the penalties for wilful and corrupt perjury.

Repeals.

8.—(1) The enactments mentioned in column (2) of the Third Schedule to this Act are (except in relation to arbitrations, under arbitration agreements commenced before the operative date) here by repealed to the extent mentioned in column (3) of that Schedule.

(2) Any enactment or instrument referring to any enactment repealed by this Act shall be construed as referring to this Act.

PART II
ARBITRATION UNDER ARBITRATION AGREEMENTS

Authority of arbitrators and umpires to be irrevocable.

9.—The authority of the arbitrator or umpire appointed by or by virtue of an arbitration agreement shall, unless a contrary intention is expressed in the agreement, be irrevocable except by leave of the Court.

Death of party.

10.—(1) An arbitration agreement shall not be discharged by the death of any party thereto, either as respects the deceased or any other party, but shall in such an event be enforceable by or against the personal representatives of the deceased.

(2) The authority of an arbitrator shall not be revoked by the death of any party by whom he was appointed.

(3) Nothing in this section shall be taken to affect the operation of any enactment or rule of law by virtue of which any right of action is extinguished by the death of a person.

Provisions in case of bankruptcy.

11.—(1) In this section the word "assignee" means the Official Assignee in Bankruptcy and includes the assignee (if any) chosen by the creditors to act with the Official Assignee in Bankruptcy.

(2) Where an arbitration agreement forms part of a contract to which a bankrupt is a party, the agreement shall, if the assignee or trustee in bankruptcy does not disclaim the contract, be enforceable by or against him so far as it relates to any difference arising out of, or in connection with, such contract.

(3) Where—

(*a*) a person who, has been adjudged bankrupt had, before the commencement of the bankruptcy, become a party to an arbitration agreement, and

(*b*) any matter to which the agreement applies requires to be determined in connection with or for the purposes of the bankruptcy proceedings, and

(*c*) the case is one to which subsection (2) of this section does not apply,

then, any other party to the agreement or the assignee or, with the consent of the committee of inspection, the trustee in bankruptcy may apply to the court having jurisdiction, in the bankruptcy proceedings for an order directing that the matter in question shall be referred to arbitration in accordance with the agreement and that court may, if it is of opinion that having regard to all the circumstances of the case, the matter ought to be determined by arbitration, make an order accordingly.

Power to stay proceedings where there is an arbitration agreement.

12.—(1) If any party to an arbitration agreement or any person claiming through or under him commences any proceedings in any court against any other party to the agreement or any person claiming through or under him in respect of any matter agreed to be referred, any party to such proceedings may, at any time after appearance and before delivering any pleadings or taking any other steps in the proceedings, apply to that court to stay the proceedings, and that Court, if it is satisfied that there is not sufficient reason why the matter should not be referred in accordance with the agreement and that the applicant was, at the time when the proceedings were commenced, and still remains, ready and willing to do all things necessary to the proper conduct of the arbitration, may make an order staying the proceedings.

(2) Notwithstanding anything in this Part, if any party to a submission to arbitration made in pursuance of an agreement to which the Protocol of 1923 applies or any person claiming through or under him commences any legal proceedings in any court against any other party to the submission or any person claiming through or under him, in respect of any matter agreed to be referred, any party to those legal proceedings may at any time after appearance, and before delivering any pleadings or taking any other steps in the proceedings, apply to that court to stay the proceedings, and that court, unless satisfied that the agreement or arbitration has become inoperative or cannot proceed or that there is

not in fact any dispute between the parties with regard to the matter agreed to be referred, shall make an order staying the proceedings.

Reference, of interpleader issues to arbitration.

13.—Where relief by way of interpleader is granted and it appears to the Court that the claims in question are matters to which an arbitration agreement, to which the claimants are parties, applies, the Court may direct the issue between the claimants to be determined in accordance with the agreement.

Arbitrators and Umpires.

When reference is to be to a single arbitrator.

14.—Unless it contrary intention is expressed therein, every arbitration agreement shall, if no other mode of reference is provided be deemed to include a provision that the reference shall be to a single arbitrator.

Power of parties, in certain cases to supply vacancy.

15.—(1) Where—

(*a*) an arbitration agreement provides that the reference shall be to two arbitrators, one to be appointed by each party, and

(*b*) either of the appointed arbitrators refuses to act, or is incapable of acting, or dies,

then, unless the agreement expresses a contrary intention, the party, who appointed the arbitrator so refusing to act, becoming incapable of acting or dying, may appoint a new arbitrator in his place.

(2) (*a*) Where—

(i) an arbitration agreement provides that the reference shall be to two arbitrators, one to be appointed by each party, and

(ii) on such a reference one party fails to appoint an arbitrator, either originally or by way of substitution under subsection (1) of this section, for seven clear days after the other party, having appointed his arbitrator, has served the party making default with notice to make the appointment,

then unless a contrary intention is expressed in the agreement, the party who has appointed an arbitrator may appoint that arbitrator to act as sole arbitrator in the reference, and his award shall be binding on both parties as if he had been appointed by consent.

(*b*) The Court may set aside any appointment made under paragraph (*a*)of this subsection.

Umpires.

16.—(1) Unless a contrary intention is expressed therein, every arbitration agreement shall, where the reference is to two arbitrators, be deemed to include a provision that the two arbitrators shall appoint an umpire immediately after they are themselves appointed.

(2) Unless a contrary intention is expressed therein, every arbitration agreement shall, where such a provision is applicable to the reference, be deemed to include a provision that if the arbitrators have delivered to any party to the arbitration agreement, or to the umpire, a notice in writing stating that they cannot agree, the umpire may forthwith enter upon the reference in lieu of the arbitrators, but nothing in this subsection shall be construed as preventing the umpire from sitting with the arbitrators and hearing the evidence.

(3) At any time after the appointment of an umpire, however, appointed, the Court may, on the application of any party to the reference and notwithstanding anything to the contrary in the arbitration agreement, order that the umpire shall enter upon the reference in lieu of the arbitrators and as if lie were a sole arbitrator.

Agreements for reference to three arbitrators.

17.—(1) Where an arbitration agreement provides that the reference shall be to three arbitrators, one to be appointed by each party and the third to be appointed by the two appointed by the parties, the agreement shall have effect as if it provided for the appointment of an umpire, and not for the appointment of a third arbitrator, by the two arbitrators appointed by the parties.

(2) Where an arbitration agreement provides that the reference shall be to three arbitrators to be appointed otherwise than as is mentioned in subsection (1) of this section, the award of any two of the arbitrators shall be binding.

Power of Court in certain cases to appoint an arbitrator or umpire.

18.—In any of the following cases—

(*a*) where—

(i) an arbitration agreement provides that the reference shall be to a single arbitrator, and

(ii) all the parties do not, after differences have arisen, concur in the appointment of an arbitrator;

(*b*) if—

(i) an appointed arbitrator refuses to act, or is incapable of acting or dies, and

(ii) the arbitration agreement does not show that it was intended that the vacancy should not be supplied, and

(iii) the parties do not supply the vacancy;

(*c*) where the parties or two arbitrators are at liberty to appoint an umpire or third arbitrator and do not appoint him;

(*d*) where two arbitrators are required to appoint an umpire and do not appoint him;

(*e*) where—

(i) an appointed umpire or third arbitrator refuses to act, or is incapable of acting, or dies, and

(ii) the arbitration agreement does not show that it was intended that the vacancy should not be supplied, and

(iii) the parties or arbitrators do not supply the vacancy,

the following provisions shall have effect—

(1) any party may serve the other parties or the arbitrators, as the case may be, with a written notice to appoint or, as the case may be, concur in appointing an arbitrator, umpire or third arbitrator,

(2) if the appointment is not made within seven clear days after the service of the notice, the Court may, on the application of the party who gave the notice, appoint an arbitrator, umpire or third arbitrator, who shall have the like powers to act in the reference and make an award as if he had been appointed by consent of all parties.

Witnesses, Security for Costs, Discovery of Documents, etc.

Powers of arbitrators and umpires as to witnesses.

19.—(1) Unless a contrary intention is expressed therein every arbitration agreement shall, where such a provision is applicable to the reference, be deemed to contain a provision that the parties to the reference, and all persons claiming through them respectively, shall, subject to any legal objection, submit to be examined by the arbitrator or umpire, on oath or affirmation, in relation to the matters in dispute and shall, subject to any legal objection, produce before the arbitrator or umpire all documents (other than documents the production of which could not be compelled on the trial of an action) within their possession or power respectively which may be required or called for, and do all such other things which during the proceedings on the reference the arbitrator or umpire may require.

(2) Unless a contrary intention is expressed therein, every arbitration agreement shall, where such a provision is applicable to the reference, be deemed to contain a provision that the witnesses on the reference shall, if the arbitrator or umpire thinks fit, be examined on oath or affirmation.

(3) An arbitrator or umpire shall, unless a contrary intention is expressed in an arbitration agreement, have power to administer oaths to, or take the affirmations of, the parties to and witnesses on a reference under the agreement.

Powers of parties to a reference to compel attendance of witnesses.

20.—Any party to a reference under an arbitration agreement may sue out an order in the nature of a writ of subpoena ad testificandum or of a writ of subpoena duces tecum, but no person shall be compelled under any such order to produce any document which he could not be compelled to produce on the trial of an action.

Power of Court to compel attendance of prisoner as a witness.

21.—The Court may order that an order in the nature of a writ of habeas corpus ad testificandum shall issue to bring up a prisoner for examination before an arbitrator or umpire.

Orders by Court in relation to security for coals discovery of documents etc.

22.—(1) The Court shall have, for the purpose of and in relation to a reference, the same power of making orders in respect of—

(*a*) security for costs;

(*b*) discovery and inspection of documents and interrogatories;

(*c*) the giving of evidence by affidavit;

(*d*) examination on oath of any witness before an officer of the Court or any other person, and the issue of a commission or request for the examination of a witness out of the jurisdiction;

(*e*) the preservation, interim custody or sale of any goods which are the subject matter of the reference;

(*f*) securing the amount in dispute in the reference;

(*g*) the detention, preservation or inspection of any property or thing which is the subject of the reference or as to which any question may arise therein, and authorising for any of the purposes aforesaid any persons to enter upon or into any land or building in the possession of any party to the reference, or authorising any samples to be taken or any observation to be made or experiment to be tried which may be necessary or expedient for the purpose of obtaining full information or evidence; and

(*h*) interim injunctions or the appointment of a receiver,

as it has for the purpose of and in relation to an action or matter in the Court.

(2) Nothing in subsection (1) of this section shall be taken to prejudice any power which may be vested in an arbitrator or umpire of making orders with respect to any of the matters mentioned in the said subsection.

Time for making an award.

23.—(1) Subject to subsection (2) of section 36 of this Act and anything to the contrary in the arbitration agreement, an arbitrator or umpire shall have power to make an award at any time.

(2) The time, if any, limited for making an award, whether under this Act or otherwise, may from time to time be enlarged by order of the Court or by agreement in writing of the parties, whether that time has expired or not.

Removal of arbitrator or umpire on failure to use due dispatch.

24.—(1) The Court may, on the application of any party to a reference, remove an arbitrator or umpire who fails to use all reasonable dispatch in entering on and proceeding with the reference and making an award.

(2) An arbitrator or umpire who is removed by the Court under subsection (1) of this section shall not be entitled to receive any remuneration in respect of his services.

(3) For the purposes of this section the expression " proceeding with a reference " includes, in a case where two arbitrators are unable to agree, giving notice of that fact to the parties and to the umpire.

Interim awards.

25.—Unless a contrary intention is expressed therein, every arbitration agreement shall, where such a provision is applicable to the reference, be deemed to contain a provision that the arbitrator or umpire may, if he thinks fit, make an interim award.

Specific performance.

26.—Unless; a contrary intention is expressed therein, every arbitration agreement shall, where such a provision is applicable to the reference, be deemed to contain a provision that the arbitrator or umpire shall have the same power as the Court to order specific performance of any contract other than a contract relating to land or any interest in land.

Awards to be final.

27.—Unless a contrary intention is expressed therein, every arbitration agreement shall, where such a provision is applicable to the reference, be deemed to contain a provision that the award to be made by the arbitrator or umpire shall be final and binding on the parties and the persons claiming under them respectively.

Power to correct slips.

28.—Unless a contrary intention is expressed in the arbitration agreement, the arbitrator or umpire shall have power to correct in an award any clerical mistake or error arising from any accidental slip or omission.

Costs of reference and award to be in the discretion of the arbitrator or umpire.

29.—(1) Unless a contrary intention is expressed therein, every arbitration agreement shall be deemed to include a provision that the costs of the reference and award shall be in the discretion of the arbitrator or umpire who may direct to and by whom and in what manner those costs or any part thereof shall be paid, and may, with the consent of the parties, tax or settle the amount of costs to be so paid or any part thereof, and may award costs to be paid as between solicitor and client.

(2) Where an award directs any costs to be paid, then, unless the arbitrator or umpire, with the consent of the parties, taxes or settles the amount thereof—

(*a*) the costs shall be taxed and ascertained by a Taxing Master,

(*b*) the procedure to obtain taxation and the rules, regulations and scales of costs of the Court relative to taxation and to the review thereof shall apply to the costs to be so taxed and ascertained as if the award were a judgement or order of the Court.

Avoidance of certain provisions as to costs in arbitration agreements.

30.—(1) Any provision in an arbitration agreement to the effect that the parties or any party thereto shall in any event pay their or his own costs of the reference or award or any part thereof shall be void, and this Part shall, in the case of an arbitration agreement containing any such provision, have effect as if that provision were not contained therein.

(2) Nothing in subsection (1) of this section shall invalidate any such provision as is mentioned in that subsection when it is part of an agreement to submit to arbitration a dispute which has arisen before the making of that agreement.

Application to arbitrator or umpire to give directions as to costs where award contains no provision.

31.—If no provision is made by an award with respect to the costs of the reference, any party to the reference may, within fourteen days of the publication of the award or such further time as the Court may direct, apply to the arbitrator or umpire for an order directing by and to whom those costs shall be paid, and thereupon the arbitrator or umpire shall, after hearing any party who may desire to be heard, amend his award by adding thereto such directions as he may think proper with respect to the payment of the costs of the reference.

Application of section 3 of Legal Practitioners (Ireland) Act, 1876, to solicitors' costs in arbitrations.

32.—Section 3 of the Legal Practitioners (Ireland) Act, 1876, (which empowers a court before which any proceeding has been heard or is pending to charge property recovered or preserved in the proceeding with the payment of solicitors' costs) shall apply as if an arbitration were a proceeding in the Court, and the Court may make declarations and orders accordingly.

Taxation of arbitrator's or umpire's fee.

33.—(1) If in any case an arbitrator or umpire refuses to deliver his award except on payment of the fees demanded by him, the Court may, on an application for the purpose, order that the arbitrator or umpire shall deliver the award to the applicant on payment into Court by the applicant of the fees demanded, and further that the fees demanded shall be taxed by a Taxing Master and that out of the money paid into Court there shall be paid out to the arbitrator or umpire by way of fees such sum as may be found reasonable on taxation and that the balance of the money, if any, shall be paid out to the applicant.

(2) An application for the purpose of this section may be made by any party to the reference unless the fees demanded have been fixed by a written agreement between him and the arbitrator or umpire.

(3) A taxation of fees under this section may be reviewed in the same manner as a taxation of costs.

(4) The arbitrator or umpire shall be entitled to appear and be heard on any taxation or review of taxation under this section.

Interest on awards.

34.—A sum directed to be paid by an award shall, unless the award otherwise directs, carry interest as from the date of the award and at the same rate as a judgement debt.

Special Cases, Remission and Setting aside of Awards, Removal of Arbitrator or Umpire, and, Relief where Arbitrator not impartial or Questions of Fraud involved.

Statement of case by arbitrator or umpire.

35.—(1) An arbitrator or umpire may, and shall if so directed by the Court, state—

(*a*) any question of law arising in the course of the reference, or

(*b*) any award or any part of an award,

in the form of a special case for the decision of the Court.

(2) A special case with respect to an interim award or with respect to a question of law arising in the course of a reference may be, stated, or may be ordered by the Court to be stated, notwithstanding that proceedings under the reference are still pending.

Power of Court to remit award.

36.—(1) In all cases of reference to arbitration, the Court may from time to time remit the matters referred or any of them to the reconsideration of the arbitrator or umpire.

(2) Where an award is remitted, the arbitrator or umpire shall, unless the order otherwise directs, make his award within three months after the date of the order.

Power of Court, to remove arbitrator or umpire on ground of misconduct.

37.—Where, an arbitrator or umpire has misconducted himself or the proceedings, the Court may remove him.

Power of Court to set aside award on ground of misconduct.

38.—(1)Where—

(*a*)an arbitrator or umpire has misconducted himself or the proceedings, or

(*b*) an arbitration or award has been improperly procured, the Court may set the award aside.

(2) Where an application is made to set aside an award, the Court may order that any money made payable by the award shall be brought into Court or otherwise secured pending the determination of the application.

Power of Court to give relief where arbitrator is not impartial or dispute referred involves question of fraud.

39.—(1) Where—

(*a*) an agreement between any parties provides that disputes which may arise in the future between them shall be referred to an arbitrator named or designated in the agreement, and

(*b*) after a dispute has arisen any party, on the ground that the arbitrator so named or designated is not or may not be impartial, applies to the Court for leave to revoke the authority of the arbitrator or for an injunction to restrain any other party or the arbitrator from proceeding with the arbitration,

it shall not be a ground for refusing the application that the said party at the time when he made the agreement knew, or ought to have known, that the arbitrator, by reason of his relation towards any other party to the agreement or of his connection with the subject referred, might not be impartial.

(2) Where—

(*a*) an agreement between any parties provides that disputes which may arise in the future between them shall be referred to arbitration, and

(*b*) a dispute which so arises involves the question whether any party has been guilty of fraud,

the Court shall, so far as may be necessary to enable the question to be determined by the Court, have power to order that the agreement shall erase to have effect and power to give leave to revoke the authority of any arbitrator or umpire appointed by or by virtue of the agreement.

(3) In any case where by virtue of this section the Court has power to order that any arbitration agreement shall cease to have effect or to give leave to revoke the authority of any arbitrator or umpire, the Court may refuse to stay any action brought in breach of the agreement.

Power of Court where arbitrator is removed or authority of arbitrator is revoked.

40.—(1) Where an arbitrator (not being a sole arbitrator) or two or more arbitrators (not being all the arbitrators) or an umpire who has not entered on the reference is or are removed by the Court, the Court may, on the application of any party to the arbitration agreement, appoint a person or persons to act as arbitrator or arbitrators or umpire in place of the person or persons so removed.

(2) Where—

(*a*) the authority of the arbitrator or arbitrators or umpire is revoked by leave of the Court, or

(*b*) a sole arbitrator or all the arbitrators or an umpire who has entered on the reference is or are removed by the Court,

the Court may, on the application of any party to the arbitration agreement, either—

(i) appoint a person to act as sole arbitrator in place of the person or persons removed, or

(ii) order that the arbitration agreement shall cease to have effect with respect to the dispute referred.

(3) A person appointed under this section by the Court as an arbitrator or umpire shall have the like power to act in the reference and to make an award as if he had been appointed in accordance with the terms of the arbitration agreement.

(4) Where it is provided (whether by means of a provision in an arbitration agreement or otherwise) that an award under an arbitration agreement shall be a condition precedent to the bringing of an action with respect to any matter to which the agreement applies, the Court, if it orders (whether under this section or any other enactment) that the agreement shall cease to have effect as regards any particular dispute, may further order that the provision making an award a condition precedent to the bringing of an action shall also cease to have effect as regards that dispute.

Enforcement of Award.

Enforcement of award.

41.—An award on an arbitration agreement may, by leave of the Court, be enforced in the same manner as a judgement or order to the same effect and, where leave is so, given, judgement may be entered in terms of the award.

Limitation of Time for Commencing Arbitration Proceedings.

Application of statutes of limitation to arbitration under arbitration agreements.

42.—The statutes of limitation shall apply to an arbitration under an arbitration agreement as they apply to actions in the Court.

Accrual for purposed of statutes of limitation of right of action in respect of matters required by arbitration agreement to be referred to arbitration, where agreement provides that arbitration shall be a condition precedent to commencement of action.

43.—Notwithstanding any term in an arbitration agreement to the effect that no cause of action shall accrue in respect of any matter required by the agreement to be referred until an award is made under the agreement, a cause of action shall, for the purposes of the statutes of limitation (whether in their application to arbitrations or to other proceedings), be deemed to have accrued in respect of any such matter at the time when it would have accrued but for that term in the agreement.

Power of Court to extend period of limitation where it sets aside award or orders arbitration to cease to have effect.

44.—Where the Court orders that an award be set aside or orders, after the commencement of an arbitration, that the arbitration should cease to have effect with respect to the dispute referred, the Court may further order that the period between the commencement of the arbitration and the date of the order of the Court shall be excluded in computing the time prescribed by the statutes of limitation for the commencement of the proceedings (including arbitration) with respect to the dispute referred.

Power of Court to extend time for commencing arbitration proceedings, where agreement provides that claims are to be barred unless proceedings an commenced within a specified time.

45.—Where—

(*a*) the terms of an agreement to refer future disputes to arbitration provide that any claims to which the agreement applies shall be barred unless notice to appoint an arbitrator is given or an arbitrator is appointed or some other step to commence arbitration proceedings is taken within a time fixed by the agreement, and

(*b*) a dispute arises to which the agreement applies,

the Court, if it is of opinion that in the circumstances of the case undue hardship would otherwise be caused, and notwithstanding that the time so fixed has expired, may on such terms, if any, as the justice of the case may require, but without prejudice to section' 42 of this Act, extend the time for such period as it thinks proper.

Extension of section 496 of the Merchant Shipping Act, 1894.

46.—In subsection (3) of section 496 of the Merchant Shipping Act, 1894 (which requires a sum deposited with a wharfinger by an owner of goods to be repaid unless legal proceedings are instituted by the shipowner) the references to legal proceedings shall be construed as including references to arbitration.

Terms of Orders.

Terms of orders.

47.—(1) Any order made under this Part by a court may be made on such terms as to costs or otherwise as that court thinks just.

(2) Subsection (1) of this section shall not apply to an order made under subsection (2) of section 12 of this Act.

PART III
ARBITRATION UNDER OTHER ACTS

Application of Part I and II to arbitrations under other Acts.

48.—(1) In this section, the expression "the excluded provisions" means the following provisions of this Act, subsection (1) of section 10, section 11, subsection (2) of section 12, and sections 13, 30, 39, 40, 45 and 46.

(2) Parts I and II of this Act (except the excluded provisions) shall apply to every arbitration under any other Act as if the arbitration were pursuant to an arbitration agreement and as if that other Act were an arbitration agreement, except in so far as Part II of this Act is inconsistent with that other Act or with any rules or procedure authorised or recognised thereby.

PART IV
REFERENCES UNDER ORDER OF THE COURT

Power of Court and Circuit Court to refer in certain cases.

49.—(1) If, in any cause or matter (including any cause or matter to which a State authority is a party, but excluding a criminal proceeding at the suit of the Attorney General), the question in dispute consists wholly or in part of matters of account, the Court or the Circuit Court may at any time order the whole cause or matter or any question or issue of fact arising therein to be tried before an arbitrator agreed on by the parties or before an officer of the Court or the Circuit Court (as the case may be), upon such terms as to costs or otherwise as the Court or Circuit Court (as the case may be) thinks just.

(2) The references in sections 50 and 52 of this Act and the first and second references in section 51 of this Act to the Court shall be construed as including references to the Circuit Court.

Power of arbitration in references under section 49.

50.—(1) In all cases of references to an arbitrator under an order of the Court under section 49 of this Act, the arbitrator shall be deemed to be an officer of the Court, and, subject to rules of court, shall have such authority and conduct the reference in such manner as the Court may direct.

(2) The award of an arbitrator on any reference under section 49 of this Act shall, unless set aside by the Court, be equivalent to the verdict of a jury.

(3) The remuneration to be paid to an arbitrator to whom any matter is referred under section 49 of this Act shall be determined by the Court.

Court to have power as in references under arbitration agreement.

51.—The Court shall, in relation to references under an order of the Court made under section 49 of this Act, have all the powers which are by Part II of this Act conferred on the Court in relation to references under arbitration agreements.

Statement of case pending arbitration.

52.—An arbitrator on any reference under section 49 of this Act may at any stage of the proceedings under the reference, and shall, if so directed by the Court, state in the form' of a special case for the opinion of the Court any question of law arising in the course of the reference.

Power of Supreme Court.

53.—The Supreme Court shall have all such powers as are conferred by this Part on the Court.

"Foreign award".

54.—(1) (*a*) The Government, if satisfied that any State which has ratified the Convention of 1927 has made such reciprocal provisions as will enable the Convention of 1927 to be operative in any territory to which the Convention of 1927 is applicable, may by order declare—

(i) that State to be a party to the Convention of 1927,

(ii) that territory to be a territory to which the Convention of 1927 applies.

(*b*) The Government may by order vary or revoke any order made under this subsection.

(2) In this Part, "foreign award" means any award made after the commencement of this Part—

(*a*) in pursuance of an agreement for arbitration to which the Protocol of 1923 applies, and

(*b*) between persons—

(i) of whom one is subject to the jurisdiction of a State which is declared by an order under subsection (1) of this section to be a party to the Convention of 1927, and—

(ii) of whom the other is subject to the jurisdiction of another such State, and

(*c*) in a territory which is declared by an order under sub-section (1) of this section to be a territory to which the Convention of 1927 applies.

Effect of foreign awards.

55.—(1) A foreign award shall, subject to the provisions of this Part, be enforceable in the State either by action or in the same manner as an award of an arbitrator is enforceable by virtue of section 41 of this Act.

(2) Any foreign award which would be enforceable under this Part shall be treated as binding for all purposes on the persons as between whom it was made, and may accordingly be relied on by any of those persons by way of defence, set-off or otherwise

in any legal proceedings in the State, and any references in this Part to enforcing a foreign award shall be construed as including references to relying on an award.

Conditions for enforcement of foreign awards.

56.—(1) In order that a foreign award may be enforceable under this Part it must have—

(*a*) been made in pursuance of an agreement for arbitration which was valid under the law by which it was governed,

(*b*) been made by the tribunal provided for in the agreement or constituted in manner agreed upon by the parties,

(*c*) been made in conformity with the law governing the arbitration procedure,

(*d*) become final in the country in which it was made,

(*e*) been in respect of a matter which may lawfully be referred to arbitration under the law of the State,

and the enforcement thereof must not be contrary to the public policy or the law of the State.

(2) Subject to subsection (3) of this section, a foreign award shall not be enforceable under this Part if the Court is satisfied that—

(*a*) the award has been annulled in the country in which it was made, or

(*b*) the party against whom it is sought to enforce the award was not given notice of the arbitration proceedings in sufficient time to enable him to present his case, or was under some legal incapacity and was not properly represented, or

(*c*) the award does not deal with all the questions referred or contains decisions beyond the scope of the agreement for arbitration.

(3) Where a foreign award does not deal with all the questions referred, the Court may, if it thinks fit, either postpone the enforcement of the award or order its enforcement subject to the giving of such security by the person seeking to enforce it as the Court may think fit.

(4) If the party seeking to resist the enforcement of a foreign award proves that there is any ground, other than the non-existence of the conditions specified in paragraphs (*a*)(*b*) and (*c*)of subsection (1) of this section or the existence of the conditions specified in paragraphs (*b*)and (*c*)of subsection (2) of this section, entitling him to contest the validity of the award, the Court may, if it thinks fit, either refuse to enforce the award or adjourn the hearing until after the expiration of such period as appears to the Court to be reasonably sufficient to enable that party to take the necessary steps to have the award annulled by the competent tribunal.

Evidence.

57.—(1) The party seeking to enforce a foreign award must produce—

(*a*) the original award or a copy thereof duly authenticated in manner required by the law of the country in which it was made, and

(*b*) evidence proving that the award has become final, and

(*c*) such evidence as may be necessary to prove that the award is a foreign award and that the conditions specified in paragraphs (*a*), (*b*) and (*c*)of subsection (1) of section 56 of this Act are satisfied.

(2) In any case where any document required to be produced under subsection (1) of this section is in a language, other than one of the official languages, it shall be the duty of the party seeking to enforce the award to produced a translation certified as correct by a diplomatic or consular agent of the country to which that party belongs, or certified as correct in such other manner as may be sufficient according to the law of the State.

(3) Subject to the provisions of this section, rules of court may be made under section 36 of the Courts of Justice Act, 1924 (No. 10 of 1924), as amended by section 68 of the Courts of Justice Act, 1936 (No. 48 of 1936), with respect to the evidence which must be furnished by a party seeking to enforce a foreign award under this Part.

Meaning of "final award".

58.—For the purposes of this Part, an award shall not be deemed final if any proceedings for the purposes of contesting the validity of the award are pending in the country in which it was made.

Saving for other rights, etc.

59.—Nothing in this Part shall—

(*a*) prejudice any rights which any person would have had of enforcing in the State any award or of availing himself in the State of an award if this Part had not been enacted, or

(*b*) apply to any award made on an arbitration agreement governed by the law of the State.

Section 2 (1), 12 (2) and 54.

FIRST SCHEDULE

PROTOCOL ON ARBITRATION CLAUSES OPENED AT GENEVA ON THE 24TH DAY OF SEPTEMBER, 1923.

1. Each of the Contracting States recognises the validity of an agreement whether relating to existing or future differences between parties subject respectively to the jurisdiction of different Contracting States by which the parties to a contract agree to submit to arbitration all or any differences that may arise in connection with such contract relating to commercial matters or to any other matter capable of settlement by arbitration, whether or not the arbitration is to take place in a country to whose jurisdiction none of the parties is subject.

Each Contracting State reserves the right to limit the obligation mentioned above to contracts which are considered as commercial under its national law. Any Contracting

State which avails itself of this right will notify the Secretary-General of the League of Nations, in order that the other Contracting States may be so informed.

2. The arbitral procedure, including the constitution of the arbitral tribunal, shall be governed by the will of the parties and by the law of the country in whose territory the arbitration takes place.

The Contracting States agree to facilitate all steps in the procedure which require to be taken in their own territories, in accordance with the provisions of their law governing arbitral procedure applicable to existing differences.

3. Each Contracting State undertakes to ensure the execution by its authorities and in accordance with the provisions of its national laws of arbitral awards made in its own territory under the preceding articles.

4. The tribunals of the Contracting Parties, on being seized of a dispute regarding a contract made between persons to whom Article 1 applies and including an arbitration agreement whether referring to present or future differences which is valid in virtue of the said article and capable of being carried into effect, shall refer the parties on the application of either of them to the decision of the arbitrators.

Such reference shall not prejudice the competence of the judicial tribunals in case the agreement or the arbitration cannot proceed or becomes inoperative.

5. The present Protocol, which shall remain open for signature by all States, shall be ratified. The ratifications shall be deposited as soon as possible with the Secretary-General of the League of Nations, who shall notify such deposit to all the Signatory States.

6. The present Protocol will come into force as soon as two ratifications have been deposited. Thereafter it will take effect, in the case of each Contracting State, one month after the notification by the Secretary-General of the deposit of its ratification.

7. The present Protocol may be denounced by any Contracting State on giving one year's notice. Denunciation shall be effected by a notification addressed to the Secretary-General of the League, who will immediately transmit copies of such notification to all the other Signatory States and inform them of the date on which it was received. The denunciation shall take effect one year after the date on which it was notified to the Secretary-General, and shall operate only in respect of the notifying State.

8. The Contracting States may declare that their acceptance of the present Protocol does not include any or all of the under-mentioned territories: that is to say, their colonies, overseas possessions or territories, protectorates or the territories over which they exercise a mandate.

The said States may subsequently adhere separately on behalf of any territory thus excluded. The Secretary-General of the League of Nations shall be informed as soon as possible of such adhesions. He shall notify such adhesions to all Signatory States. They will take effect one mouth after the notification by the Secretary-General to all Signatory States.

The Contracting States may also denounce the Protocol separately on behalf of any of the territories referred to above. Article 7 applies to such denunciation.

A certified copy of the present Protocol will be transmitted by the Secretary-General to all the Contracting States.
Sections 2 (1) and 54.

SECOND SCHEDULE

CONVENTION ON THE EXEMPTION OF FOREIGN ARBITRAL AWARDS DONE AT GENEVA ON THE 26TH DAY OF SEPTEMBER, 1927.

Article 1.

In the territories of any High Contracting Party to which the present Convention applies, an arbitral award made in pursuance of an agreement, whether relating to existing or future differences (hereinafter called "a submission to arbitration") covered by the Protocol on Arbitration Clauses, opened at Geneva on September 24th, 1923, shall be recognised as binding and shall be enforced in accordance with the rules of the procedure of the territory where the award is relied upon, provided that the said award has been made in a territory of one of the High Contracting Parties to which the present Convention applies and between persons who are subject to the jurisdiction of one of the High Contracting Parties.

To obtain such recognition or enforcement, it shall, further, be necessary:

(*a*) That the award has been made in pursuance of a submission to arbitration which is valid under the law applicable thereto;

(*b*) That the subject-matter of the award is capable of settlement by arbitration under the law of the country in which the award is sought to be relied upon;

(*c*) That the award has been made by the Arbitral Tribunal provided for in the submission to arbitration or constituted in the manner agreed upon by the parties and in conformity with the law governing the arbitration procedure;

(*d*) That the award has become final in the country in which it has been made, in the sense that it will not be considered as such if it is open to *opposition, appel or pourvoi en cassation* (in the countries where such forms of procedure exist) or if it is proved that any proceedings for the purpose of contesting the validity of the award are pending;

(*e*) That the recognition or enforcement of the award is not contrary to the public policy or to the principles of the law of the country in which it is sought to be relied upon.

Article 2.

Even if the conditions laid down in Article 1 hereof are fulfilled, recognition and enforcement of the award shall be refused if the Court is satisfied:

(*a*) That the award has been annulled in, the country in which it was made;

(*b*) That the party against whom it is sought to use the award was not given notice of the arbitration proceedings in sufficient time to enable him to present his case; or that, being under a legal incapacity, he was not properly represented;

(*c*) That the award does not deal with the differences contemplated by or falling within the terms of the submission to arbitration or that it contains decisions on matters beyond the scope of the submission to arbitration.

If the award has not covered all the questions submitted to the arbitral tribunal, the competent authority of the country where recognition or enforcement of the award is sought can, if it think fit, postpone such recognition or enforcement or grant it subject to such guarantee as that authority may decide.

Article 3.

If the party against whom the award has been made proves that, under the law governing the arbitration procedure, there is a ground, other than the grounds referred to in Article 1 (*a*) and (*c*), and Article 2 (*b*)and (*c*), entitling him to contest the validity of the award in a Court of Law, the Court may, if it thinks fit, either refuse recognition or enforcement of the award or adjourn the consideration thereof, giving such party a reasonable time within which to have the award annulled by the competent tribunal.

Article 4.

The party relying upon an award or claiming its enforcement must supply, in particular:

(1) The original award or a copy thereof duly authenticated, according to the requirements of the law of the country in which it was made;

(2) Documentary or other evidence to prove that the award has become final, in the sense defined in Article 1 (*d*), in the country in which it was made;

(3) When necessary, documentary or other evidence to prove that the conditions laid down in Article 1, paragraph 1 and paragraph 2 (*a*) and (*c*), have been fulfilled.

A translation of the award and of the other documents mentioned in this Article into the official language of the country where the award is sought to be relied upon may be demanded. Such translation must be certified correct by a diplomatic or consular agent of the country to which the party who seeks to rely upon the award belongs or by a sworn translator of the country where the award is sought to be relied upon.

Article 5.

The provisions of the above Articles shall not deprive any interested party of the right of availing himself of an arbitral award in the manner and to the extent allowed by the law or the treaties of the country where such award is sought to be relied upon.

Article 6.

The present Convention applies only to arbitral awards made after the coming into force of the Protocol on Arbitration Clauses, opened at Geneva on September 24th, 1923.

Article 7.

The present Convention, which will remain open to the signature of all the signatories of the Protocol of 1923 on Arbitration Clauses, shall be ratified.

It may be ratified only on behalf of those Members of the League of Nations and non-Member States on whose behalf the Protocol of 1923 shall have been ratified.

Ratifications shall be deposited as soon as possible with the Secretary-General of the League of Nations, who will notify such deposit to all the signatories.

Article 8.

The present Convention shall come into force three mouths after it shall have been ratified on behalf of two High Contracting Parties.

Thereafter, it shall take effect, in the case of each High Contracting Party, three months after the deposit of the ratification on its behalf with the Secretary-General of the League of Nations.

Article 9.

The present Convention may be denounced on behalf of any Member of the League or non-Member State.

Denunciation shall be notified in writing to the Secretary-General of the League of Nations, who will immediately send a copy thereof, certified to be in conformity with the notification, to all the other Contracting Parties, at the same time informing them of the date on which he received it.

The denunciation shall come into force only in respect of the High Contracting Party which shall have notified it and one year after such notification shall have reached the Secretary-General of the League of Nations.

The denunciation of the Protocol on Arbitration Clauses shall entail, *ipso facto*, the denunciation of the present Convention.

Article 10.

The present Convention does not apply to the Colonies, Protectorates or territories under suzerainty or mandate of any High Contracting Party unless they are specially mentioned.

The application of this Convention to one or more of such Colonies, Protectorates or territories to which the Protocol on Arbitration Clauses, opened at Geneva on September 24th, 1923, applies, can be effected at any time by means of a declaration addressed to the Secretary-General of the League of Nations by one of the High Contracting Parties.

Such declaration shall take effect three months after the deposit thereof.

The High Contracting Parties can at any time denounce the Convention for all or any of the Colonies, Protectorates or territories referred to above. Article 9 hereof applies to such denunciation.

Article 11.

A certified copy of the present Convention shall be transmitted by the Secretary-General of the League of Nations to every Member of the League of Nations and to every non-Member State which signs the same.

Section 8 (1).

THIRD SCHEDULE

ENACTMENTS REPEALED.

Session and Chapter. (1)	Title or Short Title. (2)	Extent of Repeal. (3)
10 Will. 3.c. 14 (Ir.)	An Act for to determine differences by arbitration.	The whole Act.
3 & 4 Vic. c. 105.	The Debtors (Ireland) Act, 1840.	Sections 63 and 64.
19 & 20 Vic. c. 102.	The Common Law Procedure Amendment Act (Ireland), 1856.	Sections 6 to 20.
40 & 41 Vic. c. 57.	The Supreme Court of judicature Act (Ireland), 1877.	In section 60, the words "the provisions contained in the sections of the Common Law Procedure Act (Ireland), 1856," in reference to arbitration shall apply to the High Court of Justice and the several Divisions thereof, and the Judges of the same respectively, in the same manner as formerly to the Superior Courts of Common Law and the Judges of the same respectively."

Number 6 *of* 1957.

STATUTE OF LIMITATIONS, 1957.

AN ACT TO CONSOLIDATE WITH AMENDMENTS CERTAIN ENACTMENTS RELATING TO THE LIMITATION OF ACTIONS AND ARBITRATIONS.

[2*nd May*, 1957.]

BE IT ENACTED BY THE OIREACHTAS AS FOLLOWS:—

PART I - III

[...]

PART IV
APPLICATION OF THIS ACT AND OF LIMITATION ENACTMENTS TO ARBITRATIONS

Interpretation (Part IV).

73.—In this Part of this Act—
"the Court" means the High Court.

Commencement of arbitration.

74.—(1) For the purposes of this Act and of any other limitation enactment, an arbitration shall be deemed to be commenced when one party to the arbitration agreement serves on the other party or parties a written notice requiring him or them to appoint or concur in appointing an arbitrator or, where the arbitration agreement provides that the reference shall be to a person named or designated in the agreement, requiring him or them to submit the dispute to the person so named or designated.

(2) (*a*) A notice under subsection (1) of this section may be served—

(i) by delivering it to the person on whom it is to be served,

(ii) by leaving it at the place in the State at which that person ordinarily resides or carries on business,

(iii) by sending it by registered post in an envelope addressed to that person at the place in the State at which he ordinarily resides or carries on business,

(iv) in any other manner provided for in the arbitration agreement.

(*b*) For the purposes of this subsection, a company registered under the Companies Acts, 1908 to 1924, shall be deemed to carry on business at its registered office in the State and every other body corporate and every unincorporated body be deemed to carry on business at its principal office or place of business in the State.

Application of Act and other limitation enactments to arbitrations.

75.—This Act and any other limitation enactment shall apply to arbitrations as they apply to actions in the Court.

Accrual of cause of action where agreement makes award thereunder a condition precedent to commencement of action.

76.—Notwithstanding any term in an arbitration agreement to the effect that no cause of action shall accrue in respect of any matter required by the agreement to be referred until an award is made under the agreement, the cause of action shall, for the purposes of this Act and of any other limitation enactment (whether in their application to arbitrations or to other proceedings), be deemed to have accrued in respect of any such matter at the time when it would have accrued but for that term in the agreement.

Power of Court to extend time where it sets aside award or orders arbitration to cease to have effect.

77.—Where the Court orders that an award be set aside or orders, after the commencement of an arbitration, that the arbitration shall cease to have effect with respect to the dispute referred, the Court may further order that the period between the commencement of the arbitration and the date of the order of the Court shall be excluded in computing the time fixed by this Act or any other limitation enactment for the commencement of proceedings (including arbitration) with respect to the dispute referred.

Application of Part IV to arbitrations under other Acts.

78.—This Part of this Act shall apply to an arbitration under an Act as well as to an arbitration pursuant to an arbitration agreement, and section 74 of this Act shall have effect, in relation to an arbitration under an Act, as if, for the references to the arbitration agreement, there were substituted references to such of the provisions of the Act or of any order, scheme, rules, regulations or bye-laws made thereunder as relate to the arbitration.

Saving for other enactments relating to limitation of arbitrations.

79.—This Act shall not apply to—

(*a*) any arbitration for which a period of limitation is fixed by any other enactment, or

(*b*) any arbitration to which a State authority is a party and for which, if that State authority were a private individual, a period of limitation would be fixed by any other enactment.

Arbitrations pending on the operative date.

80.—Nothing in this Act shall effect an arbitration commenced before the operative date or the title to any property which is the subject of any such arbitration.
Section 9.

Number 7 *of* 1980.

ARBITRATION ACT, 1980.

AN ACT TO ENABLE EFFECT TO BE GIVEN TO THE CONVENTION ON THE RECOGNITION AND ENFORCEMENT OF FOREIGN ARBITRAL AWARDS DONE AT NEW YORK ON THE 10TH DAY OF JUNE, 1958, AND TO CERTAIN PROVISIONS OF THE CONVENTION ON THE SETTLEMENT OF INVESTMENT DISPUTES BETWEEN STATES AND NATIONALS OF OTHER STATES OPENED FOR SIGNATURE IN WASHINGTON ON THE 18TH DAY OF MARCH, 1965, AND OTHERWISE TO AMEND THE ARBITRATION ACT, 1954.

[4*th June*, 1980]

BE IT ENACTED BY THE OIREACHTAS AS FOLLOWS:—

PART I
PRELIMINARY AND GENERAL

Short title and collective citation.

1.—(1) This Act may be cited as the Arbitration Act, 1980.

(2) The Arbitration Act, 1954, and this Act may be cited together as the Arbitration Acts, 1954 and 1980.

Definitions.

2.—In this Act—

"arbitration agreement" means an agreement in writing (including an agreement contained in an exchange of letters or telegrams) to submit to arbitration present or future differences capable of settlement by arbitration;

"the Principal Act" means the Arbitration Act, 1954.

Commencement.

3.—Parts III and IV of this Act shall come into operation on such day or days as the Minister for Justice may by order appoint.

Repeal.

4.—section 12 of the Principal Act is hereby repealed.

PART II
EFFECT OF ARBITRATION AGREEMENT ON COURT PROCEEDINGS

Staying court proceedings where party proves arbitration agreement.

5.—(1) If any party to an arbitration agreement, or any person claiming through or under him, commences any proceedings in any court against any other party to such agreement, or any person claiming through or under him, in respect of any matter agreed to be referred to arbitration, any party to the proceedings may at any time after an appearance has been entered, and before delivering any pleadings or taking any other steps in the proceedings, apply to the court to stay the proceedings, and the court, unless it is satisfied that the arbitration agreement is null and void, inoperative or incapable of being performed or that there is not in fact any dispute between the parties with regard to the matter agreed to be referred, shall make an order staying the proceedings.

(2) Nothing in this section shall be construed as limiting or otherwise affecting the power conferred on the High Court pursuant to section 39 (3) of the Principal Act to refuse to stay any action brought in breach of an arbitration agreement.

PART III
ENFORCEMENT OF NEW YORK CONVENTION AWARDS

Interpretation (Part III).

6.—(1) In this Part of this Act—

"award" means an award (other than an award within the meaning of Part IV of this Act) made in pursuance of an arbitration agreement in the territory of a state, other than the State, which is a party to the New York Convention;

"the New York Convention" means the Convention on the Recognition and Enforcement of Foreign Arbitral Awards done at New York on the 10th day of June, 1958, which Convention is set out in the First Schedule to this Act.

(2) The Minister for Foreign Affairs may by order declare that any state specified in the order is a party to the New York Convention and, while such order is in force, the order shall be evidence that such state is a party to that Convention.

(3) The Minister for Foreign Affairs may by order revoke or amend an order under this section, including an order under this subsection.

Effect of awards.

7.—(1) An award shall, subject to the subsequent provisions of this Part, be enforceable either by action or in the same manner as the award of an arbitrator is enforceable by virtue of section 41 of the Principal Act.

(2) An award that would be enforceable under this Part shall be treated as binding for all purposes on the persons between whom it was made, and may accordingly be relied on by any of those persons by way of defence, set off or otherwise in any legal proceedings in the State, and any reference in this Part to the enforcement of an award shall be construed as including a reference to the reliance on such an award.

Evidence.

8.—Any person who seeks to enforce an award shall produce—

(*a*) the duly authenticated original award or a duly certified copy of that award, and

(*b*) the original arbitration agreement or a duly certified copy of that agreement, and

(*c*) in any case where the award or the arbitration agreement is in a language other than one of the official languages of the State, a translation of the award or the agreement, as the case may be, certified by an official or sworn translator or by a diplomatic or consular agent.

Refusal of enforcement.

9.—(1) Enforcement of an award shall not be refused otherwise than pursuant to the subsequent provisions of this section.

(2) Enforcement of an award may be refused if the person against whom it is invoked proves that—

(*a*) a party to the arbitration agreement was (under the law applicable to him) under some incapacity, or

(*b*) the arbitration agreement was not valid under the law of the country to which the parties subjected it or, failing any indication thereon, under the law of the country where the award was made, or

(*c*) he was not given proper notice of the appointment of the arbitrator or of the arbitration proceedings or was otherwise unable to present his case, or

(*d*) subject to subsection (4) of this section, the award deals with a difference not contemplated by or not falling within the terms of the submission to arbitration or contains decisions on matters beyond the scope of the submission to arbitration, or

(*e*) the composition of the arbitral authority or the arbitral procedure was not in accordance with the agreement of the parties or, failing such agreement, with the law of the country where the arbitration took place, or

(*f*) the award has not yet become binding on the parties or has been set aside or suspended by a competent authority of the country in which, or under the law of which, the award was made.

(3) Enforcement of an award may also be refused if the award is in respect of a matter which is not capable of settlement by arbitration under the law of the State, or if it would be contrary to public policy to enforce the award.

(4) An award which contains decisions on matters not submitted to arbitration may be enforced to the extent that it contains decisions on matters submitted to arbitration which can be separated from any decisions on matters not so submitted.

(5) In any case where an application for the setting aside or suspension of an award has been made to such a competent authority as is mentioned in subsection (2) (*f*) of this section, a court before which enforcement of the award is sought may, if it thinks fit,

adjourn the proceedings and may, on the application of the party seeking to enforce the award, order the other party to give such security as the court may think fit.

Non-application of Part V of Principal Act.

10.—In any case where an award is also a foreign award within the meaning of Part V of the Principal Act, that Part shall not apply to such award.

Saving for other rights.

11.—Nothing in this Part shall prejudice the right of any person to enforce or to rely on an award otherwise than under this Part or under Part V of The Principal Act.

PART IV

ENFORCEMENT OF WASHINGTON CONVENTION AWARDS

Interpretation (Part IV).

12.—In this Part—

"award" means an award rendered pursuant to the Washington Convention and includes any decision made—

(*a*) pursuant to Article 49 (2) of that Convention in relation to any question which the Tribunal referred to in that Article had omitted to decide in the award, or in relation to the rectification of any clerical, arithmetical or similar error in the award,

(*b*) pursuant to Articles 50, 51 and 52 of that Convention, interpreting, revising or annulling the award, and

(*c*) pursuant to Article 61 (2) of that Convention in relation to costs;

"the Washington Convention" means the Convention on the Settlement of Investment Disputes between States and Nationals of Other States opened for signature in Washington on the 18th day of March, 1965, which Convention is set out in the Second Schedule to this Act.

Approval of acceptance.

13.—Acceptance by the State of the Washington Convention is hereby approved.

Government contribution under Washington Convention and expenses.

14.—(1) The Minister for Finance may discharge any obligations of the Government arising under Article 17 of the Washington Convention (which obliges the Contracting States to meet any deficit of the International Centre for Settlement of Investment Disputes established under that Convention).

(2) Any sums required for the purposes of subsection (1) of this section and any administrative expenses incurred by the Minister for Finance as a result of acceptance by the State of the Washington Convention shall be paid out of moneys provided by the Oireachtas.

Application of Principal Act and other enactments.

15.—(1) The Minister for Justice may by order direct that any of the provisions contained in—

(*a*) sections 19, 20, 21 and 22 of The Principal Act (which relate to attendance of witnesses, security for costs, discovery of documents, etc.), and

(*b*) the Foreign Tribunals Evidence Act, 1856 (which relates to taking of evidence for the purpose of proceedings before a foreign tribunal),

shall apply to such proceedings pursuant to the Washington Convention as are specified in the order, and the order may contain such modifications or exceptions as may appear to the Minister for Justice to be expedient for the purposes of the order.

(2) Subject to subsection (1) of this section, The Principal Act shall not apply to proceedings pursuant to the Washington Convention.

(3) The Minister for Justice may by order revoke or amend an order under this section, including an order under this subsection.

Enforcement of pecuniary obligations imposed by award.

16.—(1) The pecuniary obligations imposed by an award shall, by leave of the High Court, be enforceable in the same manner as a judgment or order of the High Court to the same effect and, where leave is so given, judgment may be entered for the amount due or, as the case may be, the balance outstanding under the award.

(2) Any person who applies to the High Court pursuant to subsection (1) of this section for leave to enforce the pecuniary obligations imposed by an award shall lodge with his application a copy of the award certified in accordance with Article 54 (2) of the Washington Convention.

Power of High Court to stay enforcement.

17.—Where an application is made to the High Court pursuant to section 16 of this Act, the High Court shall, in any case where enforcement of an award has been stayed, whether provisionally or otherwise, in accordance with Article 50, Article 51 or Article 52 of the Washington Convention, stay enforcement of the pecuniary obligations imposed by the award and may, in any case where an application has been made in accordance with any of those Articles which, if granted, might result in a stay on the enforcement of the award, stay enforcement of the pecuniary obligations imposed by the award.

FIRST SCHEDULE

CONVENTION ON THE RECOGNITION AND ENFORCEMENT OF FOREIGN ARBITRAL AWARDS

Article I

1. This Convention shall apply to the recognition and enforcement of arbitral awards made in the territory of a State other than the State where the recognition and

enforcement of such awards are sought, and arising out of differences between persons, whether physical or legal. It shall also apply to arbitral awards not considered as domestic awards in the State where their recognition and enforcement are sought.

2. The term "arbitral awards" shall include not only awards made by arbitrators appointed for each case but also those made by permanent arbitral bodies to which the parties have submitted.

3. When signing, ratifying or acceding to this Convention, or notifying extension under article X hereof, any State may on the basis of reciprocity declare that it will apply the Convention to the recognition and enforcement of awards made only in the territory of another Contracting State. It may also declare that it will apply the Convention only to differences arising out of legal relationships, whether contractual or not, which are considered as commercial under the national law of the State making such declaration.

Article II

1. Each Contracting State shall recognise an agreement in writing under which the parties undertake to submit to arbitration all or any differences which have arisen or which may arise between them in respect of a defined legal relationship, whether contractual or not, concerning a subject matter capable of settlement by arbitration.

2. The term "agreement in writing" shall include an arbitral clause in a contract or an arbitration agreement, signed by the parties or contained in an exchange of letters or telegrams.

3. The court of a Contracting State, when seized of an action in a matter in respect of which the parties have made an agreement within the meaning of this article, shall, at the request of one of the parties, refer the parties to arbitration, unless it finds that the said agreement is null and void, inoperative or incapable of being performed.

Article III

Each Contracting State shall recognise arbitral awards as binding and enforce them in accordance with the rules of procedure of the territory where the award is relied upon, under the conditions laid down in the following articles. There shall not be imposed substantially more onerous conditions or higher fees or charges on the recognition or enforcement of arbitral awards to which this Convention applies than are imposed on the recognition or enforcement of domestic arbitral awards.

Article IV

1. To obtain the recognition and enforcement mentioned in the preceding article, the party applying for recognition and enforcement shall, at the time of the application, supply:

(*a*) The duly authenticated original award or a duly certified copy thereof;

(*b*) The original agreement referred to in article II or a duly certified copy thereof.

2. If the said award or agreement is not made in an official language of the country in which the award is relied upon, the party applying for recognition and enforcement of the

award shall produce a translation of these documents into such language. The translation shall be certified by an official or sworn translator or by a diplomatic or consular agent.

Article V

1. Recognition and enforcement of the award may be refused, at the request of the party against whom it is invoked, only if that party furnishes to the competent authority where the recognition and enforcement is sought, proof that:

(*a*) The parties to the agreement referred to in article II were, under the law applicable to them, under some incapacity, or the said agreement is not valid under the law to which the parties have subjected it or, failing any indication thereon, under the law of the country where the award was made; or

(*b*) The party against whom the award is invoked was not given proper notice of the appointment of the arbitrator or of the arbitration proceedings or was otherwise unable to present his case; or

(*c*) The award deals with a difference not contemplated by or not failing within the terms of the submission to arbitration, or it contains decisions on matters beyond the scope of the submission to arbitration, provided that, if the decisions on matters submitted to arbitration can be separated from those not so submitted, that part of the award which contains decisions on matters submitted to arbitration may be recognised and enforced; or

(*d*) The composition of the arbitral authority or the arbitral procedure was not in accordance with the agreement of the parties, or, failing such agreement, was not in accordance with the law of the country where the arbitration took place; or

(*e*) The award has not yet become binding on the parties, or has been set aside or suspended by a competent authority of the country in which, or under the law of which, that award was made.

2. Recognition and enforcement of an arbitral award may also be refused if the competent authority in the country where recognition and enforcement is sought finds that:

(*a*) The subject matter of the difference is not capable of settlement by arbitration under the law of that country; or

(*b*) The recognition or enforcement of the award would be contrary to the public policy of that country.

Article VI

If an application for the setting aside or suspension of the award has been made to a competent authority referred to in article V (1) (*e*), the authority before which the award is sought to be relied upon may, if it considers it proper, adjourn the decision on the enforcement of the award and may also, on the application of the party claiming enforcement of the award, order the other party to give suitable security.

Article VII

1. The provisions of the present Convention shall not affect the validity of multilateral or bilateral agreements concerning the recognition and enforcement of arbitral awards entered into by the Contracting States nor deprive any interested party of any right he may have to avail himself of an arbitral award in the manner and to the extent allowed by the law or the treaties of the country where such award is sought to be relied upon.

2. The Geneva Protocol on Arbitration Clauses of 1923 and the Geneva Convention on the Execution of Foreign Arbitral Awards of 1927 shall cease to have effect between Contracting States on their becoming bound and to the extent that they become bound, by this Convention.

Article VIII

1. This Convention shall be open until 31 December 1958 for signature on behalf of any Member of the United Nations and also on behalf of any other State which is or hereafter becomes a member of any specialised agency of the United Nations, or which is or hereafter becomes a party to the Statute of the International Court of Justice, or any other State to which an invitation has been addressed by the General Assembly of the United Nations.

2. This Convention shall be ratified and the instrument of ratification shall be deposited with the Secretary-General of the United Nations.

Article IX

1. This Convention shall be open for accession to all States referred to in article VIII.

2. Accession shall be effected by the deposit of an instrument of accession with the Secretary-General of the United Nations.

Article X

1. Any State may, at the time of signature, ratification or accession, declare that this Convention shall extend to all or any of the territories for the international relations of which it is responsible. Such a declaration shall take effect when the Convention enters into force for the State concerned.

2. At any time thereafter any such extension shall be made by notification addressed to the Secretary-General of the United Nations and shall take effect as from the ninetieth day after the day of receipt by the Secretary-General of the United Nations of this notification, or as from the date of entry into force of the Convention for the State concerned, whichever is the later.

3. With respect to those territories to which this Convention is not extended at the time of signature, ratification or accession, each State concerned shall consider the possibility of taking the necessary steps in order to extend the application of this Convention to such territories, subject, where necessary for constitutional reasons, to the consent of the Governments of such territories.

Article XI

In the case of a federal or non-unitary State, the following provisions shall apply:

(*a*) With respect to those articles of this Convention that come within the legislative jurisdiction of the federal authority, the obligations of the federal Government shall to this extent be the same as those of Contracting States which are not federal States;

(*b*) With respect to those articles of this Convention that come within the legislative jurisdiction of constituent states or provinces which are not, under the constitutional system of the federation, bound to take legislative action, the federal Government shall bring such articles with a favourable recommendation to the notice of the appropriate authorities of constituent states or provinces at the earliest possible moment;

(*c*) A federal State Party to this Convention shall, at the request of any other Contracting State transmitted through the Secretary-General of the United Nations, supply a statement of the law and practice of the federation and its constituent units in regard to any particular provision of this Convention, showing the extent to which effect has been given to that provision by legislative or other action.

Article XII

1. This Convention shall come into force on the ninetieth day following the date of deposit of the third instrument of ratification or accession.
2. For each State ratifying or acceding to this Convention after the deposit of the third instrument of ratification or accession, this Convention shall enter into force on the ninetieth day after deposit by such State of its instrument of ratification or accession.

Article XIII

1. Any Contracting State may denounce this Convention by a written notification to the Secretary-General of the United Nations. Denunciation shall take effect one year after the date of receipt of the notification by the Secretary-General.
2. Any State which has made a declaration or notification under article X may, at any time thereafter, by notification to the Secretary-General of the United Nations, declare that this Convention shall cease to extend to the territory concerned one year after the date of the receipt of the notification by the Secretary-General.
3. This Convention shall continue to be applicable to arbitral awards in respect of which recognition or enforcement proceedings have been instituted before the denunciation takes effect.

Article XIV

A Contracting State shall not be entitled to avail itself of the present Convention against other Contracting States except to the extent that it is itself bound to apply the Convention.

Article XV

The Secretary-General of the United Nations shall notify the States contemplated in article VIII of the following:

(*a*) Signatures and ratifications in accordance with article VIII;

(*b*) Accessions in accordance with article IX;

(*c*) Declarations and notifications under articles I, X and XI;

(*d*) The date upon which this Convention enters into force in accordance with article XII;

(*e*) Denunciations and notifications in accordance with article XIII.

Article XVI

1. This Convention, of which the Chinese, English, French, Russian and Spanish texts shall be equally authentic, shall be deposited in the archives of the United Nations.

2. The Secretary-General of the United Nations shall transmit a certified copy of this Convention to the States contemplated in article VIII.

[…]

ACTS REFERRED TO

Arbitration Act, 1954.	1954, No. 26
Foreign Tribunals Evidence Act, 1856.	1856, c. 113

Number 14 *of* 1998

ARBITRATION (INTERNATIONAL COMMERCIAL) ACT, 1998

ARRANGEMENT OF SECTIONS

PART I

PRELIMINARY AND GENERAL

ACTS REFERRED TO

Arbitration Act, 1954	1954, No. 26
Arbitration Act, 1980	1980, No. 7
Arbitration Acts, 1954 and 1980	
Patents Act, 1992	1992, No. 1
Property Values (Arbitration and Appeals) Act, 1960	1960, No. 45
Trade Marks Act, 1996	1996, No. 6

Number 14 *of* 1998

ARBITRATION (INTERNATIONAL COMMERCIAL) ACT, 1998

AN ACT TO ENABLE EFFECT TO BE GIVEN IN THE STATE TO THE UNCITRAL MODEL LAW ON INTERNATIONAL COMMERCIAL ARBITRATION (AS ADOPTED BY THE UNITED NATIONS COMMISSION ON INTERNATIONAL TRADE LAW ON 21 JUNE 1985) AND TO AMEND THE ARBITRATION ACTS; 1954 AND 1980, AND TO MAKE FURTHER AND BETTER PROVISION IN RESPECT OF ARBITRATIONS.

[20*th May*, 1998]

BE IT ENACTED BY THE OIREACHTAS AS FOLLOWS:

PART I

PRELIMINARY AND GENERAL

Short title and collective citation.

1.—(1) This Act may be cited as the Arbitration (International Commercial) Act, 1998.

(2) The Arbitration Acts, 1954 and 1980 and this Act may be cited together as the Arbitration Acts, 1954 to 1998.

References.

2.—In this Act—

(*a*) a reference to any other enactment is to that enactment as amended by or under any other enactment including this Act, unless the context otherwise requires,

(*b*) a reference to a section, Part or Schedule is to a section or Part of, or Schedule to, this Act unless it is indicated that reference to some other enactment is intended,

(*c*) a reference to a subsection is to a subsection of the provision in which the reference occurs, unless it is indicated that reference to some other provision is intended, and

(*d*) a reference to an Article is to an Article of the Model Law.

PART II
INTERNATIONAL COMMERCIAL ARBITRATION

Interpretation of this Part.

3.—(1) In this Part, unless the context otherwise requires—

"arbitration agreement" means an arbitration agreement concerning international commercial arbitration;

"award" includes an interim award;

"international commercial arbitration" means arbitration to which the Model Law applies;

"the Model Law" means the UNCITRAL Model Law on International Commercial Arbitration (as adopted by the United Nations Commission on International Trade Law on 21 June 1985), the text in the English language of which is set out in the *Schedule.*

(2) Terms and expressions that are used in this Part and defined in the Model Law have the same meaning in this Part as in that Law unless the context otherwise requires.

Adoption of Model Law.

4.—Subject to this Part, the Model Law shall apply in the State.

Construction of Model Law.

5.—(1) The reference to an agreement in Article 1(1) shall be construed as referring only to an agreement which has the force of law in the State.

(2) The documents of the United Nations Commission on International Trade Law and its working group relating to the preparation of the Model Law may be considered in ascertaining the meaning or effect of any provision of the Model Law.

Functions of High Court.

6.—(1) The High Court is specified for the purposes of Article 6 and is the court for the purposes of Article 9 and the court of competent jurisdiction for the purposes of Articles 27, 35 and 36.

(2) The functions of the High Court under an Article referred to in *subsection* (1) and its functions under *sections 7, 11 (7)* and (*9*) and *14(1)* shall be performed by—

(*a*) the President of the High Court, or

(*b*) such Judge of the High Court as may be nominated by the President, subject to any rules of court made in that behalf.

(3) An application may be made in a summary manner to the President of the High Court or to a judge referred to in *subsection (2)(b)* to exercise any of the functions referred to in *subsection (2)*.

Court powers exercisable in support of international commercial arbitration proceedings.

7.—(1) For the purposes of giving effect to Article 9 or 27, the High Court may, on application under *section 6(3)*, make, in relation to an international commercial arbitration, any order in respect of—

(*a*) the preservation, interim custody or sale of any goods which are the subject matter of the arbitral proceedings,

(*b*) securing the amount at issue in the arbitral proceedings,

(*c*) security for costs,

(*d*) interim injunctions,

(*e*) the appointment of a receiver,

(*f*) the detention, preservation or inspection of any property or thing which is the subject matter of the arbitral proceedings and authorising—

(i) for any of those purposes any person to enter any land or building in the possession of a party, or

(ii) any sample to be taken, any observation to be made or any experiment to be tried which may be necessary or expedient for obtaining full information or evidence,

(*g*) securing the attendance of witnesses before the arbitral tribunal in order that evidence be given or documents be produced,

(*h*) the examination on oath or affirmation of any witness before an officer of the Court or other person,

(*i*) the issue of a commission or request for the examination of a witness outside the State, or

(*j*) the discovery and inspection of documents and interrogatories,

that it has power to make for the purpose of and in relation to an action or other matter before the High Court.

(2) A party shall not be ordered under this section to provide security for costs solely on the ground that the party is—

(*a*) an individual who is ordinarily resident outside the State, or (*b*) a corporation or association incorporated or formed under a law other than the law of the State or whose central management and control is exercised outside the State.

(3) Nothing in this section shall be taken to prejudice—

(*a*) the generality of Articles 9 and 27, or

(*b*) any power of an arbitral tribunal to make orders in respect of any of the matters mentioned in *subsection (1)*.

Powers of arbitral tribunal in relation to examination of witnesses, etc.

8.—Unless otherwise agreed by the parties, the arbitral tribunal may—

(*a*) direct that a party to an arbitration agreement or a witness who gives evidence in proceedings before the arbitral tribunal be examined on oath or affirmation, and

(*b*) administer any oaths or take any affirmations necessary for the purposes of the examination.

Consolidation of arbitral proceedings and concurrent hearings.

9.—(1) The parties to an arbitration agreement may agree—

(*a*) that the arbitral proceedings shall be consolidated with other arbitral proceedings, or

(*b*) that concurrent hearings shall be held,

on such terms as may be agreed.

(2) The arbitral tribunal has no power to order consolidation of proceedings or concurrent hearings unless the parties agree to confer such power on that tribunal.

Interest.

10.—(1) The parties to an arbitration agreement may agree on the arbitral tribunal's powers regarding the award of interest.

(2) Unless otherwise agreed by the parties, the arbitral tribunal may award simple or compound interest from the dates, at the rates and with the rests that it considers meet the justice of the case—

(*a*) on all or part of any amount awarded by the arbitral tribunal, in respect of any period up to the date of the award;

(*b*) on all or part of any amount claimed in the arbitration and outstanding at the commencement of the arbitration but paid before the award was made, in respect of any period up to the date of payment.

(3) Unless otherwise agreed by the parties, the arbitral tribunal may award simple or compound interest from the date of the award (or any later date) until payment, at the rates and with the rests that it considers meet the justice of the case, on the outstanding amount of any award (including any award of interest under *subsection (2)* and any award of costs).

(4) References in this section to an amount awarded by the arbitral tribunal include an amount payable in consequence of a declaratory award by the arbitral tribunal.

(5) This section shall not affect any other power of the arbitral tribunal to award interest.

Recoverable costs of arbitration and recoverable fees and expenses of arbitral tribunal.

11.—(1) The parties to an arbitration agreement are free to agree on how the costs of the international commercial arbitration are to be allocated and on the costs that are recoverable.

(2) An agreement of the parties to arbitrate subject to the rules of an arbitral institution shall be deemed to be an agreement to abide by the rules of that institution as to how costs are to be allocated and as to the costs that are recoverable.

(3) References in *subsections (1)* and (*2*) to "costs" include the costs as between the parties and the fees and expenses of the arbitral tribunal.

(4) Where there is no agreement of the parties as to the recoverable costs of the international commercial arbitration as between the parties, the arbitral tribunal may, with the consent of the parties to the arbitral proceedings, determine by award those costs on the basis it thinks fit.

(5) Where there is no agreement of the parties as to the recoverable fees and expenses of the arbitral tribunal, the tribunal may determine by award those fees and expenses on the basis it thinks fit.

(6) Where the tribunal makes a determination under *subsection (4)* or *(5)*, it shall specify—

(*a*) the basis on which it acted,

(*b*) the items of recoverable costs, fees or expenses, as appropriate, and the amount referable to each, and

(*c*) by and to whom they shall be paid.

(7) Where a party does not consent to the arbitral tribunal making a determination under *subsection (4)* or where for any other reason the arbitral tribunal does not make that determination—

(*a*) any party to the arbitral proceedings may apply to the High Court within 30 days after receipt of the award, or such further time as the Court may direct, for a determination of the recoverable costs as between the parties, and

(*b*) the Court may determine those costs on the basis it thinks fit or may order that they be determined by the means and on the terms it specifies.

(8) Notice of an application to the High Court under *subsection (7)* or *subsection (9)* shall be given to the arbitral tribunal and to the other parties to the arbitral proceedings.

(9) Where the arbitral tribunal makes a determination under *subsection (5)*—

(*a*) any party to the arbitral proceedings may apply to the High Court within 30 days after receipt of the determination, and (*b*) the Court may order that the amount of the arbitral tribunal's fees and expenses be reviewed and adjusted by the means and on the terms the Court specifies.

(10) Subject to an order under *subsection (9)(b)*, nothing in this section affects any right of the arbitral tribunal to payment of its fees and expenses.

(11) References in this section to the fees and expenses of the arbitral tribunal include the fees and expenses of any expert appointed by the tribunal.

Restriction on liability of arbitrators, etc.

12.—(1) An arbitrator shall not be liable for anything done or omitted in the discharge or purported discharge of his or her functions as arbitrator unless the act or omission is shown to have been in bad faith.

(2) *Subsection (1)* shall apply to an employee, agent or advisor of an arbitrator and to an expert appointed under Article 26, as it applies to the arbitrator:

(3) An arbitral or other institution or person designated or requested by the parties to appoint or nominate an arbitrator shall not be liable for anything done or omitted in the discharge or purported discharge of that function unless the act or omission is shown to have been in bad faith.

(4) An arbitral or other institution or person by whom an arbitrator is appointed or nominated shall not be liable for anything done or omitted by the arbitrator (or his or her employees or agents) in the discharge or purported discharge of his or her functions as arbitrator.

(5) *Subsections (3)* and *(4)*) shall apply to an employee or agent of an arbitral or other institution or person as they apply to the institution or person himself or herself.

(6) A witness who gives evidence in proceedings before an arbitral tribunal shall have the same privileges and immunities as witnesses have in proceedings before the High Court.

(7) A person who—

(*a*) is a barrister or solicitor or holds qualifications that have been obtained in another jurisdiction and are equivalent to those of a barrister or solicitor, and

(*b*) appears in proceedings before an arbitral tribunal,

shall have the same privileges and immunities as barristers and solicitors have in proceedings before the High Court.

(8) A person who is a patent agent as defined in section 94(3) of the Patents Act, 1992, or a registered agent as defined in section 91(3) of the Trade Marks Act, 1996, shall have the same privileges and immunities referred to in *subsection (7)* when appearing in proceedings before an arbitral tribunal on—

(*a*) in the case of a patent agent, any matter concerning the protection of an invention, patent, design or technical information or any matter involving passing off, and

(*b*) in the case of a registered agent, any matter relating to the protection of a trade mark or any matter involving passing off.

Time limits for setting aside award.

13.—The time limit specified in Article 34(3) shall not apply to an application to the High Court to have an arbitral award set aside on the grounds that the award is in conflict with the public policy of the State.

Effect of award.

14.—(1) An award made by an arbitral tribunal under an arbitration agreement shall be enforceable in the State either by action or, by leave of the High Court, in the same manner as a judgment or order of that Court to the same effect and, where leave is given, judgment may be entered in terms of the award.

(2) An award referred to in *subsection (1)* shall be treated as binding for all purposes on the parties between whom it was made, and may accordingly be relied on by any of those parties by way of defence, set-off or otherwise in any legal proceedings in the State, and any reference in this section to the enforcement of an award shall be construed as including a reference to the reliance on such an award.

(3) Unless otherwise agreed by the parties, Articles 35 and 36 shall apply to orders made by an arbitral tribunal under Article 17 as if a reference in Articles 35 or 36 to an award were a reference to such an order and *subsections (1)* and *(2)* shall apply accordingly.

(4) Nothing in this section affects the recognition or enforcement of an award under—

(*a*) Part V of the Arbitration Act, 1954 (enforcement of awards under the Geneva Convention), or

(*b*) Parts III and IV of the Arbitration Act, 1980 (enforcement of awards under the New York and Washington Conventions).

Transitional provisions.

15.—(1) This Part shall not apply to an international commercial arbitration commenced before the day on which this Act comes into operation unless—

(*a*) the arbitration is concluded after that day, and

(*b*) the parties agree that this Part shall apply.

(2) This Part shall apply to an international commercial arbitration commenced on or after the day on which this Act comes into operation—

(*a*) under an arbitration agreement entered into on or after that day, or

(*b*) if the parties so agree, under an arbitration agreement entered into before that day.

Non-application of Arbitration Acts.

16.—Subject to *section 14(4)*, the Arbitration Acts, 1954 and 1980, shall not apply to an arbitration to which this Part applies.

PART III
AMENDMENTS TO ARBITRATION ACTS, 1954 AND 1980

Amendment to Arbitration Act, 1954.

17.—The Arbitration Act, 1954, is hereby amended by substituting the following for section 34:

"Interest on awards.

34.—(1) The parties to an arbitration agreement may agree on the powers of the arbitrator or umpire as regards the award of interest.

(2) Unless otherwise agreed by the parties, the arbitrator or umpire may award simple or compound interest from the dates, at the rates and with the rests that he or she considers meet the justice of the case—

(*a*) on all or part of any amount awarded by the arbitrator or umpire, in respect of any period up to the date of the award;

(*b*) on all or part of any amount claimed in the arbitration and outstanding at the commencement of the arbitration but paid before the award was made, in respect of any period up to the date of payment.

(3) Unless otherwise agreed by the parties, the arbitrator or umpire may award simple or compound interest from the date of the award (or any later date) until payment, at the rates and with the rests that he or she considers meet the justice of the case, on the outstanding amount of any award (including an award of interest under subsection (2) and an award of costs).

(4) References in this section to an amount awarded by an arbitrator or umpire include an amount payable in consequence of a declaratory award by the arbitrator or umpire.

(5) This section shall not apply to an arbitration commenced before the day on which the *Arbitration (International Commercial) Act, 1998,* comes into operation unless—

(*a*) the arbitration is concluded after that day, and

(*b*) the parties agree that this section shall apply.

(6) This section shall apply to an arbitration commenced on or after the day on which the *Arbitration (International Commercial) Act, 1998* comes into operation—

(*a*) under an arbitration agreement entered into on or after that day, or

(*b*) if the parties so agree, under an arbitration agreement entered into before that day.

(7) This section shall not apply to an arbitration conducted by a property arbitrator appointed under section 2 of the Property Values (Arbitration and Appeals) Act, 1960.".

Amendment to Arbitration Act, 1980.

18.—Section 5 of the Arbitration Act, 1980, is hereby amended by the insertion of the following subsection after subsection (2):

"(3) Nothing in this section shall prevent any party to an arbitration agreement from invoking the alternative method, provided by the Rules of Court (as amended from time to time), of commencing and dealing with a civil proceeding in respect of a small claim.".

Section 3.

SCHEDULE

Text of UNCITRAL MODEL LAW ON INTERNATIONAL COMMERCIAL ARBITRATION as adopted by the United Nations Commission on International Trade Law on 21 June 1985

(UNCITRAL) Model Law

CHAPTER I. GENERAL PROVISIONS

Article 1.

*Scope of application**

(1) This Law applies to international commercial** arbitration, subject to any agreement in force between this State and any other State or States.

(2) The provisions of this Law, except articles 8, 9, 35 and 36, apply only if the place of arbitration is in the territory of this State.

(3) An arbitration is international if:

(*a*) the parties to an arbitration agreement have, at the time of the conclusion of that agreement, their places of business in different States; or

(*b*) one of the following places is situated outside the State in which the parties have their places of business:

(i) the place of arbitration if determined in, or pursuant to, the arbitration agreement;

(ii) any place where a substantial part of the obligations of the commercial relationship is to be performed or the place with which the subject-matter of the dispute is most closely connected; or

(*c*) the parties have expressly agreed that the subject-matter of the arbitration agreement relates to more than one country.

(4) For the purposes of paragraph (3) of this article:

(*a*) if a party has more than one place of business, the place of business is that which has the closest relationship to the arbitration agreement;

(*b*) if a party does not have a place of business, reference is to be made to his habitual residence.

(5) This Law shall not affect any other law of this State by virtue of which certain disputes may not be submitted to arbitration or may be submitted to arbitration only according to provisions other than those of this Law.

Article 2.

Definitions and rules of interpretation

For the purposes of this Law:

(*a*) "arbitration" means any arbitration whether or not administered by a permanent arbitral institution;

(*b*) "arbitral tribunal" means a sole arbitrator or a panel of arbitrators;

(*c*) "court" means a body or organ of the judicial system of a State;

(*d*) where a provision of this Law, except article 28, leaves the parties free to determine a certain issue, such freedom includes the right of the parties to authorise a third party, including an institution, to make that determination;

(*e*) where a provision of this Law refers to the fact that the parties have agreed or that they may agree or in any other way refers to an agreement of the parties, such agreement includes any arbitration rules referred to in that agreement;

(*f*) where a provision of this Law, other than in articles 25(*a*) and 32(2)(*a*), refers to a claim, it also applies to a counterclaim, and where it refers to a defence, it also applies to a defence to such counter-claim.

Article 3.

Receipt of written communications

(1) Unless otherwise agreed by the parties:

(*a*) any written communication is deemed to have been received if it is delivered to the addressee personally or if it is delivered at his place of business, habitual residence or mailing address; if none of these can be found after making a reasonable inquiry, a written communication is deemed to have been received if it is sent to the addressee's last-known place of business, habitual residence or mailing address by registered letter or any other means which provides a record of the attempt to deliver it;

(*b*) the communication is deemed to have been received on the day it is so delivered.

(2) The provisions of this article do not apply to communications in court proceedings.

Article 4.

Waiver of right to object

A party who knows that any provision of this Law from which the parties may derogate or any requirement under the arbitration agreement has not been complied with and yet proceeds with the arbitration without stating his objection to such non-compliance without undue delay or, if a time-limit is provided therefor, within such period of time, shall be deemed to have waived his right to object.

Article 5.

Extent of court intervention

In matters governed by this Law, no court shall intervene except where so provided in this Law.

Article 6.

Court or other authority for certain functions of arbitration assistance and supervision

The functions referred to in articles 11(3), 11(4), 13(3), 14, 16(3) and 34(2) shall be performed by..... [Each State enacting this model law specifies the court, courts or, where referred to therein, other authority competent to perform these functions.]

CHAPTER II.
ARBITRATION AGREEMENT

Article 7.

Definition and form of arbitration agreement

(1) "Arbitration agreement" is an agreement by the parties to submit to arbitration all or certain disputes which have arisen or which may arise between them in respect of a defined legal relationship, whether contractual or not. An arbitration agreement may be in the form of an arbitration clause in a contract or in the form of a separate agreement.

(2) The arbitration agreement shall be in writing. An agreement is in writing if it is contained in a document signed by the parties or in an exchange of letters, telex, telegrams or other means of telecommunication which provide a record of the agreement, or in an exchange of statements of claim and defence in which the existence of an agreement is alleged by one party and not denied by another. The reference in a contract to a document containing an arbitration clause constitutes an arbitration agreement provided that the contract is in writing and the reference is such as to make that clause part of the contract.

Article 8.

Arbitration agreement and substantive claim before court

(1) A court before which an action is brought in a matter which is the subject of an arbitration agreement shall, if a party so requests not later than when submitting his first statement on the substance of the dispute, refer the parties to arbitration unless it finds that the agreement is null and void, inoperative or incapable of being performed.

(2) Where an action referred to in paragraph (1) of this article has been brought, arbitral proceedings may nevertheless be commenced or continued, and an award may be made, while the issue is pending before the court.

Article 9.

Arbitration agreement and interim measures by court

It is not incompatible with an arbitration agreement for a party to request, before or during arbitral proceedings, from a court an interim measure of protection and for a court to grant such measure.

CHAPTER III.
COMPOSITION OF ARBITRAL TRIBUNAL

Article 10.

Number of arbitrators

(1) The parties are free to determine the number of arbitrators.

(2) Failing such determination, the number of arbitrators shall be three.

Article 11.

Appointment of arbitrators

(1) No person shall be precluded by reason of his nationality from acting as an arbitrator, unless otherwise agreed by the parties.

(2) The parties are free to agree on a procedure of appointing the arbitrator or arbitrators, subject to the provisions of paragraphs (4) and (5) of this article.

(3) Failing such agreement,

(*a*) in an arbitration with three arbitrators, each party shall appoint one arbitrator, and the two arbitrators thus appointed shall appoint the third arbitrator; if a party fails to appoint the arbitrator within thirty days of receipt of a request to do so from the other party, or if the two arbitrators fail to agree on the third arbitrator within thirty days of their appointment, the appointment shall be made, upon request of a party, by the court or other authority specified in article 6;

(*b*) in an arbitration with a sole arbitrator, if the parties are unable to agree on the arbitrator, he shall be appointed, upon request of a party, by the court or other authority specified in article 6.

(4) Where, under an appointment procedure agreed upon by the parties,

(*a*) a party fails to act as required under such procedure, or

(*b*) the parties, or two arbitrators, are unable to reach an agreement expected of them under such procedure, or

(*c*) a third party, including an institution, fails to perform any function entrusted to it under such procedure,

any party may request the court or other authority specified in article 6 to take the necessary measure, unless the agreement on the appointment procedure provides other means for securing the appointment.

(5) A decision on a matter entrusted by paragraph (3) or (4) of this article to the court or other authority specified in article 6 shall be subject to no appeal. The court or other authority, in appointing an arbitrator, shall have due regard to any qualifications required of the arbitrator by the agreement of the parties and to such considerations as are likely to secure the appointment of an independent and impartial arbitrator and, in the case of a sole or third arbitrator, shall take into account as well the advisability of appointing an arbitrator of a nationality other than those of the parties.

Article 12.

Grounds for challenge

(1) When a person is approached in connection with his possible appointment as an arbitrator, he shall disclose any circumstances likely to give rise to justifiable doubts as to his impartiality or independence. An arbitrator, from the time of his appointment and throughout the arbitral proceedings, shall without delay disclose any such circumstances to the parties unless they have already been informed of them by him.

(2) An arbitrator may be challenged only if circumstances exist that give rise to justifiable doubts as to his impartiality or independence, or if he does not possess qualifications agreed to by the parties. A party may challenge an arbitrator appointed by him, or in whose appointment he has participated, only for reasons of which he becomes aware after the appointment has been made.

Article 13.

Challenge procedure

(1) The parties are free to agree on a procedure for challenging an arbitrator, subject to the provisions of paragraph (3) of this article.

(2) Failing such agreement, a party who intends to challenge an arbitrator shall, within fifteen days after becoming aware of the constitution of the arbitral tribunal or after becoming aware of any circumstance referred to in article 12(2), send a written

statement of the reasons for the challenge to the arbitral tribunal. Unless the challenged arbitrator withdraws from his office or the other party agrees to the challenge, the arbitral tribunal shall decide on the challenge.

(3) If a challenge under any procedure agreed upon by the parties or under the procedure of paragraph (2) of this article is not successful, the challenging party may request, within thirty days after having received notice of the decision rejecting the challenge, the court or other authority specified in article 6 to decide on the challenge, which decision shall be subject to no appeal; while such a request is pending, the arbitral tribunal, including the challenged arbitrator, may continue the arbitral proceedings and make an award.

Article 14.

Failure or impossibility to act

(1) If an arbitrator becomes *de jure* or *de facto* unable to perform his functions or for other reasons fails to act without undue delay, his mandate terminates if he withdraws from his office or if the parties agree on the termination. Otherwise, if a controversy remains concerning any of these grounds, any party may request the court or other authority specified in article 6 to decide on the termination of the mandate, which decision shall be subject to no appeal.

(2) If, under this article or article 13(2), an arbitrator withdraws from his office or a party agrees to the termination of the mandate of an arbitrator, this does not imply acceptance of the validity of any ground referred to in this article or article 12(2).

Article 15.

Appointment of substitute arbitrator

Where the mandate of an arbitrator terminates under article 13 or 14 or because of his withdrawal from office for any other reason or because of the revocation of his mandate by agreement of the parties or in any other case of termination of his mandate, a substitute arbitrator shall be appointed according to the rules that were applicable to the appointment of the arbitrator being replaced.

CHAPTER IV.
JURISDICTION OF ARBITRAL TRIBUNAL

Article 16.

Competence of arbitral tribunal to rule on its jurisdiction

(1) The arbitral tribunal may rule on its own jurisdiction, including any objections with respect to the existence or validity of the arbitration agreement. For that purpose, an arbitration clause which forms part of a contract shall be treated as an agreement

independent of the other terms of the contract. A decision by the arbitral tribunal that the contract is null and void shall not entail *ipso jure* the invalidity of the arbitration clause.

(2) A plea that the arbitral tribunal does not have jurisdiction shall be raised not later than the submission of the statement of defence. A party is not precluded from raising such a plea by the fact that he has appointed, or participated in the appointment of, an arbitrator. A plea that the arbitral tribunal is exceeding the scope of its authority shall be raised as soon as the matter alleged to be beyond the scope of its authority is raised during the arbitral proceedings. The arbitral tribunal may, in either case, admit a later plea if it considers the delay justified.

(3) The arbitral tribunal may rule on a plea referred to in paragraph (2) of this article either as a preliminary question or in an award on the merits. If the arbitral tribunal rules as a preliminary question that it has jurisdiction, any party may request, within thirty days after having received notice of that ruling, the court specified in article 6 to decide the matter, which decision shall be subject to no appeal; while such a request is pending, the arbitral tribunal may continue the arbitral proceedings and make an award.

Article 17.

Power of arbitral tribunal to order interim measures

Unless otherwise agreed by the parties, the arbitral tribunal may, at the request of a party, order any party to take such interim measure of protection as the arbitral tribunal may consider necessary in respect of the subject-matter of the dispute. The arbitral tribunal may require any party to provide appropriate security in connection with such measure.

CHAPTER V.
CONDUCT OF ARBITRAL PROCEEDINGS

Article 18.

Equal treatment of parties

The parties shall be treated with equality and each party shall be given a full opportunity of presenting his case.

Article 19.

Determination of rules of procedure

(1) Subject to the provisions of this Law, the parties are free to agree on the procedure to be followed by the arbitral tribunal in conducting the proceedings.

(2) Failing such agreement, the arbitral tribunal may, subject to the provisions of this Law, conduct the arbitration in such manner as it considers appropriate. The power conferred upon the arbitral tribunal includes the power to determine the admissibility, relevance, materiality and weight of any evidence.

Article 20.

Place of arbitration

(1) The parties are free to agree on the place of arbitration. Failing such agreement, the place of arbitration shall be determined by the arbitral tribunal having regard to the circumstances of the case, including the convenience of the parties.

(2) Notwithstanding the provisions of paragraph (1) of this article, the arbitral tribunal may, unless otherwise agreed by the parties, meet at any place it considers appropriate for consultation among its members, for hearing witnesses, experts or the parties, or for inspection of goods, other property or documents.

Article 21.

Commencement of arbitral proceedings

Unless otherwise agreed by the parties, the arbitral proceedings in respect of a particular dispute commence on the date on which a request for that dispute to be referred to arbitration is received by the respondent.

Article 22.

Language

(1) The parties are free to agree on the language or languages to be used in the arbitral proceedings. Failing such agreement, the arbitral tribunal shall determine the language or languages to be used in the proceedings. This agreement or determination, unless otherwise specified therein, shall apply to any written statement by a party, any hearing and any award, decision or other communication by the arbitral tribunal.

(2) The arbitral tribunal may order that any documentary evidence shall be accompanied by a translation into the language or languages agreed upon by the parties or determined by the arbitral tribunal.

Article 23.

Statements of claim and defence

(1) Within the period of time agreed by the parties or determined by the arbitral tribunal, the claimant shall state the facts supporting his claim, the points at issue and the relief or remedy sought, and the respondent shall state his defence in respect of these particulars, unless the parties have otherwise agreed as to the required elements of such statements. The parties may submit with their statements all documents they consider to be relevant or may add a reference to the documents or other evidence they will submit.

(2) Unless otherwise agreed by the parties, either party may amend or supplement his claim or defence during the course of the arbitral proceedings, unless the arbitral tribunal considers it inappropriate to allow such amendment having regard to the delay in making it.

Article 24.

Hearings and written proceedings

(1) Subject to any contrary agreement by the parties, the arbitral tribunal shall decide whether to hold oral hearings for the presentation of evidence or for oral argument, or whether the proceedings shall be conducted on the basis of documents and other materials. However, unless the parties have agreed that no hearings shall be held, the arbitral tribunal shall hold such hearings at an appropriate stage of the proceedings, if so requested by a party.

(2) The parties shall be given sufficient advance notice of any hearing and of any meeting of the arbitral tribunal for the purposes of inspection of goods, other property or documents.

(3) All statements, documents or other information supplied to the arbitral tribunal by one party shall be communicated to the other party. Also any expert report or evidentiary document on which the arbitral tribunal may rely in making its decision shall be communicated to the parties.

Article 25.

Default of a party

Unless otherwise agreed by the parties, if, without showing sufficient cause,

(*a*) the claimant fails to communicate his statement of claim in accordance with article 23(1), the arbitral tribunal shall terminate the proceedings;

(*b*) the respondent fails to communicate his statement of defence in accordance with article 23(1), the arbitral tribunal shall continue the proceedings without treating such failure in itself as an admission of the claimant's allegations;

(*c*) any party fails to appear at a hearing or to produce documentary evidence, the arbitral tribunal may continue the proceedings and make the award on the evidence before it.

Article 26.

Expert appointed by arbitral tribunal

(1) Unless otherwise agreed by the parties, the arbitral tribunal

(*a*) may appoint one or more experts to report to it on specific issues to be determined by the arbitral tribunal;

(*b*) may require a party to give the expert any relevant information or to produce, or to provide access to, any relevant documents, goods or other property for his inspection.

(2) Unless otherwise agreed by the parties, if a party so requests or if the arbitral tribunal considers it necessary, the expert shall, after delivery of his written or oral report,

participate in a hearing where the parties have the opportunity to put questions to him and to present expert witnesses in order to testify on the points at issue:

Article 27.

Court assistance in taking evidence

The arbitral tribunal or a party with the approval of the arbitral tribunal may request from a competent court of this State assistance in taking evidence. The court may execute the request within its competence and according to its rules on taking evidence.

CHAPTER VI.
MAKING OF AWARD AND TERMINATION OF PROCEEDINGS

Article 28.

Rules applicable to substance of dispute

(1) The arbitral tribunal shall decide the dispute in accordance with such rules of law as are chosen by the parties as applicable to the substance of the dispute. Any designation of the law or legal system of a given State shall be construed, unless otherwise expressed, as directly referring to the substantive law of that State and not to its conflict of laws rules.

(2) Failing any designation by the parties, the arbitral tribunal shall apply the law determined by the conflict of laws rules which it considers applicable.

(3) The arbitral tribunal shall decide *ex aequo et bono* or as *amiable compositeur* only if the parties have expressly authorized it to do so.

(4) In all cases, the arbitral tribunal shall decide in accordance with the terms of the contract and shall take into account the usages of the trade applicable to the transaction.

Article 29.

Decision making by panel of arbitrators

In arbitral proceedings with more than one arbitrator, any decision of the arbitral tribunal shall be made, unless otherwise agreed by the parties, by a majority of all its members. However, questions of procedure may be decided by a presiding arbitrator, if so authorized by the parties or all members of the arbitral tribunal.

Article 30.

Settlement

(1) If, during arbitral proceedings, the parties settle the dispute, the arbitral tribunal shall terminate the proceedings and, if requested by the parties and not objected to by the arbitral tribunal, record the settlement in the form of an arbitral award on agreed terms.

(2) An award on agreed terms shall be made in accordance with the provisions of article 31 and shall state that it is an award. Such an award has the same status and effect as any other award on the merits of the case.

Article 31.

Form and contents of award

(1) The award shall be made in writing and shall be signed by the arbitrator or arbitrators. In arbitral proceedings with more than one arbitrator, the signatures of the majority of all members of the arbitral tribunal shall suffice, provided that the reason for any omitted signature is stated.

(2) The award shall state the reasons upon which it is based, unless the parties have agreed that no reasons are to be given or the award is an award on agreed terms under article 30.

(3) The award shall state its date and the place of arbitration as determined in accordance with article 20(1). The award shall be deemed to have been made at that place.

(4) After the award is made, a copy signed by the arbitrators in accordance with paragraph (1) of this article shall be delivered to each party.

Article 32.

Termination of proceedings

(1) The arbitral proceedings are terminated by the final award or by an order of the arbitral tribunal in accordance with paragraph (2) of this article.

(2) The arbitral tribunal shall issue an order for the termination of the arbitral proceedings when:

(*a*) the claimant withdraws his claim, unless the respondent objects thereto and the arbitral tribunal recognizes a legitimate interest on his part in obtaining a final settlement of the dispute;

(*b*) the parties agree on the termination of the proceedings;

(*c*) the arbitral tribunal finds that the continuation of the proceedings has for any other reason become unnecessary or impossible.

(3) The mandate of the arbitral tribunal terminates with the termination of the arbitral proceedings, subject to the provisions of articles 33 and 34(4).

Article 33.

Correction and interpretation of award; additional award

(1) Within thirty days of receipt of the award, unless another period of time has been agreed upon by the parties:

(*a*) a party, with notice to the other party, may request the arbitral tribunal to correct in the award any errors in computation, any clerical or typographical errors or any errors of similar nature;

(*b*) if so agreed by the parties, a party, with notice to the other party, may request the arbitral tribunal to give an interpretation of a specific point or part of the award.

If the arbitral tribunal considers the request to be justified, it shall make the correction or give the interpretation within thirty days of receipt of the request. The interpretation shall form part of the award.

(2) The arbitral tribunal may correct any error of the type referred to in paragraph (1)(*a*) of this article on its own initiative within thirty days of the date of the award.

(3) Unless otherwise agreed by the parties, a party, with notice to the other party, may request, within thirty days of receipt of the award, the arbitral tribunal to make an additional award as to claims presented in the arbitral proceedings but omitted from the award. If the arbitral tribunal considers the request to be justified, it shall make the additional award within sixty days.

(4) The arbitral tribunal may extend, if necessary, the period of time within which it shall make a correction, interpretation or an additional award under paragraph (1) or (3) of this article.

(5) The provisions of article 31 shall apply to a correction or interpretation of the award or to an additional award.

CHAPTER VII.
RECOURSE AGAINST AWARD

Article 34.

Application for setting aside as exclusive recourse against arbitral award

(1) Recourse to a court against an arbitral award may be made only by an application for setting aside in accordance with paragraphs (2) and (3) of this article.

(2) An arbitral award may be set aside by the court specified in article 6 only if:

(*a*) the party making the application furnishes proof that:

(i) a party to the arbitration agreement referred to in article 7 was under some incapacity; or the said agreement is not valid under the law to which the parties have subjected it or, failing any indication thereon, under the law of this State; or

(ii) the party making the application was not given proper notice of the appointment of an arbitrator or of the arbitral proceedings or was otherwise unable to present his case; or

(iii) the award deals with a dispute not contemplated by or not falling within the terms of the submission to arbitration, or contains decisions on matters beyond the scope of the submission to arbitration, provided that, if the decisions on matters submitted to arbitration can be separated from those not so submitted, only that part of the award which contains decisions on matters not submitted to arbitration may be set aside; or

(iv) the composition of the arbitral tribunal or the arbitral procedure was not in accordance with the agreement of the parties, unless such agreement was in conflict with a provision of this Law from which the parties cannot derogate, or, failing such agreement, was not in accordance with this Law; or

(*b*) the court finds that:

(i) the subject-matter of the dispute is not capable of settlement by arbitration under the law of this State; or

(ii) the award is in conflict with the public policy of this State.

(3) An application for setting aside may not be made after three months have elapsed from the date on which the party making that application had received the award or, if a request had been made under article 33, from the date on which that request had been disposed of by the arbitral tribunal.

(4) The court, when asked to set aside an award, may, where appropriate and so requested by a party, suspend the setting aside proceedings for a period of time determined by it in order to give the arbitral tribunal an opportunity to resume the arbitral proceedings or to take such other action as in the arbitral tribunal's opinion will eliminate the grounds for setting aside.

CHAPTER VIII.
RECOGNITION AND ENFORCEMENT OF AWARDS

Article 35.

Recognition and enforcement

(1) An arbitral award, irrespective of the country in which it was made, shall be recognized as binding and, upon application in writing to the competent court, shall be enforced subject to the provisions of this article and of article 36.

(2) The party relying on an award or applying for its enforcement shall supply the duly authenticated original award or a duly certified copy thereof, and the original arbitration agreement referred to in article 7 or a duly certified copy thereof. If the award or agreement is not made in an official language of this State, the party shall supply a duly certified translation thereof into such language.***

Article 36.

Grounds for refusing recognition or enforcement

(1) Recognition or enforcement of an arbitral award, irrespective of the country in which it was made, may be refused only:

(*a*) at the request of the party against whom it is invoked, if that party furnishes to the competent court where recognition or enforcement is sought proof that:

(i) a party to the arbitration agreement referred to in article 7 was under some incapacity; or the said agreement is not valid under the law to which the parties have subjected it or, failing any indication thereon, under the law of the country where the award was made; or

(ii) the party against whom the award is invoked was not given proper notice of the appointment of an arbitrator or of the arbitral proceedings or was otherwise unable to present his case; or

(iii) the award deals with a dispute not contemplated by or not falling within the terms of the submission to arbitration, or it contains decisions on matters beyond the scope of the submission to arbitration, provided that, if the decisions on matters submitted to arbitration can be separated from those not so submitted, that part of the award which contains decisions on matters submitted to arbitration may be recognized and enforced; or

(iv) the composition of the arbitral tribunal or the arbitral procedure was not in accordance with the agreement of the parties or, failing such agreement, was not in accordance with the law of the country where the arbitration took place; or

(v) the award has not yet become binding on the parties or has been set aside or suspended by a court of the country in which, or under the law of which, that award was made; or

(*b*) if the court finds that:

(i) the subject-matter of the dispute is not capable of settlement by arbitration under the law of this State; or

(ii) the recognition or enforcement of the award would be contrary to the public policy of this State.

(2) If an application for setting aside or suspension of an award has been made to a court referred to in paragraph (1)(*a*)(v) of this article, the court where recognition or enforcement is sought may, if it considers it proper, adjourn its decision and may also, on the application of the party claiming recognition or enforcement of the award, order the other party to provide appropriate security.

---

*Article headings are for reference purposes only and are not to be used for purposes of interpretation.

**The term "commercial" should be given a wide interpretation so as to cover matters arising from all relationships of a commercial nature, whether contractual or not. Relationships of a commercial nature include, but are not limited to, the following transactions: any trade transaction for the supply or exchange of goods or services; distribution agreement; commercial representation or agency; factoring; leasing; construction of works; consulting; engineering; licensing; investment; financing; banking;

insurance; exploitation agreement or concession; joint venture and other forms of industrial or business co-operation; carriage of goods or passengers by air, sea, rail or road.

***The conditions set forth in this paragraph are intended to set maximum standards. It would, thus, not be contrary to the harmonization to be achieved by the model law if a state retained even less onerous conditions.

Literaturverzeichnis

Beiträge aus Zeitschriften in der englischen Sprache werden in der von ihnen angegebenen Weise zitiert.

Anglade, Leila: Recognition and Enforcement of Irish and Foreign International Arbitral Awards under the Irish 1998 Arbitration (International Commercial) Bill, in: [1998] I.C.C.L.R., Seite 128-135.

Atiyah, P.S. Challenge: An Introduction to the Law of Contract, 5. Auflage, Oxford, 1993.

Bailey, S.H./ Gunn, M.J.: Smith and Bailey on the Modern English Legal System, London, 1996 (zit. Smith & Bailey).

Beaumont, Ben: Strict rules of evidence as to documents and conduct of the arbitrator, in: [1993] A.D.R.L.J., Seite 90-99.

Beechey, John: International arbitrations and the award of security for costs in England, in: [1994] A.D.R.L.J., Seite 242-250.

Benton, Gary L. Rodgers/ Richard J.: The Arbitration of International Technology Disputes Under the English Arbitration Act 1996, in: (1997) 13 Arbitration International, Seite 361-373.

Berger, Klaus Peter: Die Aufrechnung im Internationalen Schieds-verfahren, in: RIW 1998, Seite 426-432 (zit. Berger-Aufrechnung).

Berger, Klaus Peter: Germany adopts the UNCITRAL Model Law, in: [1998] Int.A.L.R., Seite 121-126 (zit.: Berger-UNCITRAL).

Bernstein, Ronald/ Tackaberry, John/ Marriott, Arthur: Handbook of Arbitration Practice, London, 1998.

Berstein, Ronald: Some thoughts on when and how an arbitrator should use the power to cap the recoverable costs of the arbitration, or of any part of the arbitral proceedings, given to him by section 65 of the Act of 1996, in: [1998] Int.A.L.R., Seite 105-107.

Bianca, C.M./ Bonell, M.J.: Commentary on the International Sales Law, The 1980 Vienna Sales Convention, Milan, 1987.

Blackaby, Nigel: The English Court's Assistance to Overseas Arbitration - Muddy Waters in the Arbitration Act 1996 in: (1997) 13 Arbitration International, Seite 431-433.

Blessing, Marc: Arbitrability of Intellectual Property Issues, in: (1996) 12 Arbitration International, Seite 191-221.

Böckstiegel, Karl-Heinz: An Introduction to the New German Arbitration Act Based on the UNICITRAL Model Law, in: (1998) 14 Arbitration International, Seite 19-31 (zit.: Böckstiegel-UNCITRAL).

Born, Gary, B.: International Commercial Arbitration in the United States, Deventer, Bosten, 1994.

Borris, Christian: Common law and civil law: fundamental differences and their impact on arbitration, in: [1995] A.D.R.L.J., Seite 92-103.

Bridges-Adams, Nicholas: The Resolution of Disputes on Documents Only: Advantages and Disadvantages, in: [1998] 64 Arbitration, Seite 72-73.

Bundesministerium der Justiz: Kommission zur Neurodnung des Schiedsverfahrens,

Bericht mit einem Diskussionsentwurf zur Neufassung des Zehnten Buchs der ZPO, Hrsg. Bundesministerium der Justiz, Bonn, 1994 (zit.: Diskussions-Entwurf).

Bundesministerium der Justiz: Kommission zur Neurodnung des Schiedsverfahrens, Bericht mit einem Diskussionsentwurf zur Neufassung des Zehnten Buchs der ZPO, Hrsg. Bundesministerium der Justiz, Bonn 1994 (zit.: Kommisions-Bericht).

Bundesregierung: Entwurf eines Gesetzes zur Neuregelung des Schiedsverfahrensrechts mit Begründung, Drucksache 13/5274, Vertrieb: Bundesanzeiger Verlagsgesellschaft mbH, Bonn, Juli 1996 (zit.: Entwurf-Begründung).

Bunge, Jürgen: Zivilprozeß und Zwangsvollstreckung in England, Berlin 1994.

Burr, Andrew/ Pickavance, Keith/ Prichard, Teresa: The law and practice of court and tribunal appointed experts, in: [1993] A.D.R.L.J., Seite 194-204.

Byrne, Raymond/ McCutcheon, J. Paul: The Irish Legal System, Dublin, 1996 (zit.: Byrne & McCutcheon).

Caemmerer, Ernst v./ Schlechtriem, Peter: Kommentar zum Einheitlichen UN-Kaufrecht, 2. Auflage, München, 1995.

Cahill, Eamonn: Discovery in Irland, Dublin, 1996.

Calavros, Constantin: Das UNCITRAL-Modellgesetz über die internationale Handelsschiedsgerichtsbarkeit, Bielefeld, 1988.

Caron, David D./ Reed, Lucy F: Post Award Proceedings Under the UNCITRAL Arbitration Rules, in: (1995) 11 Arbitration International, Seite 429-438.

Carrigan, Michael W.: Handbook on Arbitration in Ireland, Dublin, 1998.

Cato, D Mark: Arbitration Practice and Procedure Interlocutory and Hearing Problems, 2. Auflage, London, Hong Kong, 1997.

Chukwumerije, Okezie: Judicial Supervision of Commercial Arbitration: The English Arbitration Act of 1996, in: (1999) 15 Arbitration International, Seite 171-191.

Citty, Joseph/ Guest, Anthony Gordon: Chitty on Contracts,Vol.1, 27. Auflage, London, 1994.

Clark, Robert: Contract, 2. Auflage, London, 1986.

Clark, Robert/ Clarke, Blanaid: Contract Cases and Materials, Dublin, 1994, (zit.: Clark & Clarke).

Clark, Robert/ Smyth, Shane: Intellectual Property Law in Ireland, Dublin, 1997.

Cremades, Bernardo M.: Overcoming the Clash of Legal Cultures: The role of Interactive Arbitration, in: (1998) 14 Arbitration International, Seite 157-172.
Crowter, Harold: The Pro-Active Arbitrator, in: [1998] 64 Arbitration, Seite 88-92.
David, René/ Brierley, John, E.: Major Legal Systems in the World Today, 3. Auflage, London, 1985 (zit.: David).
Davidson, Frazer: The New Arbitration Act- A Model Law?, in: [1997] J.B.L., Seite 101-129.
Department of Trade and Industry: A New Arbitration Act? The Response of the Departmental Advisory Committee to the UNCITRAL Model Law on International Commercial Arbitration Chairman: Mustill, The Rt Hon Lord Justice Her Majesty's Stationery Office, London, 1989 (zit.: DAC-1989).
Department of Trade and Industry: Consultative Paper on an Arbitration Bill, July 1995 (zit.: DAC-1995).
Department of Trade and Industry: Departmental Advisory Committee on Arbitration Law, 1996 Report on the Arbitration Bill, abgedruckt in: (1997) 13 Arbitration International, Seite 275-316 (zit.: DAC-1996).
Department of Trade and Industry: Departmental Advisory Committee on Arbitration Law, 1997 Supplementary Report on the Arbitration Act 1996, abgedrucked in: (1997) 13 Arbitration International, Seite 317-330 (zit.: DAC-1997).
Department of Trade and Industry: The New English Draft Arbitration Bill: The DTI Consultation Document abgedruckt in: (1994) 10 Arbitration International, Seite 163-177 (zit.: DTI-Document 1994).
Department of Trade and Industry: United Kingdom Department of Trade and Industry Consultation Document on Proposed Clauses and Schedules for an Arbitration Bill, abgeruckt in: (1994) 10 Arbitration International, Seite 189-254.
Eijsvoogel, Peter V.: Evidence in International Arbitration Proceedings, London, 1994.
Elder, Troy E.: The Case Against Arbitral Awards of Specific Performance in Transnational Commercial Disputes in: (1997) 13 Arbitration International, Seite 1-32.
Fennel, Caroline: The Law of Evidence in Ireland, Dublin, 1992.
Fentiman, Richard: Foreign Law in English Courts: Pleading, Proof and Choice of Law, Oxford 1998.
Forde, Michael: Arbitration Law and Procedure, Dublin, 1994.
Fritze, Ulrich: Zulässigkeit der privaten Schiedsgerichtsbarkeit für Streitigkeiten auf dem Gebiet des geistigen Eigentums, in: GRUR Int. 1991, Seite 218-221.
Goldrein, Iain S./ Jacob, Sir Jack/ Wilkinson, Kenneth: Commercial Litigation: Pre-emptive Remedies, 3. Auflage, London, 1997 (zit. Goldrein).

Greeno, Ted/ Johnson, Adam: The Arbitration Act 1996: Implications for Drafting Commercial Contracts and Conducting Arbitrations, in: [1997] 1 OGLTR, Seite 3-10.

Habscheid, Walther J.: Die sogenannte Schiedsgerichtsbarkeit der Internationalen Handelskammer. Zur neuen Fassung (ab 1.1.1998) ihrer Schiedsgerichtsordnung, in: RIW 1998, Seite 421-425.

Haersolte-van Hof, Jacomijn, J. van: Consolidation Under the English Arbitration Act 1996: A view from the Netherlands, in: (1997) 13 Arbitration International, Seite 427-425.

Halsbury, Hardinge Stanley Giffard/ Hailshamof St. Marylebone, Earl/ Hogg, Baron Quintin: Halsbury's laws of England, 4. Auflage, London 1973.

Hanotiau, Bernard: Complex - Multicontract-Multiparty - Arbitrations, in: (1998) 14 Arbitration International Seite 369-394, zit.: Hanotiau-Multiparty).

Hanotiau, Bernard: What Law Governs the Issue of Arbitrability?, in: (1996) 12 Arbitration International, Seite 391-403 (zit.: Hanotiau-Arbitrability).

Harris, Bruce/ Plantrose, Rowan/ Tecks, Jonathan: The Arbitration Act 1996 - A Commentary, Oxford, London 1996 (zit. Harris/Plantrose/Tecks).

Harris, Bruce: The Importance of Documents in Maritime Arbitrations, in: [1998] 64 Arbitration, Seite 253-256 (zit.: Harris).

Harrison, Reziya: Trail by Ordeal, Magic and the Business Dispute: Some thoughts about the role of state justice and arbitration, in: [1998] 64 Arbitration, Seite 266-271.

Hascher, Dominique T.: Recognition and Enforcement of Arbitration Awards and the Brussels Convention, in: (1996) 12 Arbitration International, Seite 233-267 (zit. Hascher-1996).

Hascher, Dominique T.: Recognition and Enforcement of Judgements on the Existence and Validity of an Arbitration Clause under the Brussels Convention, in: (1997) 13 Arbitration International, Seite 33-61 (zit.: Hascher-1997).

Holtzmann, Howard M./ Neuhaus, Joseph E.: A Guide To The UNCITRAL Model Law On International Commercial Arbitration, Legislative History And Commentary, Kluwer Law and Taxation Publishers, Deventer, Bosten, 1989 (zit.: Holzmann).

Honnold, John O.: Uniform Law for International Sales under the 1980 United Nations Convention. 2. Auflage (zit.: Honnold-Kommentar).

Honnold, John O.: Documentary History of the Uniform Law for International Sales, Deventer/Netherlands, 1989 (zit.: Honnold-Docmentary History).

Hunter, Martin: The Procedural Powers of Arbitrators Under the English 1996 Act, in: (1997) 13 Arbitration International, Seite 345-360.

Hußlein-Stich, Gabriele: Das UNCITRAL-Modellgesetz über die internationale Handelsschiedgerichtsbarkeit, Köln, Berlin, Bonn, München.

Kean, The Hon. Mr. Justice Ronan: Company Law in the Republic of Ireland, 2. Auflage, Dublin, 1991 (zit.: Kean).

Kelly, J.M.: The Irish Constitution, 2. Auflage, Dublin, 1984.
Kirry, Antoine: Arbitrability: Current Trends in Europe, in: (1996) 12 Arbitration International 373.
Kreindler, Richard H./ Mahlich, Thomas: A Foreign Perspective on the New German Arbitration Act, in: (1998) 14 Arbitration International, Seite 65-89.
Kronke, Herbert: Internationale Schiedsverfahren nach der Reform, in: RIW, 1998, Seite 257-265.
Labis, Hubertus W./ Lörcher, Torsten (Hersg.): Nationales und internationales Schiedsverfahrensrecht, München, 1998.
Lando, Ole: Why codify the European Law of Contract?, in: (1997) 5 European Review of Private Law, Seite 525-536.
Lane, P.M.M.: The appointment of an arbitrator - contract or status, in: [1994] A.D.R.L.J., Seite 91-95.
Levitt, Tony/ Harvard, Arthur: Securing Costs in Arbitration Proceedings in: [1998] 64 Arbitration, Seite 180-184.
Lionnet, Klaus: The Arbitrator's Contract in: (1999) 15 Arbitration International, Seite 161-169.
Lörcher, Gino: Towards a Reform of the German Rules Governing Arbitration in: (1995) Arbitration International, Seite 391-396 (zit.: Lörcher-Reform).
Lord, Richard/ Salzedo, Simon: Guide to the Arbitration Act 1996, Cavendish Publishing Company Limited, Guildford, 1996.
Macqueen, Hector L.: Concrete Solutions to Liability: Changing Perspectives in Contract and Delict, in: [1998] 64 Arbitration, Seite 285-291.
Mak, Bevis: Physical Impossibility and Frustration, in: [1998] 64 Arbitration, Seite 137-150.
Males, Stephen: Confidence in Arbitration, in: [1998] LMCLQ, Seite 245-264.
Maniruzzaman, A.F.M.: State Contracts and Arbitral Choice-of-Law Process and Techniques. A Critical Appraisal, in: [1998] (15)3 J.Int.Arb., Seite 65-92.
Markfort, Rainer: Mehrparteien-Schiedsgerichtsbarkeit im deutschen und ausländischen Recht, Köln, Berlin, Bonn, München.
Maxwell, Karen: English Arbitration Act 1996: Will Anything Change in Practice?, in: (1997) 13 Arbitration International, Seite 435-437.
McClendon, Stewart: Arbitration clauses in international contracts, in: [1994] A.D.R.L.J., Seite 251-259.
Merkt, Hanno: Abwehr der Zustellung von "punitive damages"-Klagen. Das Haager Zustellungsübereinkommen und US-amerikanische Klagen auf "punitive damages", "treble damages" und "RICO treble damages", Heidelberg, 1998.
Mulcahy, Carol: The Challenge to Enforcement of Awards on Grounds of Underlying Illegality, in: [1998] 64 Arbitration, Seite 210-213.
Murphy, Rodrick: International Commercial Arbitration and the International Arbitration Bill, 1997, The Bar Review November 1997, Seite 92-95.

Mustill, Lord: Conservatory and Provisional Measures in International Arbitration, in: ICC Veröffentlichung Nr. 519 (E), Paris, 1993, Seite 118-135 (zit.: Mustill-ICC).

Mustill, Sir Michael J./ Boyd, Stewart C.: The Law and Practice of Commercial Arbitration in England, 2. Auflage, London, Edinburgh 1989 (zit.: Mustill & Boyd).

Mustill, Sir Michael J./ Boyd, Steward C.: The Law and Practice of Commercial Arbitration in England, 2. Auflage, London, Edinburgh, 1989 (zit.: Mustill & Boyd).

Nicklisch, Fritz: Schiedsgerichtsverfahren mit integrierter Schlichtung, Positive Erfahrungen bei Langzeitprojekten, in: RIW, 1998, Seite 169-173.

Nicola, Maria: Power of arbitrators to dismiss claims for want of prosecution- "Long may the dogs sleep", in: [1992] A.D.R.L.J., Seite 149-153.

Nöcker, Thomas: Das Recht der Schiedsgerichtsbarkeit in Kanada, Heidelberg, 1988.

Nordemann, Wilhelm/ Nordemann, Axel Nordemann, Bernd: Wettbewerbs- und Markenrecht, 8. Auflage, Nomos Verlagsgesellschaft, Baden-Baden, 1996.

Ó Floinn, Benedict: Practice and Proceedure in the Superior Courts, Butterworths, Dublin, London *etc.*, 1996.

Ost, Hartmut: EVÜ und *fact doctrine*: Konflikte zwischen europäischer IPR-Vereinheitlichung und der Stellung ausländischen Rechts im angelsächsischen Zivilprozeß, Peter Lang, Frankfurt a.M. 1996.

Oyre, Tamara: Professional Liability and Judicial Immunity in: [1998] 64 Arbitration, Seite 45-50.

Paterson, Robert: Implementing the UNCITRAL Model Law: the Canadian experience, in: [1996] 16 A.D.R.L.J., Seite 159-174.

Paulsson, Jan: *May* or *must* Under the New York Convention: An Exercise in Syntax and Linguistics, in: (1998) 14 Arbitration International, Seite 227-230.

Plant, David: Arbitrability of Intellectual Property in the United States, in: Worldwide Forum on the Arbitration of Intellectual Property Disputes, WIPO Publication No. 728(E), Seite 29-54, Geneva, 1994.

Platto, Charles/ Horton, William: Enforcement of Foreign Judgements Worldwide: International Bar Association Series, 2. Auflage, London, Dordrecht/Boston.

Raghavan, Vikram: Heightened Judicial Review of Arbitral Awards. Perspectives from the UNCITRAL Model Law and the English Arbitration Act of 1996 on some US Developments, in: [1998] 15(3) J.Int.Arb., Seite 103-134.

Rawlings, Jonathan: A Mandatory Stay, in: (1997) 13 Arbitration International, Seite 421-425.

Redfern, Alan/ Hunter, Martin: Law and Practice of International Commercial Arbitration, 2. Auflage, London 1991.

Rivkin, David/ Legum, Barton: Attempts to Use Section 1782 to Obtain US Discovery in Aid of Foreign Arbitrations, in: (1998) 14 Arbitration International, Seite 213-226.
Roebuck, Derek: The Myth of Judicial Jealousy in: (1994) 10 Arbitration International, Seite 395-405.
Rogers, The Hon. Andrew: Arbitrability in: (1994) 10 Arbitration International, Seite 263-277 (zit.: Rogers-Arbitrability).
Rogers, The Hon. Andrew/ Launders, Rachel: Separability-the indestructible Arbitration Clause in: (1994) 10 Arbitration International, Seite 77-92 (zit.: Rogers-Seprability).
Roth, Marianne: Consequences and Prevention of False Evidence Under the English Arbitration Act 1996: A Comparative Perspective, in: (1997) 13 Arbitration International, Seite 391-397.
Sanders, Pieter Sanders: Unity and Diversity in the Adoption of the Model Law, in: (1995) 11 Arbitration International, Seite 1-37.
Schäfer, Erik: Die Schlichtungs- und Schiedsgerichtsordnungen der World Intellectual Property Organization (WIPO/OMPI), in: Betriebs-Berater, Beilage 5, Seite 10-22.
Schlosser, Peter: Bald neues Recht der Schiedsgerichtsbarkeit in Deutschland, in: RIW, 1994, Seite 723-728.
Schütze, Rolf A./ Tscherning, Dieter Wais, Walter: Handbuch des Schiedsverfahrens, 2. Auflage, Berlin, New York, 1990.
Schütze, Rolf A.: Schiedsgericht und Schiedsverfahren, 2. Auflage,
NJW-Schriftenreihe, München, 1998 (zit.: Schütze-NJW).
Schwab, Karl Heinz: Wandlung der Schiedsfähigkeit, in: FS für Henckel, 1995, Seite 803-816 (zit.: Schwab-Wandlungen).
Schwab, Karl Heinz/ Walter, Gerhard Baumbach, Adolf: Schiedsgerichtsbarkeit: Systematischer Kommentar, 5. Auflage, C.H. Beck'sche Verlagsbuchhandlung, München, 1995.
Schwartz, Eric A. Johnson, Rolf B.: Court-Assisted Discovery in Aid of International Commercial Arbitrations, in: [1998] 15(3) J.Int.Arb., Seite 53-64.
Schweizer, Peter: Der Schutz der Rechtsverwirklichung im angelsächsishen Rechtskreis: Die Lehre vom Contempt of Court, Zürich, 1974.
Schweyer, Barbara: Zuständigkeit internationaler Schiedsgerichte zur Entscheidung über Fagen der Nichtigkeit und Verletzung von Patenten, in: GRUR Int. 1983, Seite 149-156.
Scottish Courts Administration: Scottish Advisory Committee on Arbitration Law, Discussion Paper, The Operation of Arbitration in Scotland in the Light of the UNCITRAL Model Law, May 1990.
Shackleton, Stewart R.: The Applicable Law in International Arbitration Under the New English Arbitration Act 1996, in: (1997) 13 Arbitration International, Seite 375-389.

Sieg, Oliver: Internationaler Gerichtsstands- und Schiedsklauseln in Allgemeinen Geschäftsbedingungen., in: RIW, 1998, Seite 102-108.
Simms, Daniel Paul: Arbitrability of Intellectual Property Disputes in Germany, in: (1999) 15 Arbitration International, Seite 193-197.
Smit, Robert H.: An Inside View of the ICC Court, in: (1994) 10 Arbitration International, Seite 53-75.
Stauder, Dieter: Grenzüberschreitende Verletzungsverbote im gewerblichen Rechtsschutz und das EuGVÜ, in: IPRax, 1998, Seite 317-322 (zit. Stauder).
Stein/ Jonas: Kommentar zur Zivilprozeßordnung, 21. Auflage, Tübingen 1994 (zit.: Stein/Jonas).
Steyn, Johan: England's Response to the UNITRAL Model Law of Arbitration, in: (1994) 10 Arbitration International, Seite 1-16.
Street, The Hon Sir Laurence: Expert evidence in arbitrations and references, in: [1993] A.D.R.L.J., Seite 215-216.
Sutton, David St. John/ Kendel, John Gill, Judith: Russell on Arbitration, 21. Auflage, London, 1997 (zit.: Russel 21. Auflage).
Taper, Colin: Cross and Tapper on Evidence, 9. Auflage, London, Edinburgh, Dublin, 1999.
Teubner, Gunther: Legal Irritants: Good Faith in British Law or How Unifying Law Ends Up in New Divergences, in: (1988) 61 The Modern Law Review, Seite 11-32.
Thomas, David Brynmor: Interim Relief Pursuant to Institutional Rules Under the English Arbitration Act 1996, in: (1997) 13 Arbitration International, Seite 405-409.
Thomas, Heinz/ Putzo, Hans: Zivilprozeßordnung, München, 1997.
Trappe, Johannes: The Arbitration Proceedings. Fundamental Principles and Rights of the Parties, in: [1998] 15(3) J.Int.Arb., Seite 93-102 (zit. Trappe-Prinzipien).
Trappe, Johannes: Arbitration procedure in England and Germany: some comparative remarks, in: [1997] A.D.R.L.J., Seite 3-14 (zit.: Trappe).
Treitel, G.H.: The Law of Contract, 9. Auflage, London, 1995.
Ussher, Patrick: Company Law in Ireland, London, 1986.
Walton, Anthony: Russel on the Law of Arbitration, 19. Auflage, London, 1979 (zit.: Russel 19. Auflage).
Walton, Anthony/ Vitoria, Mary: Russel on the Law of Arbitration, 20. Auflage, London, 1982 (zit.: Russel 20. Auflage).
Weigand, Frank-Bernd: The UNCITRAL Model Law: New Draft Arbitration Acts in Germany and Sweden, in: (1995) 11 Arbitration International, Seite 397-414 (zit. Weigand-Model Law).
Westerhold und Gysenberg, Hartwig Graf von: Das Recht des unlauternen Wettbewerbs in den Mitgliedstaaten der Europäischen Wirtschaftsgemeischaft Band VI, Vereinigtes Königreich von Grossbritanien und Nordirland, Köln.

Williamson, Hazel: When 'Could' Becomes 'Should'. Exercising your powers as arbitrators. in: [1998] 64 Arbitration, Seite 275-284.
Wolff, Ernst: Die Schiedsgerichtsbarkeit nach englischem Recht, Köln, 1959.
Wortmann, Beda: Choice of Law by Arbitrators: The Applicable Conflict of Laws System in: (1998) 14 Arbitration International, Seite 97-113.
Wylie, J.C.W.: Irish Land Law, 2. Auflage, Abington, 1986.
Yat-Sen, Jason: Arbitral Immunity: A profession comes of age in: [1998] 64 Arbitration, Seite 51-58.
Zöller, Richard/ Stöber, Kurt: Zivilprozeßordnung, 20. Auflage, Köln 1997 (zit. Zöller).

Schriftenreihe der August Maria Berges Stiftung für Arbitrales Recht

Herausgegeben von Dr. Hubertus W. Labes

Band 1 August Maria Berges – Ausgewählte Schriften zum Schiedsrecht. Herausgegeben von der August Maria Berges Stiftung für Arbitrales Recht. 1998.

Band 2 Iris Koch: Außergerichtliche Streitbeilegung im japanischen Wirtschaftsverkehr unter besonderer Berücksichtigung der Schiedsgerichtsbarkeit. 2000.

Band 3 Hans-Claudius Scheef: Der einstweilige Rechtsschutz und die Stellung der Schiedsrichter bei dem Abschluß von Schiedsvergleichen nach dem deutschen und englischen Schiedsverfahrensrecht. Eine rechtsvergleichende Untersuchung. 2000.

Band 4 Dominik Lentz: Die internationale Wirtschaftsschiedsgerichtsbarkeit in der Russischen Föderation. Darstellung und Analyse anhand der Praxis des internationalen Handelsschiedsgerichts bei der Handels- und Industriekammer der Russischen Föderation. 2000.

Band 5 Torsten Lörcher: Neue Verfahren der internationalen Streiterledigung in Wirtschaftssachen. Verfahren vor dem Internationalen Seegerichtshof, WTO-Panelverfahren, ICSID-und WIPO-Schiedsverfahren. 2001.

Band 6 Julia Tief: Discovery und Informationspflichten der Parteien in der Internationalen Schiedsgerichtsbarkeit. Ein deutsch-amerikanischer Vergleich. 2000.

Band 7 Richard Happ: Schiedsverfahren zwischen Staaten und Investoren nach Artikel 26 Energiechartavertrag. Eine Studie zum Wandel der Streitbeilegung im Investitionsschutzrecht unter den Bedingungen einer globalen Weltwirtschaft. 2000.

Band 8 Jörn Schämann: Schiedsgerichte unter staatlicher Kontrolle. Das englische Recht und das UNCITRAL-Modellgesetz. 2001.

Band 9 Jana Dominique Jaeger: Die Umsetzung des UNCITRAL-Modellgesetzes über die internationale Handelsschiedsgerichtsbarkeit im Zuge der nationalen Reformen. 2001.

Band 10 Michael Kronenburg: Vollstreckung ausländischer Schiedssprüche in den USA. Die Rechtsprechung US-amerikanischer Gerichte. 2001.

Band 11 Jan-Michael Ahrens: Die subjektive Reichweite internationaler Schiedsvereinbarungen und ihre Erstreckung in der Unternehmensgruppe. 2001.

Band 12 Klaus Peter Berger: Arbitration Interactive. A Case Study for Students and Practitioners. 2002.

Band 13 Daniel Paul Simms: Das Recht der Schiedsgerichtsbarkeit in Irland. 2002.

Paul R. Melot de Beauregard

Mitgliedschaft in Arbeitgeberverbänden und Tarifbindung

Frankfurt/M., Berlin, Bern, Bruxelles, New York, Oxford, Wien, 2002. XIV, 209 S.
Europäische Hochschulschriften: Reihe 2, Rechtswissenschaft. Bd. 3383
ISBN 3-631-39295-8 · br. € 35.30*

Der Flächentarifvertrag in Deutschland war in jüngster Zeit immer wieder Gegenstand großer Auseinandersetzung. Kernpunkt der Kritik ist die oft als unzumutbar empfundene Bindung der Arbeitgeber an die tariflichen Vereinbarungen ihres Verbandes. Eine Folge dieser Kritik ist häufig der Austritt aus dem Verband. In dieser Arbeit werden die unterschiedlichen Gestaltungen der Arbeitgeberverbände hinsichtlich der Tarifbindung ihrer Mitglieder untersucht. Dabei werden sowohl die dabei entstehenden gesellschaftsrechtlichen, als auch die verfassungs- und tarifrechtlichen Fragen behandelt und in einen systematischen Zusammenhang gestellt. Ein Hauptaugenmerk liegt auf den nicht tariffähigen Verbänden und den sogenannten OT-Mitgliedschaften. Schließlich wird auch zu der Bedeutung der verschiedenen Modelle für die Zukunft des Flächentarifvertrags in Deutschland Stellung genommen.

Aus dem Inhalt: Das Tarifsystem und die Arbeitgeberverbände · Der Verbandsaustritt · Die Aufteilungsmodelle · Differenzierung der Mitgliedschaft im einheitlichen Verband (OT-Mitgliedschaft) · Alternative Lösungsformen · Auswirkungen auf das Tarifsystem und Zusammenfassung